隧道工程瓦斯
致灾机理与安全防控

Disaster-Causing Mechanism of Gas and Safety Prevention
in Tunnel Engineering

何 成 著

重庆大学出版社

内容提要

本书在瓦斯和瓦斯致灾机理的基础上,较为全面地分析和总结了瓦斯隧道灾害防治方法,提出了瓦斯灾害主动防控和被动防控的学术思想及防控措施,为瓦斯隧道建设提供了参考和借鉴。本书共分为 8 章,阐述了瓦斯地质、瓦斯成因和瓦斯致灾机理,论述了瓦斯灾害主动防控和被动防控的学术思想,针对煤系地层瓦斯隧道和非煤系地层瓦斯隧道分别提出了施工期间瓦斯灾害防治措施,分析了典型的瓦斯隧道事故案例,提出了类似瓦斯隧道在施工期间的瓦斯灾害防治原则和措施,是一本可以为瓦斯隧道建设方、施工方和监理方提供专业指导的书籍。

图书在版编目(CIP)数据

隧道工程瓦斯致灾机理与安全防控／何成著. -- 重庆：重庆大学出版社,2023.2
ISBN 978-7-5689-3644-6

Ⅰ.①隧… Ⅱ.①何… Ⅲ.①隧道工程—工程施工—瓦斯爆炸—防治 Ⅳ.①U458

中国国家版本馆 CIP 数据核字(2023)第 012958 号

隧道工程瓦斯致灾机理与安全防控
SUIDAO GONGCHENG WASI ZHIZAI JILI YU ANQUAN FANGKONG
何 成 著
策划编辑:苟荟羽

责任编辑:陈 力　　版式设计:苟荟羽
责任校对:刘志刚　　责任印制:张 策

*

重庆大学出版社出版发行
出版人:饶帮华
社址:重庆市沙坪坝区大学城西路 21 号
邮编:401331
电话:(023) 88617190　88617185(中小学)
传真:(023) 88617186　88617166
网址:http://www. cqup. com. cn
邮箱:fxk@ cqup. com. cn(营销中心)
全国新华书店经销
重庆升光电力印务有限公司印刷

*

开本:720mm×1020mm　1/16　印张:15.25　字数:276 千
2023 年 2 月第 1 版　　2023 年 2 月第 1 次印刷
ISBN 978-7-5689-3644-6　定价:108.00 元
审图号:GS(2022)5393 号

作者简介

何成

男,1964年出生,汉族,中共党员,本科学历,正高级工程师,四川省政府特聘安全生产专家、隧道工程专家、隧道瓦斯预防与治理专家、采矿工程专家、西南交通大学、成都理工大学兼职教授。先后在溪口煤矿、遂回高速、雅西高速、都映高速、映汶高速、汶马高速、沿江高速等工程项目工作,现任四川沿江宜金高速公路有限公司总经理。

荣获中华人民共和国交通部、国家发展与改革委员会、解放军总政治部联合颁发的全国抗震救灾先进个人、中华人民共和国人力资源和社会保障部、中华人民共和国交通部联合授予的"全国交通运输系统劳动模范"荣誉称号,以及"四川省十佳优秀工程师""交投工匠"等荣誉称号。

序　言

　　瓦斯是一种无色、无味的气体,其主要成分是烷烃。作为资源,它是优质的低碳能源;但在地下采矿工程、隧道工程中,它又是有害气体,危及施工人员和工程的安全。瓦斯灾害长期以来被称作煤矿生产的"头号杀手",严重威胁矿井工人的生命安全。为了减少和防止矿井瓦斯事故的发生,科技工作者和矿井现场工作人员进行了长期大量的科学研究和工程实践,使我国煤矿瓦斯事故得到了有效控制,安全生产形势得到了根本改变。瓦斯灾害在隧道工程中也时常发生,造成了严重的人员伤亡和财产损失。隧道工程的瓦斯致灾机理与煤矿生产有相同也有差异。因此,隧道工程瓦斯灾害防控,既要充分吸收采矿工程领域在瓦斯灾害防控中数十年的研究成果,借鉴部分煤矿瓦斯防控技术及措施,又要针对隧道工程的地质环境和工程特点,研究隧道工程瓦斯致灾机理及工程防控方法,确保瓦斯隧道工程的施工和运营安全。

　　本书作者毕业于采矿工程专业,在煤与瓦斯突出矿井担任技术及管理人员10余年,随后在交通建设管理部门工作,组织和参与了20多座瓦斯隧道的施工管理,对瓦斯及其灾害防控有深刻的理解和丰富的工程管理经验。作者将30多年来在瓦斯隧道施工领域的研究成果及现场工程经验进行了深入系统的总结,撰写了《隧道工程瓦斯致灾机理与安全防控》。该书创新性地把隧道瓦斯地层分为煤系和非煤系地层,并对煤系地层与非煤系地层瓦斯涌(突)出机理开展了深入系统的研究;在瓦斯灾害防控方面,提出了主动防控和被动防控的理念,在时间、空间维度上为隧道工程瓦斯灾害防控指明了正确的途径;该书还分析、总结了我国隧道工程中的几个典型的瓦斯事故案例,对今后的瓦斯隧道工程建设有较好的警示作用。隧道瓦斯治理及防控需要将基础研究、应用科学与管理科学的研究成果,与隧道工程相结合,并在实践中不断检验、完善和发展。该书很好地体现了隧道瓦斯治理及灾害防控的这一特点。

《隧道工程瓦斯致灾机理与安全防控》的出版,对保障我国瓦斯隧道的安全施工、提高工程建设的经济性,以及隧道工程专业技术人才培养将起到积极的促进作用。

鲜学福

中国工程院院士

前　言

　　随着我国基础设施建设的不断发展和日益完善，中国公路网和铁路网逐步向崇山峻岭延伸，隧道总量和建设规模持续增大。截至 2021 年底，我国运营的公路隧道和铁路隧道均超过 20 000 km。近 10 年来，中国公路隧道和铁路隧道每年新增里程 1 000 km 以上。目前我国是世界上隧道规模最大、数量最多、地质条件和结构形式最复杂、发展速度最快的国家。隧道工程通常因地质条件复杂、施工难度大而成为公路和铁路建设的控制性工程，特别是近年来瓦斯隧道的占比越来越高，给建设施工和运营安全带来较大挑战。

　　瓦斯一般是指地下硐室（隧道、矿井）施工过程中，空气中有毒有害气体的总称。瓦斯事故大部分发生在煤矿的采掘过程中，瓦斯爆炸及煤（岩）与瓦斯突出事故往往是造成群死群伤事故的主要原因，因而瓦斯事故也被称作煤矿安全的第一杀手。在公路和铁路隧道施工过程中，瓦斯灾害事故也时有发生。据不完全统计，截至 2021 年，我国已运营及在建的瓦斯隧道超 500 座，发生灾害性事故约 40 余起，伤亡 300 余人。隧道施工中发生瓦斯事故，一方面是因为隧道施工从业人员对瓦斯灾害机理认识不清，对瓦斯灾害的危害认识不足，缺乏瓦斯灾害防治方面的经验，瓦斯灾害防治措施不到位，防治费用投入也不足；另一方面，部分隧道虽然不直接穿越煤层或含煤地层，但在施工中却有瓦斯气体进入隧道，称为非煤系地层的瓦斯隧道。非煤系地层的瓦斯隧道与煤系地层瓦斯隧道在瓦斯成因和致灾机理上有差异，不能完全借鉴煤矿生产及瓦斯隧道中的防治措施和经验，也是导致瓦斯事故的原因之一。目前尚未有著作对煤系地层和非煤系地层瓦斯隧道中瓦斯灾害致灾机理深入分析，提出切实可行的全面防治措施，以满足瓦斯隧道施工和长期运营安全的需要。

　　对瓦斯灾害的忽略或者不重视会对隧道建设造成不可挽回的灾难性事故，

但过高的安全防护等级又给隧道的建设方带来了沉重的经济负担并造成了不必要浪费。在确保安全的同时,科学、经济的瓦斯灾害防治措施是瓦斯隧道建设的最优方案。本书作者曾在煤与瓦斯突出矿井担任多年的技术负责人和法人,长期从事公路工程一线建设的管理工作。亲历董家山隧道、华蓥山隧道、鹧鸪山隧道、米亚罗 3 号隧道等 20 余座瓦斯隧道的施工建设,其中包含煤系地层瓦斯隧道和非煤系地层瓦斯隧道,积累了一定的成功经验,也总结了一些失败教训。本书是作者在 30 多年来对瓦斯和瓦斯致灾机理的逐步认识基础上,较为全面地分析和总结了瓦斯隧道灾害防治方法,提出了瓦斯灾害主动防控和被动防控的学术思想及防控措施,为瓦斯隧道建设提供参考和借鉴。本书共分 8 章,第 1~3 章重点阐述瓦斯地质、瓦斯成因和瓦斯致灾机理。第 4~5 章论述了瓦斯灾害主动防控和被动防控的学术思想,针对煤系地层瓦斯隧道和非煤系地层瓦斯隧道分别提出了施工期间瓦斯灾害防治措施。第 6 章重点分析了瓦斯隧道施工期间的通风系统,明确了瓦斯隧道通风系统管理要求。第 7 章根据瓦斯隧道灾害分析,论述了隧道工程瓦斯灾害事故应急救援体系。第 8 章重点分析了 4 个典型的瓦斯隧道事故案例,提出了类似瓦斯隧道在施工期间的瓦斯灾害防治原则和措施。

在本书撰写过程中,得到了重庆大学鲜学福院士的悉心指导,重庆大学姜德义教授、胡千廷教授、廖志伟副教授、罗永江副教授、刘戎博士、西南交通大学何川教授、成都理工大学李天斌教授、国际隧道与地下空间协会主席严金秀对书中部分内容提出的宝贵修改意见,四川省交通运输厅总工程师王茂奎,蜀道投资集团有限责任公司教授级高级工程师李永林、陈其学、黄兵、陈绪文、牟力、张广洋、李海清、陈先国、张丹、杜江林、张睿、康海波、李阳、高级工程师江登洪、雷良、雷德明、黄红亚、李黎龙、周程、权晓亮、易传斌、博士李涛,四川省公路设计院公司教授级高级工程师李玉文、林国进、王联、郑金龙,高级工程师聂亮,中铁北京工程局集团有限公司高级工程师许志忠,中铁一局四公司高级工程师李关次、工程师文玉辉,中铁二局四公司高级工程师刘宗奎,中铁二十局二公司高级工程师胡广华,康泰公司高级工程师何建生,道隧集团工程师吕勇等在瓦斯隧道建设管理方面提出了很好的建议。在此一并表示衷心的感谢!

由于水平有限,不妥之处敬请读者批评指正。

何 成

2022 年 6 月于成都

目　录

第1章 瓦斯地质及瓦斯隧道

到 2030 年,我国将建成布局合理、功能完善、覆盖广泛、安全可靠的国家干线公路网线,实现首都辐射省会、省际多线连通、地市高速通达、县县国道覆盖的公路网。《国家公路网规划(2013 年—2030 年)》中着重提到了要加强西部地区公路建设,然而我国西部处于第一阶梯和第二阶梯,地形以山地、丘陵和高原为主,地形起伏度大,尤其是西南地区,公路和铁路的建设会需要修建大量的隧道工程。

隧道在施工期间会有多种有毒有害气体产生,主要来自隧道岩层赋存的有毒有害气体扩散以及施工作业产生及排放废气。当隧道穿越特殊的地层时,可能会遇到瓦斯气体,具有燃烧和爆炸特性的瓦斯气体极大地增加了隧道施工期间的危险和成本。目前在实际施工中,会遇到两种不同情况的瓦斯隧道,一种是隧道直接穿越煤系地层导致隧道施工期间有瓦斯出现,一种是隧道穿越非煤系地层但仍有瓦斯出现的情况。穿越煤系地层的瓦斯隧道在施工期间,可以根据煤层的位置来判断瓦斯涌(突)出的概率大小,并具有针对性地实施相应防控措施。而面对非煤系地层瓦斯隧道时,没有煤层位置作为参考依据,使得瓦斯治理和防控难度增加。目前,在四川省境内已经有多座非煤系地层瓦斯隧道出现,针对非煤系地层瓦斯隧道施工期间的瓦斯致灾机理研究与安全防控体系也亟须完善。

1.1 我国瓦斯地质概述

瓦斯地质学认为煤系地层瓦斯是煤在地质历史演化过程中形成的气体地质体,它是研究瓦斯的形成、运移、赋存及发生瓦斯灾害和瓦斯资源开发评价的地质控制理论的一门交叉学科。

1.1.1 不同含煤地层瓦斯分布特征

煤层瓦斯赋存量高低、煤层瓦斯涌出量大小及煤（岩）与瓦斯突出危险性等，主要取决于煤层瓦斯的生成条件和保存条件，这两个条件与不同地质时代的含煤地层有着密切的关系。不同地质时代的含煤地层、沉积环境、成煤条件、厚度大小、煤质特征、有机质的丰度、类型、显微组分、煤化程度等直接影响着煤层瓦斯的生成；含煤地层在地质历史发展、构造运动过程中的演化条件——沉积的时间、坳陷深度、盖层厚度、地层沉积的连续性和间断性、隆起、遭受风化剥蚀的程度、含煤地层的厚度和岩性特征等，直接影响到煤层瓦斯的保存条件。从含煤地层的形成时代及其演化条件上去研究煤层瓦斯的分布特征，主要是从时空上研究瓦斯分布规律。我国煤炭资源丰富，除上海以外其他各省区均有分布，但分布极不均衡。据中华人民共和国自然资源部 2021 年 11 月 24 日消息，自然资源部日前发布的 2020 年全国矿产资源储量统计表显示，截至 2020 年底，全国煤炭资源储量为 1 622.88 亿 t。表 1-1 展示了我国部分省、自治区煤炭储量。

表 1-1　我国部分省、自治区煤炭资源储量

序号	省、自治区	储量 /亿 t
	全国	1622.88
1	山西	507.25
2	陕西	293.90
3	内蒙古	194.47
4	新疆	190.14
5	贵州	91.35
6	安徽	58.27
7	云南	44.54
8	山东	41.32
9	宁夏	35.01
10	河南	33.65
11	四川	26.66

序号	省、自治区	储量/亿 t
12	河北	26.05

我国的含煤地层主要有形成于晚古生代的石炭-二叠纪的含煤地层,中生代晚三叠世的含煤地层,早、中侏罗世的含煤地层,晚侏罗世-早白垩世的含煤地层,古近系的含煤地层。中国煤层瓦斯地质图如图 1-1 所示。

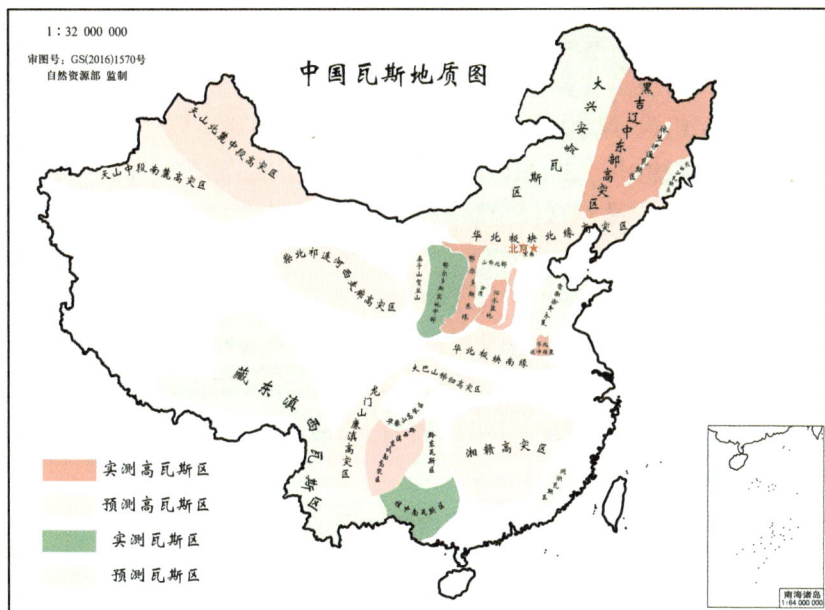

图 1-1　中国煤层瓦斯地质图

1)石炭纪含煤地层

早石炭世含煤地层主要分布于中国南部,含煤系位于大光阶中下部,在不同地区其层位上下略有差异。湘粤一带称为测水组,位于大光阶中部;贵州南部的旧可组比测水组稍低;云南东部万寿山组的层位更低。测水煤系分为上、下两段,下段为含煤段,一般厚度 60～80 m,以泥岩和粉砂岩为主,夹菱铁矿结核常含两层可采煤层,分别称为 3 号煤及 5 号煤,煤厚一般 2 m 左右。上段不含煤或仅含煤线,一般厚度 70～90 m,由石英砂岩、粉砂岩,泥岩及泥灰岩组成,底部以一套厚层状石英砂岩或含砾石英砂岩与下段为界。粤北的芙蓉山组及桂北的寺门组与测水组完全相当,均含可采煤层,但经济价值略逊于湘中。在华北沉积区,早石炭世的中朝地台仍处于隆升状态,其南缘濒临秦岭海槽,在陆缘区有下石炭统发育,但经过多次的俯冲、对接和碰撞之后,现仅于豫南固始、商城及陕南山阳、凤县有局部残留。固始的杨山组在多层砾岩中夹有多层极不稳定的薄煤层,是活动区含煤沉积的特点。

2)石炭-二叠纪含煤地层

晚石炭世含煤地层主要分布于中国北部,并且和以上的二叠纪含煤地层形成一套连续的、密不可分的含煤沉积,因此常统称为石炭-二叠纪含煤地层。华北北部石炭-二叠纪含煤地层以山西太原为代表,自下而上的岩石地层单位为本溪组(或铁铝岩组)、太原组、山西组、下石盒子组、上石盒子组和石千峰组。其中太原组和山西组是主要含煤层位。太原组由砂岩、粉砂岩、泥岩和层数不等的灰岩及煤层组成,厚90~100 m。越往北灰岩层数越少以致缺失,往南则层数逐渐增多。山西组由砂岩、粉砂岩、泥岩及煤层组成,厚50~60 m,不含石灰岩。华北南部石炭-二叠纪含煤地层以河南平顶山为代表,自下而上的岩石地层单位为铁铝岩组、太原组、山西组、(下)石盒子组、大风口组和石千峰组。此间之大风口组可以与太原的上石盒子组相当,但由于其中含可采煤层而且岩层颜色明显不同而另有组名。和华北北部不同,这里的太原组一般只含局部可采的薄煤层,其主要含煤层位为山西组和大风口组。山西组由砂岩、粉砂岩、泥岩和煤层组成,厚约70 m。大风口组由砂岩、粉砂岩、紫斑泥岩和煤层组成,厚500 m左右。

3)中国南方在二叠纪形成的主要含煤地层

与中国北方比较,华南地区相对活动,又可区分为西部相对稳定(扬子地台)和东部相对活动(东南加里东褶皱带)的两部分,因此其内部存在基底分异、古地形分异及沉积相分异,使二叠纪含煤地层呈现多时期、多特征的面貌。

整个二叠纪华南均有含煤沉积发育。早二叠世晚期含煤地层称梁山组,又称栖霞底部煤系,它是栖霞阶(相当空谷阶)早期在局部范围发育的一个岩段,分布于扬子区的大部以及东南区毗邻扬子区相对隆起的部位。梁山组由细砂岩、粉砂岩、铝土质泥岩等组成,夹1~3层碳质泥岩或薄煤层,煤厚很不稳定。地层厚度一般为10~30 m,薄者仅数米,厚者可超过200 m。本组地层常超覆于各老地层之上,呈假整合或不整合接触。华南中、晚二叠世含煤地层是中国南方最重要含煤层位,但它的变化很大,不能像华北一样可以用1~2个剖面便可以代表。总括地看,它们在空间上是递进的、渐变的,同时穿插复杂的岩相变化;在时间上是连续的,但又有所迁移。在岩石地层意义上,它们是夹在下部茅口期海相层位(灰岩、硅质岩)和上部长兴期海相层位(灰岩、硅质岩)之间的一套碎屑岩含煤沉积,一部分是海陆交互相的,一部分是陆相的;在年代地层意义上,它们则贯穿了茅口阶(卡赞阶)、龙潭阶及长兴阶。

4)中国中生代含煤地层

中国三叠纪含煤地层主要分布在三个地区,即西南区、东南区和西北区。西北区在鄂尔多斯盆地、库车盆地等处均有分布并含可采煤层,但由于这一地区侏罗纪煤炭资源十分丰富,因此三叠纪煤层相对不甚重要。与此相反,另两区由于煤炭资源相对贫乏,三叠纪煤炭资源虽不及二叠纪丰富,但在一些地点仍不失为重要的开发对象。因此以下将着重介绍西南区及东南区的含煤地层。

西南区的三叠纪含煤地层需要由两个剖面作为代表。四川盆地中这一含煤地层分布面积最广,主要含煤层位称须家河组,可分为 6 个岩性段,1、3、5 段为砂岩段,2、4、6 段为含煤段,共厚 500 ~ 600 m。含煤段为粉砂岩、泥岩、碳质泥岩及煤层,含煤 10 余层,可采煤 2 ~ 3 层。在四川盆地西北部,须家河组之下还有一个含煤组,称为小塘子组,厚 150 m,由黄灰色砂岩、粉砂岩组成,下部含煤,含煤数十层,可采总厚达 30 ~ 50 m。多数情况下小塘子组缺失,须家河组超覆于中三叠统雷口坡组之上。此外在川西的渡口、盐边,以及滇北的永仁一带,含煤地层厚度大,含煤层数多,是最重要的三叠纪含煤区。此间主要含煤层位称大荞地组,由砾岩、含砾砂岩、砂岩、粉砂岩、泥岩和煤组成,具明显的规律交替,煤层于中部富集。地层总厚在渡口一带可达 2 260 m,含煤近百层,可采 37 层,总厚超 30 m。

5)其他含煤地层

侏罗纪是中国最主要的成煤时代,其资源量占全国 50% 以上,且以早、中侏罗世为主,在地域上则主要集中于西北,包括陕甘宁盆地和新疆的 4 个大型煤盆地,由陆相粉砂岩、砂砾岩、泥岩和煤层组成。

白垩纪含煤地层主要指下白垩纪,分布范围集中于中国东北部,包括东北三省和内蒙古自治区东部。由于含煤地层发育于各个小型盆地群当中,因此各地差别较大,可以由 3 个比较重要的剖面代表一般情况。大兴安岭、海拉尔盆地群的含煤地层称扎赉诺尔群,包括下部大磨拐组及上部伊敏组。大磨拐组可分为下段粗碎屑岩,中段砂泥岩和煤层,上段厚层泥岩、砂岩夹砂砾岩,在伊敏煤田含 13 ~ 17 个含煤组,煤层总厚达 123 m。伊敏组由细砂岩、粉砂岩、泥岩和煤层组成,主要在下段含煤,可采 4 ~ 6 层组,总厚 105 m。扎赉诺尔群与二连一带的巴彦花群以及哲里木盟一带的霍林河群可以相当。

第三纪含煤地层抚顺、依兰、珲春、舒兰等煤田,云南计有第三纪盆地 237

个,经工作证实,赋煤有 104 个,零散分布于全省。盆地内含煤地层时代分属老第三纪渐新世、新第三纪中新世和上新世,以中新世和上新世为主。各盆地含煤性不同,其中有赋存巨厚煤层者,如昭通、小龙潭、先锋盆地赋煤最厚,分别达194 m、223 m、262 m。

1.1.2　煤层瓦斯的区域分布特征

煤层瓦斯的区域分布,主要指从横向空间研究煤层瓦斯形成和分布规律,研究区域地质及大地构造历史演化对煤层瓦斯赋存、矿井瓦斯涌出量、煤(岩)与瓦斯突出灾害动力现象分布规律的控制特点。

1) 华北地区瓦斯分布特征

①华北板块北缘隆起带,以板块北缘断裂为界,毗邻于赤峰活动带,受控于西伯利亚板块的碰撞挤压作用,构造上以挤压、褶皱、逆冲推覆造山活动为主;印支-燕山期岩浆活动剧烈(图 1-2)。由于煤化程度高,煤层变形破坏强烈,是一个高瓦斯分布区。由西至东,包头、下花园、北票、红阳、本溪、通化都是高瓦斯突出矿区,其中北票矿区发生煤(岩)与瓦斯突出 1 500 余次,为严重的煤(岩)与瓦斯突出矿区。

②华北板块南缘,从豫西煤田到淮南煤田,受东秦岭变形带和大别山变形带以及华北板块南缘断裂带的控制。东秦岭变形带包括北秦岭、南秦岭和华北板块上的小秦岭,长 500 km,南北宽 350 km,涉及鄂、豫、陕三个省(图 1-3)。这是一个华北板块与华南板块从晋宁期就开始汇聚,加里东期、华力西-印支期华南板块俯冲、华北板块推覆隆升,燕山-喜马拉雅期中国南部大陆整体向北移动,从而触发陆陆俯冲、陆内堆叠。这是一个华力西-印支期变形和燕山-喜马拉雅期在统一动力学背景下连续的陆内变形过程,形成了近东西向展布的滑脱、推覆、走滑和隆升的强烈变形带。在豫西煤田、从小秦岭向南至北秦岭,为一系列平行排列的近东西向展布的逆冲推覆、滑脱构造,煤层挤压断裂破坏强烈;"构造煤"发育,厚度可达 1.5 m 以上;在豫西登封、新密、禹县、荥巩等煤田,全层发育构造煤,为豫西三软煤层发育区。这是一个挤压变形带控制的豫西煤田高瓦斯突出区。大别山变形带与东秦岭变形带相一致,淮南煤田受控于该变形带,为近东西向平行排列的逆冲推覆和褶皱构造,是一个高瓦斯突出矿区。

③华北板块的主体,印支运动之前是一个近东西展布的大盆地。印支运动开始,尤其是燕山早、中期受太平洋-库拉板块沿北西西向俯冲作用,出现了太

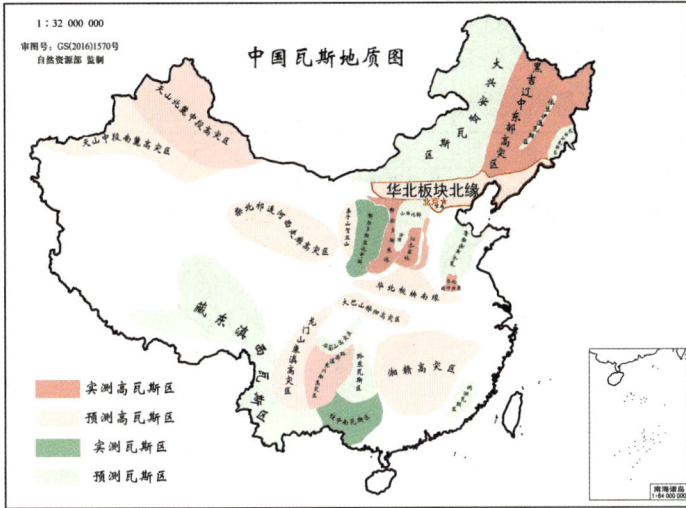

图 1-2 华北板块北缘高突瓦斯区

行山、胶辽、鄂尔多斯西缘逆冲推覆、造山隆起带,一系列北北东向的压扭性断裂、褶皱,如焦作、安阳、鹤壁等矿区构造;同时出现了鄂尔多斯、下辽河-华北盆地坳陷带。上述 3 个挤压隆起带分别控制了鄂尔多斯西缘、太行山东麓、阳泉-晋城、通化-红阳几个高瓦斯与瓦斯突出带(图 1-4)。从晚白垩世至古近系,由于新特提斯洋即将封闭,挤压达到极限,在欧亚大陆的阻隔之下,这种挤压由南向北改变为向东,使得中国东部大陆向洋蠕散,加上造山后陆块发生松弛及造

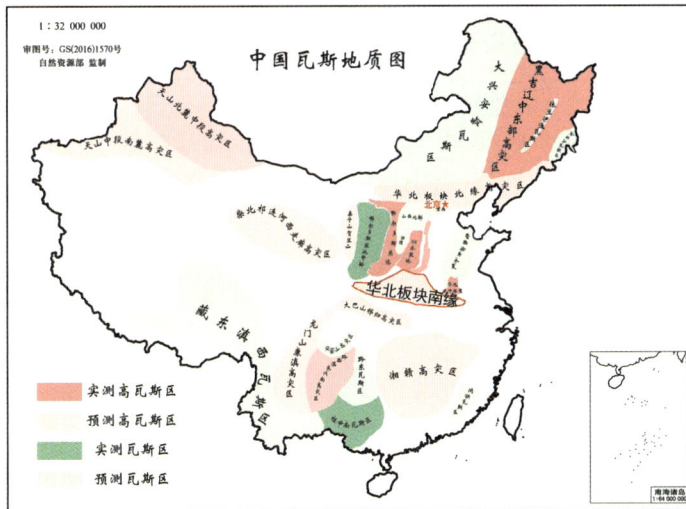

图 1-3 华北板块南缘高突瓦斯区

山带向沿海迁移后引起的后缘扩张作用,华北板块以裂陷活动为主,形成了下辽河-渤海-华北裂陷盆地、汾渭裂陷盆地等,煤层瓦斯大量释放,并控制了河北邢台、山东鲁西断隆等低瓦斯带。

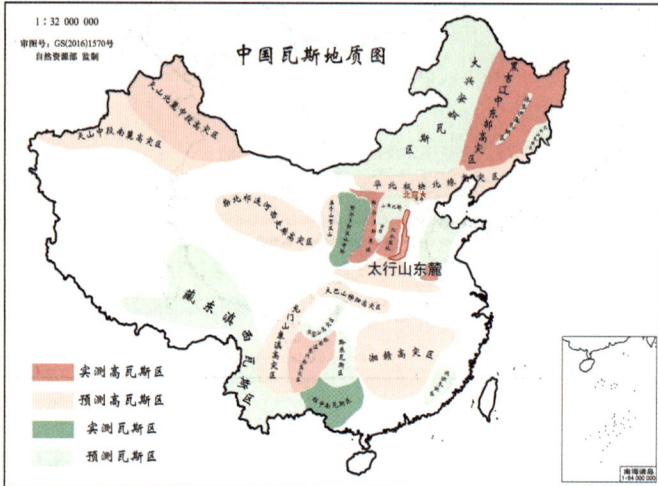

图1-4 太行山东麓高突瓦斯区

④华北板块是中国最古老、最坚实、最稳定的陆块,在石炭-二叠纪系煤层形成过程中,由于板块的主体稳定,在山西沁水盆地、鄂尔多斯盆地东缘等地煤层瓦斯生成和保存条件优越,瓦斯赋存丰富;由于断层少,每平方千米 2~3 条断层,煤层破坏轻微,"构造煤"不发育,煤层气资源丰富,适合地面煤层气开发,成为我国煤层气开发利用基地。

2)华南地区瓦斯分布特征

组成华南板块的扬子、华夏、印支等地块克拉通规模较小,固结程度偏低,活动性较大,以及多期次裂谷、造山作用和多期次岩浆活动,构成了华南板块地质发展的显著特色。先后有中元古早期、震旦纪-寒武纪、石炭纪-三叠纪、晚白垩世-古近系等 4 个主要裂谷期。涉及不同地域的造山运动有 9 次之多,具有划时代意义的有吕梁、晋宁、加里东、印支、燕山等 5 期,它们都是重要的板块聚合期。

①华力西期,华南板块大部分地区以伸展沉陷为特征,多期次海侵、海退,多期次聚煤。在华南川、滇、黔、桂、湘、鄂、粤、赣、闽、浙、苏、皖十几个省(区)广泛地形成了早石炭世、早二叠世早期、早二叠世晚期、晚二叠世早期和晚期的含煤沉积,但聚煤条件远不如华北板块。含煤盆地范围小、多而分散,成煤条件差,煤层厚度不稳定。石炭纪和二叠纪的煤炭资源总量 3 249 亿 t,仅是华北煤

田石炭-二叠纪的煤炭资源总量的 1/6。但由于坳陷幅度深、隆起晚,煤化程度比华北煤田高,无烟煤资源总量占一半以上。其中的早石炭世测水组和晚二叠世龙潭组以海陆交替相沉积为主,发育条件好,是华南地区最主要的煤层,分布范围最广。在湘中、湘南、粤北地区测水组和龙潭组连续沉积形成了那里的高瓦斯含量、高瓦斯涌出量和严重煤(岩)与瓦斯突出煤层;龙潭组在上述十余个省中几乎每省都有分布,但在广西称为合山组,在闽西称为翠屏山组。凡是有以龙潭组煤层为主的矿区,几乎都是高瓦斯突出矿区,尤其是川南、川东、滇东、黔西一带,龙潭组煤炭资源量占华南地区石炭-二叠纪的煤炭资源总量的 60%以上。由于坳陷深,盖层厚,上覆连续沉积了三叠纪及其以上的盖层,煤层瓦斯生成和保存条件居中国各煤田之首,蕴藏着丰富的煤层气资源,煤层瓦斯含量和矿井瓦斯涌出量都是中国最高的,煤(岩)与瓦斯突出严重,60%以上矿井都具有突出危险。但是分布于鄂东南赤壁市等地的梁山组,分布于湘西、黔东等地的吴家坪组,分布于桂北、桂中等地的合山组,都是以浅海碳酸盐岩相沉积为主的含煤地层,煤层瓦斯生成和保存条件较差,为低瓦斯分布区。分布于福建省的早二叠世晚期童子岩组和晚二叠世早期翠屏山组为高阶无烟煤,瓦斯大量逸散。

②印支期,华南板块西南部裂陷活动加剧,形成了右江裂陷带,海水从西南方向入侵,华南板块在古隆起之间发生了短暂的海侵。中三叠世末发生的印支运动在华南地区表现强烈,最先是由大陆东南部向北西挤压,在华夏古陆与江南古陆之间从浙西、乐平-萍乡、湘中、湘南、粤北至桂东,形成了一个大型的"S"形反"S"形褶皱带,即湘桂褶皱带,伴有断面向南东倾斜的叠瓦式冲断和多层次滑脱;武陵山脉为指向四川前陆盆地的逆冲褶皱带;由于印支地块的汇聚作用,右江海槽闭合。晚三叠世在粤北、湘南和赣中萍乡-乐平残留海湾地带分别堆积了粤北艮口群、湘南出炭垅、赣中安源组含煤地层。以安源组含煤性最好,煤炭资源量 9.9 亿 t(2009 年),为中高变质烟煤。由于位于逆冲推覆构造带,加上煤层瓦斯赋存条件好,煤(岩)与瓦斯突出严重。在四川盆地西侧,由于藏滇板块与华南板块沿西缘对接,龙门山受到侧压,自西北向东南逆冲推覆。四川盆地分别是东、西两侧逆冲推覆带的前陆盆地,晚三叠世广泛沉积了潟湖相的须家河组含煤地层,是中国南方最重要的晚三叠世的含煤地层,煤炭资源总量481.2 亿 t,主要为中、高变质烟煤,煤层瓦斯生成、保存条件优越,蕴藏着丰富的煤层气和油气资源。这是一个以挤压作用为主的高瓦斯、煤(岩)与瓦斯突出大区。

③整个华南板块北面受塔里木-华北板块挤压,西面受特提斯构造域侧挤,

南面受印支地块的推挤,东面受太平洋菲律宾板块的多次俯冲作用,从印支期、经燕山期至喜马拉雅期,连续挤压变形,多期造山,多期岩浆活动,再加上华南板块比较年轻,基底固结时间比较短,华南板块深层构造也比华北板块复杂得多。华南有龙门山、武陵山、萍乡-郴州、东南沿海和台湾等5条北北东-南北向深层构造带;有20余条深断裂带,既有北东、北北东向的,也有北西向的;既有东西向,也有南北向的,反映了四周板块共同作用的结果。长期以来,作为古亚洲、特提斯、古华夏三大构造域聚合点的上扬子古陆核,被压缩成一个菱块状的前陆盆地。在华南板块上有多条大型逆冲推覆构造遍布全区。华南地区由西北向东南依次有龙门山-箐河,川东华蓥山,雪峰山,浙西-乐平-萍乡-湘桂大型逆冲推覆构造带;在皖南、苏南下扬子地区分布着一系列由于郯庐断裂左行扭动控制的大型逆冲推覆构造带,向西连接华南板块北缘逆冲推覆构造带,构成著名的淮阳弧。这些推覆构造带都控制了那里的煤层瓦斯,为高瓦斯涌出和煤(岩)与瓦斯突出危险带。在川南、黔西、滇东至桂北一带,东西两侧分别是特提斯构造域和古华夏构造域的对挤,南面是印支地块向北推挤,北面受上扬子地块制约,形成了南北向、近东西向、北东向、北北东向复杂干扰和叠加构造,这是一个以挤压为主控制的高瓦斯大区。其中的黔西六枝、水城、盘江、林东、滇东恩洪、桂北红茂等矿区都是煤(岩)与瓦斯突出矿区。

3)东北地区瓦斯分布特征

辽宁、吉林、黑龙江三省和内蒙古自治区东部,古板块发展时期属于古亚洲构造域的天山-兴安活动带;现代板块活动时期又属于滨太平洋构造域。在断陷盆地里广泛地沉积了晚侏罗-早白垩世的煤层;在地堑裂陷盆地里堆积了古近系煤层。以大兴安岭为界,分成西侧内蒙古自治区东部大兴安岭低瓦斯区,煤层埋藏浅、盖层薄、煤化程度低;东侧,从松辽坳陷盆地到鸡西、双鸭山、鹤岗和延边和龙,岩浆活动频繁剧烈,煤化程度高,加上郯庐断裂的分支断裂敦化-密山断裂大规模左行推覆,张广才岭、长白山均属于燕山期的挤压、隆起带。这是一个以挤压作用为主的高瓦斯区,其中的阜新、辽源、抚顺、长春、鸡西、双鸭山等矿区都是高瓦斯突出矿区,鹤岗有2个低瓦斯矿井发生突出,延边和龙矿区与营城矿区是煤、岩与二氧化碳突出矿区(图1-5)。

4)西北瓦斯分布特征

中国大陆大致以贺兰山、龙门山、横断山脉构造带为界,中、新生代以来,地质构造的发展及运动特征可以分为东、西两部。东部受滨太平洋构造域控制;西部受特提斯构造域控制。中国的西部地区,包括川滇青藏地区和西北地区,

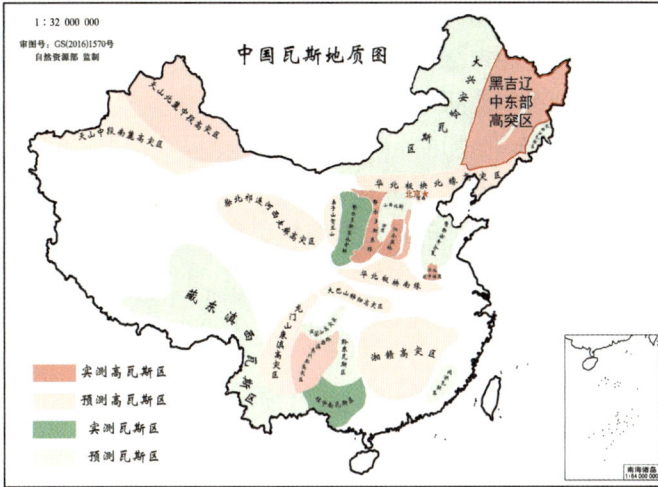

图 1-5　黑吉辽中东部高突瓦斯区

从印支期至喜马拉雅期,一直是以印度板块由南至北推进、西伯利亚板块对挤为特征,青藏高原持续隆升,喜马拉雅及其他一系列山系形成,最终形成了山链与盆地相间排列的挤压型盆岭构造,伴有一系列逆冲推覆与大型走滑断裂,逆冲推覆构造带由盆地周边指向盆地中心,并以走向东西向展布为主要特征。这些挤压推覆构造带对煤层瓦斯保存极为有利。中国西北地区大面积的早、中侏罗世的煤层,目前都在浅部瓦斯风化带中开采,多为低、中变质烟煤,90%以上的矿井都属于低瓦斯矿井。但到了深部进入瓦斯带,高瓦斯矿井会迅速增加,并且很有可能具有煤(岩)与瓦斯突出危险性。

5)煤层瓦斯的赋存和涌出量的区域分布规律

(1)煤层高瓦斯赋存和涌出量的区域分布规律

以深层煤化作用为主的中、高变质烟煤、无烟煤带,地层连续沉积的坳陷带,控制了煤层高瓦斯赋存、高瓦斯涌出分布。属于这种类型的分别有山西的沁水盆地石炭-二叠纪的煤层、鄂尔多斯盆地东缘石炭-二叠纪的煤层、东北松嫩盆地晚侏罗早白垩世的煤层、四川盆地龙潭组和须家河组煤层、川南、黔西(六盘水等地)滇东龙潭组煤层;湘中、湘南测水组和龙潭组煤层。

以深层煤化作用为主的中、高变质烟煤、无烟煤带,构造上以挤压作用为主,控制了煤层高瓦斯赋存,高瓦斯涌出量分布。属于这种类型的分别有太行山东麓山西组煤层,如焦作、鹤壁、安阳等煤田,阳泉煤田也属于此类;豫西平顶山山西组、下石盒子组煤层,宜洛、荥巩等煤田山西组煤层;淮南煤田二叠纪的煤层等。

以岩浆热变质煤化作用为主的中、高变质烟煤、无烟煤(高阶无烟煤除外)，构造上以挤压、褶皱、逆冲推覆为主，控制了煤层高瓦斯赋存、高瓦斯涌出分布。属于这种类型的分别有华北板块北缘隆起带早、中侏罗世的煤层，由西至东包头、下花园、北票等区，东北地区鸡西、双鸭山等煤田晚侏罗-早白垩世的煤层；华南地区萍乡-乐平一带的安源组煤层；粤北南岭等矿区的艮口群煤层。

以含有多层油页岩为特征的古近系的煤层中的高瓦斯煤田，分别有东北地区抚顺、梅河口古近系的煤层；华南地区茂名煤田、百色煤田古近系的煤层。

以含有油气涌出为特征的高瓦斯矿区，鄂尔多斯盆地南部焦坪等矿区早、中侏罗世的煤层。

(2)煤层低瓦斯赋存和涌出的区域分布规律

以强风化剥蚀作用为主控制的煤层低瓦斯赋存、低瓦斯涌出分布，属于这种类型的分别有鲁淮断隆控制的山东、苏北石炭-二叠纪煤层低瓦斯分布大区，石炭-二叠纪煤层形成后，隆起早、隆起时间长，瓦斯大量释放；东北大兴安岭隆起带晚侏罗-早白垩世的煤层，煤层形成不久大兴安岭隆起，煤化程度低，距地表浅；我国西北地区早、中侏罗世的煤层，大范围的低瓦斯涌出矿井，也与中、新生代以来受印度板块快速北进，青藏及其一系列山系隆起引起的煤层距地表浅、遭受强风化剥蚀作用有关。华北板块靠近北缘隆起带的石炭-二叠纪的煤层，如内蒙古准噶尔煤田也属于此类型。

以拉张活动为主控制的煤层低瓦斯赋存、低瓦斯涌出分布，属于这种类型的分别有下辽河-华北盆地石炭-二叠纪的煤层；汾渭盆地石炭-二叠纪的煤层等。

以浅海碳酸盐岩相沉积为主的石炭-二叠纪的煤层，由于含煤地层中岩溶裂隙发育，致使煤层瓦斯大量逸散，控制了煤层的低瓦斯赋存和低瓦斯涌出。属于这种类型的最典型的是广西合山等煤田的合山组煤层；黔东、湘西、鄂西南等地的吴家坪组煤层；华北地区太原组煤层低瓦斯赋存、低瓦斯涌出，也是此因。

高阶无烟煤低瓦斯带。属于这种类型的分别有华北地区京西煤田；华南地区闽西、粤东等地高阶无烟煤分布的矿井、矿区。

古近纪、新近纪的褐煤低瓦斯赋存、低瓦斯涌出分布。属于这种类型的有滇西晚古近纪和新近纪的褐煤；广西南宁、扶绥、明江等地古近纪的褐煤；东北地区沈北等煤田古近纪的褐煤，依兰煤田古近纪的长焰煤等。

1.1.3　中国煤层瓦斯区带划分

由于不同地区煤层瓦斯的生成条件和保存条件变化较大,因而煤层瓦斯的赋存在空间分布上存在着较大的差异,表现为高瓦斯矿井和高瓦斯矿区常常集中分布在某些区带,煤层瓦斯在空间分布上存在着明显的分区、分带现象。

煤层瓦斯在空间分布上的分区、分带现象极其明显,根据矿区或煤田煤层瓦斯形成的地质背景,含煤地层及其沉积特征,煤层瓦斯含量和矿井瓦斯涌出量的大小,可以把勘探和开发程度较高的华北地区、东北地区、华南地区和西北地区的煤层瓦斯在空间分布上划分为 20 个瓦斯大区(其中高瓦斯大区 10 个,低瓦斯大区 10 个)和 88 个瓦斯带,其中高瓦斯带 36 个,低瓦斯带 52 个,各大地区的分布情况如下。

①华北地区:7 个瓦斯大区,其中高瓦斯大区 5 个,低瓦斯大区 2 个;27 个瓦斯带,其中高瓦斯带 11 个,低瓦斯带 16 个。

②东北地区:2 个瓦斯大区,其中高瓦斯大区和低瓦斯大区各 1 个;13 个瓦斯带,其中高瓦斯带 6 个,低瓦斯带 7 个。

③华南地区:7 个瓦斯大区,其中高瓦斯大区 4 个,低瓦斯大区 3 个;35 个瓦斯带,其中高瓦斯带 16 个,低瓦斯带 19 个。

④西北地区:4 个瓦斯大区,均为低瓦斯大区;13 个瓦斯带,其中高瓦斯带 3 个,低瓦斯带 10 个。

1.1.4　四川省瓦斯地质

1)四川省煤层组

四川省的含煤地层主要有:独峰组、梁山组、龙潭组、大荞地组、须家河组、白田坝组等,为四川省主要含煤地层。

独峰组:出露于西北部若尔盖以北,下部含煤 1 层,局部可采。

梁山组:分布于四川东部和西南部的康滇古陆两侧,主要为一套滨海相沉积。

龙潭组(宣威组、吴家坪组):川东、川北称吴家坪组,浅海相沉积,底部局部含可采煤层 1 层,煤层厚 1 m 以下;川中南桐-威远一带称龙潭组,海陆交互相沉积,含可采煤层 1~9 层,可采厚度 2~5 m,煤种齐全,以焦煤、瘦煤及无烟煤为主。

大荞地组（小塘子组）：大荞地组分布于川西南攀枝花宝鼎矿区—盐边红坭一带，属山间断陷盆地沉积，宝鼎矿区含煤 6～132 层，可采煤层 2～73 层，总厚1.87～58.5 m。小塘子组分布于峨眉、洪雅等地，属海陆交替相含煤沉积，含可采煤层 2～73 层、总厚 1.3～16 m，属高灰、低硫瘦煤。

须家河组（白果湾组、宝鼎组、冬瓜岭组）：须家河组广布于四川盆地周缘内侧，一般属陆相滨湖三角洲沉积。白果湾组分布于西昌会理一带，属山间盆地沉积，含可采煤 1～5 层，可采总厚 0.74～39.88 m，单层煤层厚度一般大于 1 m，为瘦煤及无烟煤；宝鼎组分布于川西南攀枝花境内，含煤多层；冬瓜岭组分布于盐源一带，陆相沉积，含可采煤层 5～9 层，可采总厚 1.7～4.0 m，最厚达 20 m。

白田坝组：分布于川北广旺矿区，陆相沉积，含煤 2 层，断续可采 1 层，可采厚度 0.3～9 m，为肥煤、气煤。古近系和新近系属侵蚀及断陷盆地陆相沉积，在盐源地区属侵蚀型盆地，含可采煤层 1～20 层，可采总厚 0.5～31.87 m；白玉昌台、理塘甲洼和木拉等地属山间断陷盆地沉积，含可采煤层 2～15 层，单层可采厚 0.3～5.05 m，最厚 20.43 m，均为褐煤。第四系为埋藏型泥炭或裸露型泥炭，主要分布于阿坝藏族羌族自治州红原、若尔盖沼泽谷地，属沼泽草甸堆积，泥炭一般厚 3 m。

2）四川省煤层瓦斯赋存特征

川东地区主要为华蓥山煤田，各矿井（井田）除少数（如邻水煤矿、广安煤矿等）为低瓦斯矿井及部分井田资料不详以外，皆为高瓦斯矿井，其中 K_1 煤层有煤（岩）与瓦斯突出危险。煤层多为急倾斜层，少数为倾斜和缓倾斜煤层。

川南地区筠连煤田与古叙煤田：芙蓉矿区（宜宾地区）：各煤层的瓦斯含量较高，其中 K_{2+3} 或 B_{2+3}、C_8 煤层有煤（岩）与瓦斯突出危险。因含硫量高，煤层有自燃发火倾向，据芙蓉矿务局的资料，煤层自燃发火周期为 3～6 个月。煤层多为倾斜和缓倾斜煤层，少数为急倾斜煤层。筠连矿区（宜宾地区）：煤层瓦斯含量高，与芙蓉矿区一样，K_{2+3} 或 B_{2+3}、C_8 煤层有煤（岩）与瓦斯突出危险，深部可能会发生突出。多为倾斜和缓倾斜煤层，少数为急倾斜煤层。古叙矿区：煤层瓦斯含量高，小煤窑及地方矿曾多次发生煤和瓦斯突出事故，其中 C_{19}、C_{20} 煤层有煤（岩）与瓦斯突出危险。煤尘皆不具爆炸危险性，除少数井田（如灯盏坪）外，煤都容易自燃。

攀西地区：攀枝花宝鼎矿区：区内为缓倾斜—倾斜薄煤层；矿区内构造复杂，瓦斯含量相对较低，无煤与瓦斯突出危险性，瓦斯相对涌出量为 4.038～7.482 m^3/t。

川北的广旺矿区为高瓦斯，有爆炸性，不易自燃。多为急倾斜煤层，少数为倾斜和缓倾斜煤层。乐山地区：多属低瓦斯矿井。但乐山、雅安、眉山矿区的 K7 煤层有煤(岩)与瓦斯突出危险。多为急倾斜煤层，少数为倾斜和缓倾斜煤层。

1.2 瓦斯隧道分类

隧道确定位置时，应结合路线总体设计并经技术经济比较，绕避瓦斯地层，绕避困难时，宜以较短距离通过。我国现有修建的瓦斯隧道多以煤系地层瓦斯隧道为主，因此在进行瓦斯隧道分类时，通常以绝对瓦斯涌出量的大小作为评判瓦斯隧道等级的依据。

1.2.1 根据瓦斯涌出量对隧道进行分类

2020 年交通运输部颁布的《公路瓦斯隧道设计与施工技术规范》(JTG/T 3374—2020)将瓦斯隧道分为微瓦斯、低瓦斯、高瓦斯和煤(岩)与瓦斯突出 4 类；瓦斯隧道工区分为非瓦斯工区、微瓦斯工区、低瓦斯工区、高瓦斯工区、煤(岩)与瓦斯突出工区 5 类；瓦斯隧道类别按瓦斯地层或瓦斯工区的最高类别确定，判定指标表见表 1-2。瓦斯地层与瓦斯工区和瓦斯隧道之间的关系如图 1-6 所示。

表 1-2 公路瓦斯隧道工区判别标准

瓦斯地层或瓦斯工区类别	绝对瓦斯涌出量 $Q_{CH_4}/(m^3 \cdot min^{-1})$
非瓦斯	0
微瓦斯	$0 < Q_{CH_4} < 1.0$
低瓦斯	$1.0 \leq Q_{CH_4} < 3.0$
高瓦斯	$3.0 \leq Q_{CH_4}$
煤(岩)与瓦斯突出	有下列情况之一的： 1. 有瓦斯动力现象的。 2. 煤(岩)层瓦斯压力达到或超过 0.74 MPa 的。 3. 隧道穿越相邻矿井开采的同一煤(岩)层发生突出事故或被鉴定、认定为突出的。

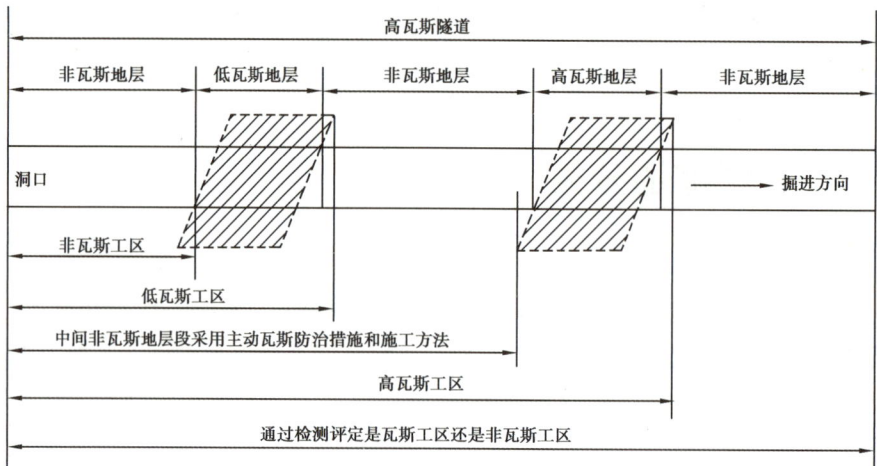

图 1-6 瓦斯隧道施工区确定

2019 年国家铁路局颁布的《铁路瓦斯隧道技术规范》(TB 10120—2019)对瓦斯隧道进行分类。该规范规定,在隧道勘测与施工过程中,通过地质勘探或施工检测表明隧道内存在瓦斯,该隧道应定为瓦斯隧道。按照隧道内的瓦斯测定情况,可将瓦斯隧道分为 4 种类型,即微瓦斯隧道、低瓦斯隧道、高瓦斯隧道和瓦斯突出隧道,瓦斯隧道类型的判定则由隧道中瓦斯工区的最高级确定,而瓦斯隧道工区分为 5 级:非瓦斯工区、微瓦斯工区、低瓦斯工区、高瓦斯工区和瓦斯突出工区。微、低、高瓦斯工区根据全工区的绝对瓦斯涌出量进行确定,判定指标表见表 1-3。

表 1-3 铁路瓦斯隧道工区判别标准

项目	分类	判定指标:绝对瓦斯涌出量 $Q_绝/(\text{m}^3 \cdot \text{min}^{-1})$	
		中等、大、特大跨度	小跨度
隧道工区	非瓦斯工区	0	
	微瓦斯工区	$Q_绝 < 0.5$	$Q_绝 < 0.3$
	低瓦斯工区	$1.5 > Q_绝 \geqslant 0.5$	$1.0 > Q_绝 \geqslant 0.3$
	高瓦斯工区	$Q_绝 \geqslant 1.5$	$Q_绝 \geqslant 1.0$

1.2.2 根据地层性质对隧道进行分类

随着隧道建设数量的不断增加,在非煤系地层中隧道发现瓦斯的情况也越来越多。炮台山隧道是我国第一座出现非煤系瓦斯并造成瓦斯事故的铁路隧道,由于当时对非煤系瓦斯认识不足,勘察设计阶段并未对瓦斯可能引发的灾害进行研究,最终导致该隧道在施工期间发生两次瓦斯爆炸,造成 15 人死亡的惨剧。四川汶马高速公路米亚罗 3 号隧道、鹧鸪山隧道、王家寨 1 号隧道均属非煤系地层瓦斯隧道,但在施工过程中均发生瓦斯异常涌(突)出,其中米亚罗 3 号隧道发生了"9·15"岩石与瓦斯涌(突)出事故,造成 6 人死亡。

　　地质条件的不同使得煤系地层隧道瓦斯灾害和非煤系地层瓦斯灾害存在较大的差别。例如:非煤系地层在施工过程中不会遇到煤层,无法通过煤层位置对瓦斯情况进行预判,增加了非煤系地层瓦斯灾害的预测难度和防控难度。现有针对煤层的瓦斯灾害防控措施,虽具有一定的指导意义,但也具有较大的局限性。为此,考虑隧道穿越地层的性质,将穿越煤系地层且有瓦斯涌(突)出的隧道称为煤系地层瓦斯隧道;将穿越非煤系地层但有瓦斯涌(突)出的隧道称为非煤系地层瓦斯隧道,如图 1-7 所示。煤系地层瓦斯隧道中的瓦斯主要含量为甲烷等有毒有害气体,在施工期间可能会穿过煤层、采空区等。非煤系地层瓦斯隧道在施工期间不穿越煤系地层,也不会遇到煤层和采空区等,遇到的瓦斯气体可能是油气瓦斯、天然气、页岩气或由煤系地层运移而来的瓦斯。

　　煤系地层瓦斯治理有相对成熟的技术和方法,在预测方面也具有相对准确的技术和手段,而非煤系地层由于无法准确判定瓦斯的具体来源,使得瓦斯防控难度增加,原用于探测煤系地层瓦斯的方法不完全适用于非煤系瓦斯的探测与判定。

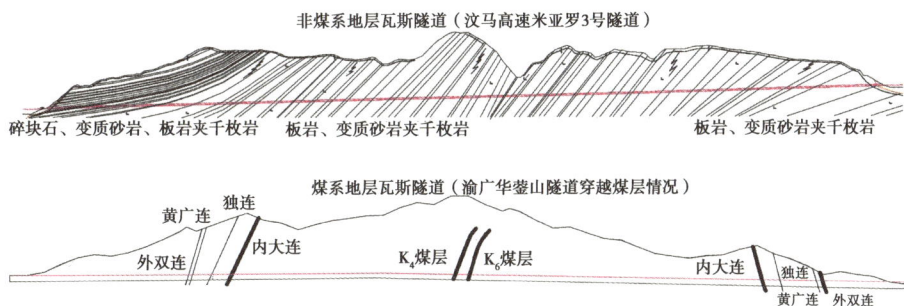

图 1-7　煤系地层瓦斯隧道和非煤系地层瓦斯隧道

1.3　我国气藏资源分布特征

　　非煤系地层瓦斯隧道中的瓦斯可能是油气瓦斯、天然气、页岩气或由煤系地层运移而来的瓦斯,因此需要对我国的气藏资源分布进行总结分析,为未来公路和铁路隧道建设中可能遇到的非煤系地层瓦斯做出一定的预判及指导。

1.3.1 中国规模天然气藏形成地质条件

中国大陆的前陆盆地、裂谷盆地深层及克拉通盆地发育了大规模的天然气资源,并在海相碳酸盐岩、碎屑岩及火成岩等储层中获得规模油气勘探发现。虽然中国天然气藏类型多,成藏条件不尽相同,但大地构造背景是决定大油气区形成的关键要素。中国含油盆地经历了多阶段构造演化,形成了多类有利于天然气的规模聚积和成藏大地构造背景,包括凹陷带、古隆起、古斜坡、冲断构造带、台缘带等。凹陷-斜坡带控制广覆式优质烃源岩和大面积多物源砂体的发育;古隆起控制长期风化淋滤作用的发生、发展和岩溶储层的形成;斜坡控制大型沉积体系和大面积砂体分布;前陆冲断带控制前渊凹陷厚层优质烃源岩和成排成带的构造圈的形成与分布;台缘带控制大型礁滩体的发育;火山岩风化壳控制大面积溶蚀孔洞储层的发育。构造背景控制了烃源岩、储集体的发育与分布,也控制了区域成藏组合的分布,更控制着油气的区域运聚。

1)中国含油气盆地基本类型

从宏观结构来看,盆地首先可以分为简单型盆地和叠合型盆地两大类,前者是单一成盆旋回的产物,后者则是各种简单盆地纵向叠置、横向复合的结果。盆地分类一般先对简单型盆地进行分类,然后再考虑叠合问题。简单型盆地赖以分类的特征很多,因而国内外盆地分类方案也很多,可归纳为5类,即基于槽台学说的分类、基于板块理论的分类、成因动力学分类、据"盆、热、烃"思路的分类和综合分类。张水昌等人提出了盆地属性成因分类,并将盆地类型划分为内克拉通盆地、克拉通边缘盆地、中间地块盆地、前陆盆地、大陆边缘盆地、山间盆地和裂谷盆地。

(1)内克拉通盆地

"克拉通"(craton)指具有厚层大陆地壳的广大地区,包括稳定的、变形微弱的地盾和地台;而广义的克拉通盆地包括形成在克拉通周边环境和克拉通内部的盆地。本书所列克拉通盆地单指发育于地台形成后第一个构造不整合面之上的克拉通内及克拉通边缘坳陷盆地,即第一构造层盆地,通称简单克拉通盆地。在简单克拉通盆地基础上,可以上叠其他类型盆地,而且这些叠置盆地在侧向上还可与其他类型盆地拼合,形成叠合或复合内克拉通盆地。

简单克拉通盆地是研究克拉通盆地的基础。根据克拉通盆地结晶基底结

构特征,中国简单克拉通盆地可分为3种:

①裂谷拉张型基底上的克拉通盆地。

②拼接缝合型基底上的克拉通盆地。

③稳定结晶型基底上的克拉通盆地。

塔里木盆地是拼接缝合型基底上的克拉通盆地,盆地在北纬40°线附近存有铁镁质缝合带。南塔里木基底主要由石英片岩和斜长片麻岩组成,出露最老地层是古元古界;而北塔里木地块以中、新元古界的浅变质岩为基底,南老北新,经塔里木运动才形成统一基底的盆地。鄂尔多斯盆地属于具稳定结晶型基底的克拉通盆地。四川盆地则是在初始裂谷基底上发育起来的。简单克拉通盆地沉降形成机制可归纳为大陆岩石圈板块拉伸减薄机制、发育热扰动的大陆岩石圈冷却收缩机制和板块弯曲变形机制3种。古生代,特别是奥陶纪的鄂尔多斯盆地,就是弯曲变形机制下形成的克拉通盆地——"陆表海"盆地。陆表海为大面积的浅海-滨海沉积,可以有一部分海陆交互,内部可以有一些深浅变化、岩性以碳酸盐岩作为主体夹有少量高成熟石英砂岩。华北古生代地层分布稳定,但厚度不大,也无火山活动和低热流。这些特点说明,导致板块挠曲变形的动力有两种:一是沉积物负载引起的重力均衡补偿;二是来自板块碰撞边界水平横向挤压力的远程传递。但沉积作用发生之前的初始沉降则只能是构造作用力所致。纵观整个华北克拉通,早古生代早期因大陆解体后的边缘张应力而导致中部隆升、边缘沉降,由边缘向中部沉降区域逐渐扩大形成陆表海盆地。到中奥陶世时,结束边缘张应力,转为挤压应力场,导致华北克拉通从中奥陶世开始直到中石炭世逐步抬升剥蚀,并形成后来利于油气聚积的古隆起。塔里木盆地沉降形成机制与大陆岩石圈冷却收缩机制有关,塔里木盆地前震旦纪基底是由几个不同的块体拼接而成的,在花岗岩、片麻岩中,有基性火成岩侵入体(或强磁性和密度大的岩体发生垂向运动),出现巨大隆起带。地幔高密度物质,可能有许多已进入岩石圈上部,冷却并充填于地壳不同构造层中。四川盆地沉降形成机制则可能与冷却收缩及伸展裂陷有关。但不管是哪种机制,中国克拉通在早古生代早中期都经历过泛海洋阶段,小地台潜没于大洋的水面之下,广泛接受滨、浅海相碳酸盐岩沉积,直到中奥陶世才逐渐露出水面,遭受淋滤剥蚀。

叠合(或复合)盆地的发育是中国内克拉通盆地的普遍特征。由于中国大地构造的多旋回性,中国内克拉通盆地的早期简单盆地,都有其他类型盆地叠置其上或拼合于侧的现象。例如:塔里木盆地从震旦纪到第四纪先后就有内克拉通伸展盆地、内克拉通挤压盆地弧后裂陷、弧后前陆、陆内裂陷盆地和再生前陆盆地等多类型盆地叠置复合。盆地叠合复合过程与其经历的 3 个一级构造旋回密切相关。

第一个旋回:震旦纪-中泥盆世开合旋回,主要与古亚洲洋的开合作用有关。自震旦纪开始,塔里木和柴达木地区张裂形成大陆裂谷盆地;寒武纪-中奥陶世成为内克拉通伸展盆地,发育一套以海相碳酸盐岩为主的沉积;晚奥陶世-泥盆纪晚期周缘板块碰撞闭合,形成内克拉通挤压盆地,发育一套海相碎屑岩和碳酸盐岩沉积。

第二个旋回:晚泥盆世-三叠纪开合旋回,主要与古特提斯洋的开合作用有关。晚泥盆世-早二叠世发生大规模弧后裂陷,发育有海相、海陆交互相碳酸盐岩和碎屑岩沉积,并广泛伴有以基性为主的火山喷发和浅层侵入岩;晚二叠世-三叠纪发育弧后造山作用和弧后前陆盆地,形成一套以陆相碎屑岩为主的沉积。

第三个旋回:侏罗纪第四纪裂陷挤压旋回,主要与特提斯洋多期次拉张裂解和碰撞闭合作用有关。侏罗纪-白垩纪,可能出现陆内裂陷盆地和再生前陆盆地并存,早、中侏罗世广泛发育煤系地层,晚侏罗世-白垩纪则以红色沉积为主:古近纪-第四纪定型阶段,由于受喜马拉雅造山运动的影响,造山带急剧隆升,盆地强烈沉降,形成了一套巨厚的陆相碎屑岩沉积。

四川盆地演化序列经历了内克拉通盆地前陆盆地陆内坳陷盆地和再生前陆冲断 4 个阶段。早震旦世到中三叠世为内克拉通盆地(震旦纪-志留纪、奥陶纪-早二叠世、晚二叠世-中三叠世)、晚三叠世为前陆盆地、侏罗纪-白垩纪为陆内坳陷盆地,并在喜马拉雅期褶皱定形。鄂尔多斯盆地同样也有内克拉通盆地和陆内坳陷盆地的叠合。

侧向上不同类型的原型盆地拼合于克拉通盆地不同部位的例子也很常见,如塔里木盆地侏罗纪时,塔西南为前陆盆地、塔东北为克拉通陆内坳陷盆地;四川盆地晚三叠世时,西侧为川西前陆盆地、东侧为陆内坳陷盆地。这种复合盆地类型对油气生成、运聚形成大规模油气田是很有利的。

(2)前陆盆地

前陆盆地可以形成于克拉通周缘、地块周缘、大陆边缘及弧后多种环境,其至可因 C 型俯冲而于陆内形成。自 Dickinson 将前陆盆地定义为与造山带毗邻的克拉通边缘前陆环境中形成的盆地以来,很多学者对前陆盆地下过定义。总体上是强调细化、解说了前陆盆地的共性,即强调前陆盆地是线状挤压造山带和稳定克拉通之间的长条形沉积盆地,由邻近造山带的褶皱与冲断构造负载促使岩石圈挠曲下沉形成;前陆盆地的横剖面具有明显箕状不对称的沉积充填特征,在盆地演化期间靠造山带一侧遭受强烈褶皱冲断变形作用,靠克拉通一侧逐渐与地台层序合并。前陆盆地层序由张性断陷盆地沉积与挤压陷盆地沉积叠置而成是国内外前陆盆地的共性,早期的陆缘张性盆地沉积构成前陆盆地的下部层序,而褶皱与冲断带的挤压构造负荷导致岩石圈挠曲沉降时充填的沉积层序构成上部层序。前陆盆地一般被分为周缘前陆盆地、弧后前陆盆地、弧前前陆盆地等类型。

不过,在中国还是出现了一些新现象,例如"再生前陆盆地",罗志立认为这是 C 型俯冲的结果,李本亮等则从中国大地构造演化的历史出发,对其形成机制和普遍性做出了解释,认为中国大陆元古宙以来经过多次大陆的解体和拼合,形成了以塔里木、华北、扬子 3 个古板块为核心,与准噶尔柴达木、羌塘等 20 多个微古板块之间的 4 期聚合,造就了现今中国大地构造格局。受控于深部大陆地壳内克拉通板块的"镶嵌式"结构和印度-亚欧板块碰撞并发生远距离效应的影响,新生代晚期中国中西部在古板块边界,古造山带重新复活隆升,在古前陆盆地的基础上继承性发育前陆盆地或前陆冲断带(当然也可由裂谷转化发展而来)。如准噶尔南缘、吐哈库车塔西南、酒泉等前陆盆地和博格达山前(北缘)、喀什、柴北缘川西、川北等前陆冲断带。也就是说,中国中西部中-新生代前陆盆地与相邻的板块俯冲碰撞作用在成因机制和时间上并无直接联系,但是却产生于已拼合的古造山带和古板块接壤部位,并沿其边缘(或内部)某一断裂向原始陆块(或新生陆内盆地)一侧逆冲,在其前缘产生挠曲载荷作用,因而形成巨厚的沉积。所以再生前陆盆地多形成于古板块拼接后的大陆内部,盆地规模小,边界复杂。宋岩等根据前陆盆地的构造演化和不同时期前陆盆地的改造关系,将中国的前陆盆地划分为 4 种类型:叠加型(川西、库车、川北等)、改造型(鄂尔多斯西缘川西)、早衰型(准噶尔西北二叠纪前陆)和新生型(酒泉、吐哈),不同类型的中国前陆盆地组合类型具有明显差异的油气聚积和分布结构。

(3)大陆边缘盆地

大陆边缘盆地易与克拉通边缘盆地混淆,主要是由于国内外学者对地台概念的差异界定。而国外学者关于克拉通盆地时代限定较为宽泛,将早古生代及其以前的克拉通盆地称为老克拉通盆地,而将以晚古生代及其以后褶皱系为基底的克拉通盆地称为新克拉通盆地。国内学者普遍将地台定义为震旦纪前已固结稳定并达到成熟的大陆地壳区,不包含显生宙褶皱区在内的大陆地壳部分。因而以地台为基底的稳定沉积盆地才能称为克拉通盆地,其边缘部分的盆地才能称为克拉通边缘盆地。而中国华南地区在加里东期才褶皱隆起,不能定义为地台,称为江南古陆,之上发育的相关盆地(如三水盆地和南海北部诸盆地)为陆内盆地和大陆边缘盆地。中国大陆边缘盆地主要发育在中国东部及南部海域,动力学上受控于太平洋板块向中国大陆东部俯冲以及印度板块向北强烈推进派生分力的共同作用。其中,中国东海诸盆地是主动大陆边缘盆地;而中国南部大陆随着南海弧后小洋盆大规模拉开扩大而逐渐发育成被动大陆边缘,相关诸裂陷盆地为被动大陆边缘盆地。

(4)裂谷盆地

裂谷盆地是岩石圈板块作背向水平运动或地幔上隆使地壳减薄、伸展拉张所产生的大型洼地或中央深凹谷地,盆地内通常发育一定规模的正断层,具有布格重力负异常、高地表热流、强烈火山活动等特征。一般认为,裂谷盆地形成机制包括地幔上涌、水平拉张及走滑拉分作用等。与前陆盆地一样,裂谷盆地可在克拉通内部、克拉通边缘发育,也可在陆内、陆缘陆间等多种环境中发育,对油气形成分布具有重要控制作用。按其所处位置可细分为内克拉通裂谷、克拉通边缘裂谷、陆内裂谷、陆缘裂谷、陆间裂谷和大洋裂谷等类型。陆内裂谷盆地还可细分为内陆型裂谷盆地、山前裂谷盆地和山间型裂谷盆地等;陆缘裂谷盆地可细分为弧前型裂谷盆地、弧后型裂谷盆地、剪切构造型裂谷盆地等。

(5)中间地块盆地和山间盆地

本书所提中间地块指被褶皱带所包围的小而稳定的地质块体,它们或者是在古大陆裂解时从某地台分离出来的一部分,如柴达木地块(具有前寒武纪结晶基底);或者相当于国外的所谓年轻地台,如准噶尔地块,其地台基底分离于哈萨克斯坦板块。这类地质单元相对稳定,有利于天然气形成和保存。狭义的山间盆地没有地块盆地那样的稳定基底,但周围环境类似,都被大型褶皱造山带所包围。

2)盆内凹陷控制气源岩

中国含油气盆地发育多层系、多沉积类型的烃源岩受差异的构造背景和沉积环境控制,烃源岩品质和分布也有一定差异。陆块裂解或离散期间,中国主要陆块边缘斜坡和深裂陷中发育深水盆地相烃源岩;陆块会聚-拼合期间区域阶段稳定构造背景下的台内凹陷和平缓斜坡有大面积分布的优质烃源岩。

(1)凹陷带发育生烃中心

古亚洲洋、古特提斯、新特提斯三大构造旋回的伸展期中-下组合发育碎屑岩和碳酸盐岩两类烃源岩,包括泥页岩、煤系等不同类型,而拉张运动形成的凹陷带(拉张槽)内往往发育优质烃源岩与生烃中心。优质高效的烃源岩通常发育在同伸展构造期的主要凹陷带内,例如四川盆地下寒武统二叠系等烃源岩虽然全盆地具有分布,但大型天然气如安岳气田、普光气田等天然气主要来源于周缘的安岳裂陷槽和开江-梁平海槽。例如,紧邻高石梯-磨溪古隆起的克拉通内裂陷发育寒武系筇竹寺组、麦地坪组烃源岩中心。裂陷内筇竹寺组及麦地坪组烃原岩厚度大,达 200～400 m;总有机碳含量高,高石 17 井揭示筇竹寺组烃源岩 TOC 值平均为 2.1%,麦地坪组烃源岩 TOC 值平均为 1.67%;生气强度高,达$(40～120)×10^8$ m^3/km^2。同时,高石梯-磨溪古隆起区自身亦发育灯三段和筇竹寺组烃源岩,其中灯三段烃源岩 TOC 值为 0.50%～4.73%,厚度为 10～20 m,筇竹寺组中上段烃源岩 TOC 值与裂陷带内筇竹寺组一致,厚 150～200 m。这些优质烃源岩生成的油气可通过侧向或垂向运移为安岳震旦系-寒武系整装特大型气田提供充足油气源。

裂谷盆地中,早期伸展的坳陷中心是烃源岩有利的发育区,这在中国东部松辽盆地、渤海湾盆地及海域盆地的油气勘探中被证实。例如松辽盆地徐家围子断陷中断裂控制煤系烃源岩发育。徐家围子断陷沙河子组煤系烃源岩分布明显受到断裂分布的控制,沙河子组烃源岩发育以下多个厚度高值区,包括:

①分布于徐中断裂北段与徐东断裂之间的达深 2 井北部沙河子组烃源岩最大厚度可超 700 m。

②分布于徐西断裂北段与徐中断裂之间的徐深 1 井处,沙河子组烃源岩最大厚度可超过 700 m。

③分布在徐中断裂南段与徐东断裂之间的徐深 22 井南部,沙河子组烃源岩最大厚度可超过 1 000 m。

整体生烃中心的发育与断裂带走向基本一致,厚度高值区均是由于受区域上控盆大断裂制约。断裂活动在沙河子组沉积时期最强烈,控制了沉积中心和生烃中心,在三大断裂附近的斜坡处形成的水体较浅的湖泥环境下,沉积形成厚度较大的煤系地层,成为徐家围子断陷天然气的主力烃源岩。由此看出,拉张断陷中的低洼凹陷带控制了裂谷盆地的烃源岩发育。

(2)高成熟-过成熟热演化

多期构造作用导致烃源岩热演化历史复杂,特别是环青藏高原构造体系控制下的西部主要盆地早期沉积的古老海相烃源岩普遍达到高-过成熟阶段,出现多个生烃高峰,以生气为主。因此,海相克拉通盆地中-下组合具有形成大型或特大型气田的气源条件。中国西部发育的古生代克拉通块体内,既有海相高成熟-过成熟气源岩,又有海陆交互相泥岩与煤系腐殖型气源岩。由于埋藏深热演化历史长,下古生界海相烃源岩基本上都进入高成熟-过成熟演化阶段,形成丰富的深层热裂解气。如塔里木、四川盆地烃源岩的 R_0 一般大于 2.0%,最高已经超过4%,具备产生裂解气的有利条件,即使早期成藏的石油也部分被裂解成气;鄂尔多斯块体古生界烃源岩处于高成熟-过成熟阶段,以生气为主,即使有石油生成也已完全裂解成气,因此在古生界主要富集天然气。在中西部的前陆盆地(例如库车和川西)中,发育以煤系地层为主的烃源岩,易形成以天然气为主的油气资源。

3)大型构造背景控制规模储层

中国含油气盆地发育碳酸盐岩、火山岩、碎屑岩三大类储集岩,其中海相碳酸盐岩分布范围最广。勘探实践证实,中国盆地深层发育规模储层,但其分布复杂。总体上,储层物性以低孔-低渗为主,分布面积大;因受成岩和后生改造作用的影响,非均质性强。这种非均质性决定了岩性或地层圈闭群的形成,如大型古斜坡河流三角洲砂岩储层、大型古隆起风化壳储层、大型斜坡似层状碳酸盐岩岩溶储层、大型火山岩风化壳储层等,利于天然气大面积聚积。如果储层物性好,均质性强,油气运移畅通,可以在构造高部位形成高丰度的大气田。

(1)古隆起碳酸盐岩储层

中国的碳酸盐岩时代老、演化复杂,受控于区域性的古隆坳结构和古构造演化过程,主要发育礁滩、风化壳岩溶、白云岩等多类储集体。其中,受古构造控制形成的碳酸盐岩储层包括地层型、台缘礁滩型以及古隆起上的白云岩储层。风化壳岩溶地层型以鄂尔多斯盆地奥陶系为典型。奥陶系马家沟组为潮坪沉积,硬石膏白云岩、含硬石膏白云岩、碎屑滩发育,加里东运动之后整体为区域古隆起控制下的东倾大斜坡,经历了长达150 Ma的沉积间断、风化淋滤作用,为大面积白云岩风化壳岩溶储层的发育创造了条件;古沟槽发育,古地形起伏变化大,地层自东向西依次变老,形成大型不整合地层圈闭;石炭系-二叠系煤系烃源岩广覆式展布,构成了良好的上生下储式储盖组合及面状供烃;后期构造反转,斜坡西倾,形成不整合和岩性圈闭。大型斜坡背景、大面积发育的白云岩风化壳岩溶储层与面状、网状供烃的有机配置,决定了奥陶系风化壳岩溶地层型大油气区的形成与分布。这种类型大油气区的基本特点是,油气分布受岩性、岩溶、沟槽、古斜坡、今构造等诸多因素控制,油气藏类型以地层油气藏为主,呈环带状大面积分布。

隆起斜坡区岩溶地层型以塔里木盆地台盆区为典型。塔里木盆地台盆区寒武系-奥陶系具有以下特征:

①发育塔北、塔中、巴楚、塔东大型长期继承性古隆起,发育五个区域性不整合、多个层间不整合和多期断裂,为岩溶储层的规模发育奠定了良好的地质基础。

②发育顺层、层间两类岩溶,潜山风化壳、顺层和层间三类岩溶储层大面积、准层状分布,塔北隆起南缘风化壳岩溶储层分布面积约 7 000 km²,顺层岩溶分布面积约 $1×10^4$ km²,塔中-巴楚隆起区层间岩溶储层分布面积约 $5×10^4$ km²。

③寒武系-奥陶系两套烃源岩大面积展布,多期成烃,油气资源丰富,网状断裂有效沟通油源,晚加里东期晚海西期和喜马拉雅期三期充注,多期成藏。

因此,大型隆起斜坡背景多期断裂、多期烃类充注,大面积非均质岩溶储层三大地质要素的有机配置,决定了塔里木台盆区碳酸盐岩岩溶地层型大油气区的形成与分布。

海相碳酸盐岩中还有发育规模的白云岩储层,准同生期混合水云化、埋藏云化及混合热水云化三种白云岩成因机制导致有利储层的发育。例如,四川盆地的浅滩相灰岩、白云岩,潮坪藻白云岩、生物礁白云岩、岩溶塌陷角砾状白云岩和裂缝性灰岩储层,分布广泛,体积大。在四川盆地已发现的 14 个产层中,储量主要集中在川东石炭系孔隙性白云岩储层和川东北三叠系飞仙关组孔隙性鲕滩白云岩中。

(2)基底和断裂带火山岩储层

火山岩储层在中国含油气盆地中主要有两种存在形式,一种是沉积盖层之下的褶皱基底火山岩,通常遭受剥蚀和风化;另一种则是盆地发育过程中岩浆沿断裂带侵入或喷出形成的火山岩体,与沉积盖层融为一体,相互叠置发育。

褶皱基底中的火山岩储层以准噶尔盆地克拉美丽大气田为典型。晚石炭世为裂陷盆地发育期,发育多个断陷盆地,控制烃源岩展布,形成了多个生烃中心;北疆地区石炭纪处于岛弧环境,沿深大断裂广泛发育裂隙式喷发的火山岩,大面积展布;相对隆起部位石炭系火山岩经历长期风化淋滤,进而决定了风化壳储层的规模展布;凹陷中心有效烃源岩与斜坡风化壳储层构成良好的侧向供烃条件。因此,有利的构造背景、良好的生烃凹陷、规模分布的风化溶蚀型储层3 要素的有机配置,决定了火山岩地层型大油气区的形成与分布。这种类型大油气区的基本特点是:以地层油气藏为主,多分布在风化壳以下 400 m 范围内,呈似层状分布;同一层系油气藏埋深海拔差异大,克拉美丽气田石炭系火山岩风化壳气藏埋深相差约 1 000 m。

沿断裂带发育的火山岩储层以松辽盆地、渤海湾盆地等拉张断陷深层火山岩为典型。松辽盆地北部深层发育的火二段、营一段和营三段火山岩是徐家围子断陷的三套主要储层。火山岩储层岩石类型多样,从中性的安山岩到酸性的流纹岩均见产气层,既有熔岩类,也有火山碎屑岩储层,储集空间主要为各种类型的孔隙与各种成因的裂缝构成,组合类型千变万化。火山岩相控制了火山岩的原始储集条件,喷溢相上部亚相熔岩是原始状态下储集性能最有利的相带,具有物性好、分布广泛的特点。其次为爆发相热碎屑流亚相,以基质收缩缝和斑晶溶蚀孔为主,发育于爆发相上部,在火山间歇期或构造抬升期易遭受风化淋滤作用形成次生溶孔。除细碎屑凝灰岩外,喷溢相和爆发相的其他亚相也有一定储集能力,特别是在裂缝配合下,也可作为良好储层。此外,火山岩储集体受岩相控制,中酸性火山岩最为有利。深层碎屑岩储层物性总体较差,但欠压实、裂缝、早成藏、低地温梯度等因素可导致局部发育优质储层。构造运动、风化淋滤作用对火山岩储集性改善明显,成岩作用对火山岩储集性有双重影响。

(3)坳陷-斜坡带陆相碎屑岩储层

碎屑岩在特定的条件下也可以形成好储层。如鄂尔多斯盆地的晚古生代海陆过渡相大面积河道砂形成广覆式含气砂岩体。盆地内石炭系-二叠系滩坝砂、三角洲砂、河道砂等储集体与上覆上石盒子组泥岩地层构成了优越的储盖组合。塔里木盆地石炭系滨-浅海环境下沉积的东河砂岩储层是油气储集的良好场所。尤其是前陆盆地中广泛发育中-新生界层系中的河道砂体及各类三角洲砂体,广泛分布的煤系烃源岩,叠加有效的构造改造,易形成油气规模聚积。晚奥陶世-早石炭世,鄂尔多斯地区沉积古地形非常平缓,古沉积坡度小于 $1°$ 。石炭系-二叠系岩相和沉积岩厚度稳定,沼泽相煤系烃源岩广泛分布,煤层厚度为 6~20 m,平均有机碳含量为 67.3%;暗色泥岩厚度为 40~120 m,平均有机碳含量为 2.93%。同时,三角洲平原分流河道及三角洲前缘水下分流河道十分发育,河道沉积多期叠加并不断向前推进,形成了纵向上多期叠置、平面上复合连片的砂岩储集体。主力储集层段砂体厚度为 10~30 m,宽度为 10~20 km,延伸 300 km 以上。大面积分布的储集砂体与广覆式煤系烃源岩相互叠置,为大面积致密气藏的形成奠定了基础。四川盆地上三叠统须家河组同样发育规模的碎屑岩储层。须家河组沉积时,四川盆地进入前陆盆地发育阶段,总体为大型宽缓斜坡背景,斜坡面积占须家河组沉积面积的 80% 以上,这一大型斜坡背景为须家河组大面积发育奠定了良好的地质基础。多期发育了大面积分布的浅水三角洲砂体,主力气层须二、须四、须六段 3 个层段砂体的叠合面积约 $(12~17)×10^4$ km²。大型的斜坡背景、广覆式生储盖组合、大面积低孔渗非均质储层等地质要素的有机配置,决定了须家河组岩性大气区的形成与分布。库车前陆盆地中主要目的层为白垩系巴什基奇克组,巴什基奇克组第三岩性段为扇三角洲前缘沉积亚相,第一、第二岩性段为辫状三角洲前缘亚相,沉积微相主要为扇三角洲前缘水下分流河道及河口坝砂体辫状三角洲前缘水下分流河道及河口坝砂体。砂体垂向叠置厚度大、横向分布稳定,分流间湾泥岩单层厚度薄且不连续,砂体厚度为 200～300 m,如克深区块厚度为 300 m,博孜-大北区块厚度为 200～280 m。

4)中国气源岩类型及展布

(1)煤系泥岩

煤系气源岩是指含煤层系中具有生气能力的岩层,主要包括煤、暗色泥岩以及碳质泥岩,其中的暗色泥岩一般称为煤系泥岩。在中国主要的含气盆地中,均发育了巨厚的煤系泥岩气源岩,但其分布具有明显的区带性:西部地区含气盆地煤系烃源岩主要发育在中生界侏罗系与二叠系,上古生界石炭系-二叠系则主要分布在鄂尔多斯盆地和渤海湾盆地,而白垩系、古近系和新近系则主要分布在东部及海域地区。西部地区是中国煤系泥岩主要发育的地区,其厚度较大,一般可高达 700 m 以上。库车坳陷煤系泥岩主要分布于三叠系-侏罗系,包括上三叠统塔里奇克组、下侏罗统阳霞组和中侏罗统克孜努尔组,累计厚度高达 770 m,主要分布于山前带。准噶尔盆地煤系泥岩主要发育在石炭系与中-下侏罗统八道湾组、三工河组和西山窑组。侏罗系煤系泥岩厚达 900 m,主要位于北天山山前冲断带的中段,其中八道湾组烃源岩最为发育区域在沙湾凹陷、阜康凹陷、东道海子凹陷西部和北天山山前冲断带中段,最厚达 300 m 以上;三工河组烃源岩分布范围与八道湾组类似,最厚约 300 m;西山窑组气源岩主要分布于阜康凹陷,略厚于三工河组。塔西南煤系泥岩仅见于侏罗系,主要分布在喀什凹陷,厚度最高可达 800 m;其次在叶城凹陷也有煤系泥岩分布,累计厚度一般为 100～300 m。吐哈盆地煤系泥岩主要发育于中一下侏罗统八道湾组、三工河组和西山窑组,下侏罗统八道湾组和三工河组煤系泥岩在盆地各凹陷内广泛发育,形成了托克逊凹陷托参 1 井以东、台北凹陷葡萄沟以北小草湖次凹北部和三堡凹陷哈 2 井一带四个沉积中心,每个凹陷最大厚度基本为 400～600 m,大于 100 m 煤系泥岩在前三个凹陷普遍发育。

鄂尔多斯盆地煤系泥岩累积厚度相对较薄,一般为 50～600 m。煤系泥岩厚度展布受当时沉积环境的控制,表现为西部最厚,可达 300 m 以上,东部次之,为 100～120 m,中部较薄而稳定发育,基本为 50～100 m。四川盆地煤系泥岩集中在上三叠统,最大累计厚度可达 900 m,其中须一段、须三段和须五段为主要的气源岩层段,累计厚度最高值位于川西地区,达到 600 m,川中地区较薄,累计厚度一般为 10～250 m。渤海湾盆地煤系泥岩主要发育在上古生界石炭系-二叠系,尤其以上石炭统太原组和下二叠统山西组煤系泥岩最厚;平面上,石炭系-二叠系煤系泥岩主要分布在冀中凹陷和黄骅凹陷,厚度在 20 ~ 140 m。松辽盆地煤系泥岩主要分布于断陷深层营城组、沙河子组和火石岭组,其中徐家围子断陷煤系泥岩主要分布于沙河子组,徐北地区累计 50 m 以上煤系泥岩普遍发育,但其主要分布于杏山凹陷,最大厚度可达 750 m,500 m 以上厚度泥岩分布较为普遍;火石岭组仅在杏山凹陷沉积中心区域厚度较大,达到 500 m以上,其他地区分布局限。营城组分布更为局限,仅有零星地区厚度达到 50 m以上。莺琼盆地主要在渐新统崖城组和陵水组发育煤系泥岩,厚 293 ~ 852 m。东海盆地煤系泥岩主要分布于始新统平湖组和渐新统花港组,各地区厚度发育不均,东部坳陷区明显较厚,最高达 1 000 m 以上。

(2)煤

以富集型有机质的形式存在的煤常常是煤系气源岩中重要的一类气源岩,其生气能力一般要优于暗色泥岩。中国西北地区煤层厚度最大,累计厚度高达100 m 以上。库车坳陷煤主要发育在侏罗系,阳霞凹陷山前带厚度最大,可达60 m;沿山前带越往西,煤厚度越薄。准噶尔盆地侏罗系煤主要分布在南部山前带中段,在昌吉以南地区累计厚度可达到 80 m,玛湖凹陷分布了累计厚度 20 ~ 50 m 的煤层,在四棵树凹陷和中央凹陷带的东部零星分布煤层,累计厚度多在 10 ~ 20 m。吐哈盆地侏罗系煤主要分布于托克逊凹陷和台北凹陷,累计厚度最大可达 100 m 以上,累计厚度达 40 m 的煤层在上述两个凹陷普遍发育;另外,在三堡凹陷煤层累计厚度为 10 ~ 20 m。

中部地区煤厚度相对较薄,总体为 2 ~ 40 m。鄂尔多斯盆地上古生界煤广泛分布,累计厚度从 2 ~ 30 m,总体呈现北部厚而南部薄、东西两侧厚而中部变薄的趋势,东部和西部地区煤厚度普遍在 10 m 以上。四川盆地上三叠统须家河组煤厚度为 2 ~ 20 m 川西地区最大厚度为 20 m,8 m 以上煤层普遍发育;川中地区厚度一般为 2 ~ 8 m。

东部松辽盆地各断陷均有煤层分布,其中徐家围子断陷煤主要分布于沙河子组和火石岭组,且厚度较大。沙河子组煤主要位于杏山凹陷北段,累计厚度最高达 100 m,其中宋深 3 井钻遇 105.5 m 的煤层;断陷北部的安达凹陷也分布有 10 ~ 40 m 的煤层;徐东地区零星分布有 10 ~ 30 m 的煤层。火石岭组煤主要分布于杏山凹陷的西段,最厚可达 40 m;徐东部分地区也有零星分布。渤海湾盆地上古生界石炭系-二叠系煤层厚度多在 6 ~ 18 m,主要位于冀中凹陷,其次为黄骅凹陷。

（3）海相气源岩

中国海相气源岩主要分布于西部塔里木盆地以及中部的四川盆地和鄂尔多斯盆地主要发育于古生界。塔里木盆地海相气源岩主要为寒武系气源岩，在全盆地广泛分布，累计厚度最高可达约 400 m。四川盆地海相气源岩主要为下寒武统筇竹寺组、下志留统龙马溪组、下二叠统栖霞组、中二叠统茅口组以及上二叠统龙潭组／吴家坪组和大隆组，累计厚度 5 080 m 高值区主要位于川西北段，川东北和川南地区。鄂尔多斯盆地主要发育下古生界奥陶系海相气源岩，其中分布在盆地中东部的下奥陶统马家沟组气源岩厚度为 5 ~ 30m；位于西部南部台缘地区的中奥陶统平凉组气源岩围绕鄂尔多斯古陆呈"工"字形分布，厚度基本位于 20 ~ 80 m。

1.3.2　气藏资源地理分布

中国大中型油田主要分布在裂谷型盆地中，大中型油田主要分布在克拉通盆地和山前盆地中；陆相烃源岩是中国大中型油气田的主要生烃岩，生烃岩从早古生代到新生代都有，南中国海和东中国海的古近系和新近系，中国北方的侏罗系和石炭系-二叠系是中国的主要生气层，二叠系、三叠系、侏罗系、白垩系、古近系和新近系是中国的主要生油层；大中型气田的储集层主要为陆源层（中砂岩、细砂岩和砂砾岩），其沉积环境为扇三角洲和三角洲相，碳酸盐储集层主要为裂缝型、风化壳型；油气藏盖层主要为均质泥岩，油气成藏期较晚，绝大多数大中型油气田形成于新生代，在新生代地层中仍有相当储量的油气田未被发现。中国油气资源潜力丰富，大多数盆地的油气田处于开发的早中期，发现大中型油气田的可能性是很大的。

1）陆地气藏资源

我国石油资源集中分布在渤海湾、松辽、塔里木、鄂尔多斯、准噶尔、珠江口、柴达木和东海陆架等八大盆地，其可采资源量 172 亿 t，占全国的 81.13%；天然气资源集中分布在塔里木、四川、鄂尔多斯、东海陆架、柴达木、松辽、莺歌海、琼东南和渤海湾九大盆地，其可采资源量 18.4 万 m^3，占全国的 83.64%。

从资源深度分布看，我国石油可采资源有 80% 集中分布在浅层（<2 000 m）和中深层（2 000 ~ 3 500 m），而深层（3 500 ~ 4 500 m）和超深层（>4 500 m）分布较少；天然气资源在浅层、中深层、深层和超深层分布却相对比较均匀。

从地理环境分布看，我国石油可采资源有 76% 分布在平原、浅海、戈壁和沙漠,天然气可采资源有 74% 分布在浅海、沙漠、山地、平原和戈壁。

从资源品位看,我国石油可采资源中优质资源占 63%,低渗透资源占 28%,重油占 9%;天然气可采资源中优质资源占 76%,低渗透资源占 24%。

截至 2017 年底,我国累计探明油田 745 个,累计石油探明地质储量 389.65 亿吨。全国累计探明天然气田 273 个,累计天然气探明地质储量 122 926 亿 m^3。

自 20 世纪 50 年代初期以来,我国先后在 82 个主要的大中型沉积盆地开展了油气勘探,发现油田 500 多个。大型油田主要有大庆油田、胜利油田、克拉玛依油田、四川油田、华北油田、中原油田、吉林油田、河南油田、长庆油田、江汉油田、江苏油田、青海油田、塔里木油田、吐哈油田、玉门油田等。

2)海洋气藏资源

除陆地石油资源外,我国的海洋油气资源也十分丰富。中国近海海域发育了一系列沉积盆地,总面积达近百万平方千米,具有丰富的含油气远景。这些沉积盆地自北向南包括渤海盆地、北黄海盆地、南黄海盆地、东海盆地、冲绳海槽盆地、台西盆地、台西南盆地、台东盆地、珠江口盆地、北部湾盆地、莺歌海-琼东南盆地、南海南部诸盆地等。目前,中国海上油气勘探主要集中于渤海、黄海、东海及南海北部大陆架。

1966 年联合国亚洲及远东经济委员会经过对包括钓鱼岛列岛在内的我国东部海底资源的勘察,得出的结论是,东海大陆架可能是世界上最丰富的油田之一,钓鱼岛附近水域可以成为"第二个中东"。据我国科学家 1982 年估计,钓鱼岛周围海域的石油储量为 30 亿~70 亿 t。还有资料反映,该海域海底石油储量约为 800 亿桶,超过 100 亿 t。

截至目前,渤海湾地区已发现 7 个亿吨级油田,其中渤海中部的蓬莱 19-3 油田既是迄今为止中国最大的海上油田,又是中国目前第二大整装油田,探明储量达 6 亿 t,仅次于大庆油田。截至 2021 年,渤海海上油田的产量达到 3 013.2 万吨油当量,成为中国油气增长的主体。

南海海域更是石油宝库。中国对南海勘探的海域面积仅有 16 万 km^2,发现的石油储量达 52.2 亿 t,南海油气资源可开发价值超过 20 万亿元人民币,在未来 20 年内只要开发 30 亿 t,每年可以为中国 GDP 增长贡献 1~2 个百分点。而有资料显示,仅在南海的曾母盆地、沙巴盆地、万安盆地的石油总储量就将近 200 亿 t,是世界上尚待开发的大型油藏,其中有一半以上的储量分布在应划归中国管辖的海域。经初步估计,整个南海的石油地质储量为 230 亿~300 亿 t,约占中国总资源量的三分之一,属于世界四大海洋油气聚积中心之一,有"第二个波斯湾"之称。

1.4　我国瓦斯隧道分布情况

1.4.1　我国瓦斯隧道分布

煤矿瓦斯灾害事故频发,过去在修建公路隧道和铁路隧道时,都尽可能采取避绕措施避开煤矿区,只有代价巨大时才不得不从煤田或煤系地层穿过。中华人民共和国成立以来至 1999 年,我国修筑了 18 座瓦斯隧道(表 1-4),只占全国隧道总数的 0.18%。随着我国交通事业的发展,在有煤层和瓦斯地区通过并修筑隧道的机会越来越多,穿越多个煤层、高瓦斯地区的隧道也不断增加。据不完全统计,2000—2021 年,我国修建的瓦斯隧道已有 200 余座(表 1-5),目前四川省在建瓦斯隧道已超过 100 座。

表 1-4　2000 年前修建瓦斯隧道

隧道名称	铁路	长度/m	埋深/m	瓦斯隧道等级
岩脚寨隧道	贵昆铁路	2 714	—	高瓦斯
梅子关隧道	贵昆铁路	1 918	375	低瓦斯
梅花山隧道	贵昆铁路	3 968	600	低瓦斯
二甲隧道	贵昆铁路	1 050	—	低瓦斯
大寨隧道	贵昆铁路	1 942	—	低瓦斯
长冲隧道	湘黔铁路	1 034	—	低瓦斯
杨家峪隧道	阳涉铁路	1 882	123	低瓦斯
灰峪隧道	北京西北环线铁路	3 450	—	低瓦斯
沙木拉达隧道	成昆铁路	6 379	600	低瓦斯
碧鸡关隧道	成昆铁路	2 282	—	低瓦斯
八盘岭隧道	溪田铁路	6 340	500	高瓦斯
云台山隧道	侯月铁路	8 145	约 350	高瓦斯
家竹箐隧道	南昆铁路	4 990	超过 500	有突出危险
发耳隧道	水柏铁路	1 241	小于 100	有突出危险
炮台山隧道	达成铁路	3 078	400	高瓦斯

续表

隧道名称	铁路	长度/m	埋深/m	瓦斯隧道等级
华蓥山隧道	广渝高速	左 4 706 右 4 684	800	有突出危险
缙云山隧道	成渝高速	左 2 528 右 2 478	290	低瓦斯
中梁山隧道	成渝高速	左 3 165 右 3 108	约 275	高瓦斯
……				

表 1-5 2000—2021 年修建的部分瓦斯隧道（根据公开资料统计）

隧道名称	铁路	长度/m	埋深/m	瓦斯隧道等级
大路梁子隧道	溪洛渡电站对外交通公路	4 360	800	高瓦斯
上清河隧道	上清河二级电站隧道	4 238.29	300 以上	有突出危险
朱嘎隧道	内昆铁路	5 194	370	高瓦斯
八字岭隧道	宜万铁路	5 867	695	低瓦斯
白龙山隧道	水柏铁路	4 845	600 以上	高瓦斯
别岩槽隧道	宜万铁路	3 721	530	低瓦斯
财神庙隧道	襄渝铁路	7 628	400	高瓦斯
曹家庄隧道	玉蒙铁路	3 882	约 150	低瓦斯
七扇岩隧道	成贵铁路	2 548	约 300	高瓦斯
分水隧道	达万铁路	4 747	约 300	低瓦斯
关路坡隧道	神延铁路	3 159	164	低瓦斯
红石岩隧道	合武铁路	7 857	560	低瓦斯
黄草隧道	渝怀铁路	7 186	约 800	低瓦斯
黄莲坡隧道	内昆铁路	5 306	—	低瓦斯
界牌坡隧道	渝怀铁路	3 548	—	低瓦斯
金洞隧道	渝怀铁路	9 108	1 000	高瓦斯

续表

隧道名称	铁路	长度/m	埋深/m	瓦斯隧道等级
康牛隧道	南昆铁路	3 186	—	低瓦斯
袍子岭隧道	洛湛铁路	6 460	约 500	低瓦斯
彭水隧道	渝怀铁路	9 024	约 500	低瓦斯
齐岳山隧道	宜万铁路	10 528	670	高瓦斯
且午隧道	贵昆铁路	3 878	约 100	高瓦斯
青山隧道	内昆铁路	4 268	约 1 000	有突出危险
三联隧道	贵昆铁路	12 136	280	高瓦斯
天台寺隧道	达成铁路	3 006	约 400	高瓦斯
乌蒙山 I 隧道	贵昆铁路	6 454	约 498	高瓦斯
乌蒙山 II 隧道	贵昆铁路	12 266	超过 400	高瓦斯
武隆隧道	渝怀铁路	9 418	约 500	高瓦斯
新大巴山隧道	襄渝铁路	10 638	790	高瓦斯
新寨隧道	内昆铁路	4 409	约 450	有突出危险
野三关隧道	宜万铁路	13 841	1 350	低瓦斯
圆梁山隧道	渝怀铁路	11 068	780	高瓦斯
云顶隧道	达成铁路	7 858	—	高瓦斯
闸上隧道	内昆铁路	4 068	约 250	低瓦斯
正阳隧道	渝怀铁路	3 364	约 230	高瓦斯
白云山隧道	成自宜高铁	13 340	—	高瓦斯
斑竹林隧道	叙毕铁路	约 13 000	—	高瓦斯
杉树湾隧道	自宜高铁	1 200	—	高瓦斯
双包梁隧道	汉巴南铁路	4 663	—	微瓦斯
北碚隧道	渝合高速	左 4 025 右 4 035	小于 300	高瓦斯
梨树湾隧道	遂渝高速	左 3 880 右 3 875	240	低瓦斯
凉风垭隧道	遵崇高速	8 214	超过 550	低瓦斯

续表

隧道名称	铁路	长度/m	埋深/m	瓦斯隧道等级
龙溪隧道	都汶高速	3 658	839	高瓦斯
南山隧道	万开高速	4 850	约 839	高瓦斯
谭家寨隧道	忠垫高速	左 4 867 右 4 865	—	高瓦斯
铁峰山隧道	万开高速	左 6 030 右 6 025	630	高瓦斯
通渝隧道	城黔公路	4 279	约 1 000	有突出危险
勒不果喇吉隧道	雅西高速	左 2 229 右 2 233	—	—
徐店子隧道	雅西高速	2 542	—	—
叙岭关隧道	纳黔高速	4 000	—	低瓦斯
米仓山隧道	巴陕高速	13 810	约 400	低瓦斯
天坪寨隧道	达万高速	7 382	—	高瓦斯
中兴隧道	渝长高速	左 6 105 右 6 082	约 100	低瓦斯
董家山隧道	都汶高速	左 4 090 右 4 060	超过 550	高瓦斯
华蓥山隧道	渝广高速	左 5 018 右 5 000	—	高瓦斯
清平隧道	渝广高速	左 3 653 右 3 598	—	低瓦斯
五洛路 1 号隧道	成洛大道	左 900 右 895	152	非煤系地层瓦斯
龙泉山隧道	成德南高速	4 000	—	高瓦斯
米亚罗 3 号隧道	汶马高速	4 361	319	非煤系地层岩石 与瓦斯突出隧道

续表

隧道名称	铁路	长度/m	埋深/m	瓦斯隧道等级
鹧鸪山隧道	汶马高速	8 800	1 350	非煤系地层岩石与瓦斯突出隧道
卢家咀隧道	苍巴高速	2 375	—	油气高瓦斯隧道
黄家沟隧道	重遵高速	5 270	—	煤与瓦斯突出隧道
和平隧道	德会高速	2 001	—	高瓦斯
莲峰 2 号隧道	大永高速	2 932	—	高瓦斯
王家岩隧道	巴通万高速	4 958	—	高瓦斯
梨子岗隧道	沿江宜金高速	1 763	—	低瓦斯
梯子岩隧道	沿江宜金高速	2 577	—	低瓦斯
柑子坪隧道	沿江宜金高速	4 192	—	低瓦斯
马鞍山隧道	沿江宜金高速	6 244	—	低瓦斯
谢家湾隧道	沿江宜金高速	4 295	—	煤与瓦斯突出隧道
斯古溪隧道	沿江宜金高速	8 129	—	高瓦斯
……				

从表 1-4、表 1-5 中可以看出，我国瓦斯隧道主要分布于中西部山区，在铁路、公路以及水电建设中都遇到过瓦斯隧道，并且 2000 年后修建的瓦斯隧道等级一般较高。在统计的瓦斯隧道中，铁路隧道 51 个，占总量的 58%；公路隧道 35 个，占总量的 40%；水电站引水隧道 2 个，占总量的 2%。从埋深来看，我国瓦斯隧道在各埋深段分布相差不大（一般将 300 m 作为浅埋与深埋的分界线，将 500 m 作为深埋与超深埋的分界线），其中浅埋隧道最多，占总量的 42%，其次为超深埋隧道和深埋隧道（图 1-8）。

2%引水隧道

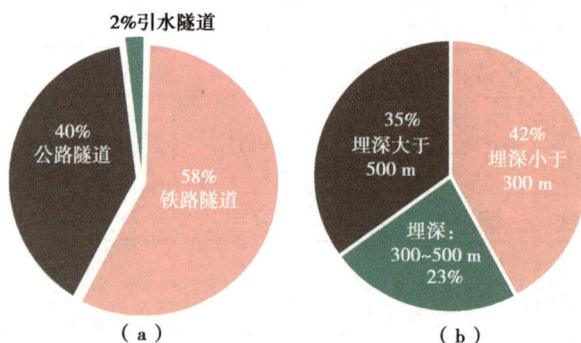

（a）

（b）

图1-8　隧道占比统计

从长度上看,1 000 m 以上的隧道占了绝大多数,其中又以 3 000 m 以上的长隧道为主(图1-9),而大于 3 000 m 的特长公路瓦斯隧道又占了公路瓦斯隧道的一半以上。从瓦斯等级上看,我国瓦斯隧道以高瓦斯隧道为主(38 座)占总量的 45% 以上;其次为低瓦斯隧道(35 座)占总量的 42%;有突出危险隧道(10 座)占总量的 12%（图 1-10）。统计结果表明,我国瓦斯隧道以深埋、长隧道、高瓦斯为主。

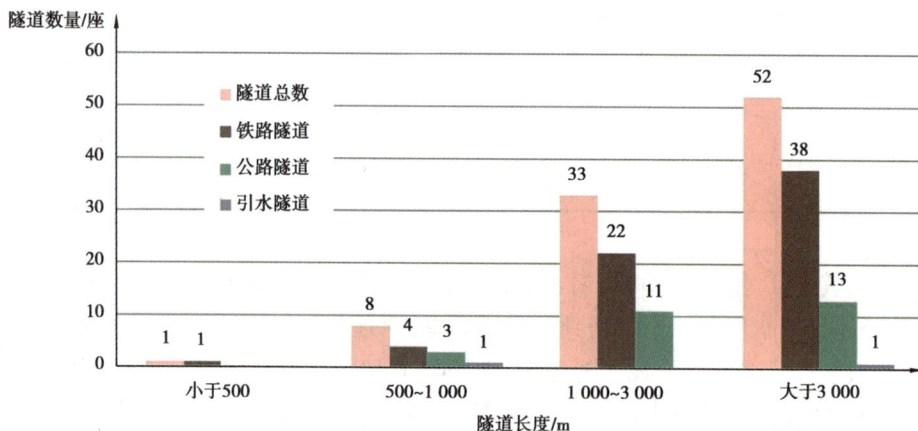

图1-9　按长度统计

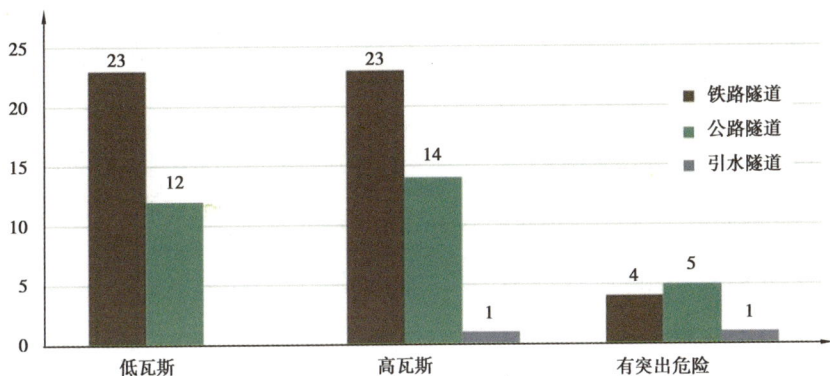

图 1-10　按瓦斯等级统计

1.4.2　典型隧道瓦斯灾害

一旦隧道发生瓦斯灾害,造成的人员伤亡和经济损失往往十分严重,部分隧道瓦斯灾害及原因见表 1-6。

表 1-6　部分已经施工建成瓦斯隧道统计

隧道名称	岩性构造	瓦斯灾害	灾害原因
马鞍山隧道	煤系地层	瓦斯燃烧	瓦斯积聚遇高温明火
龙眼睛隧道	煤系地层	2 次爆炸	坍方引起瓦斯异常积聚 并遇高温明火
董家山隧道	煤系地层	多次燃烧、1 次爆炸	坍方引起瓦斯异常积聚 并遇电路短路火花
龙溪隧道	煤系地层	多次燃烧	瓦斯积聚遇高温明火
五洛路 1 号隧道	非煤系地层	1 次爆炸	节假日停工瓦斯积聚 遇检修车辆火花
炮台山隧道	断裂带	1 次燃烧、2 次爆炸	照明灯泡爆裂 和汽车引发
成德南高速 龙泉山隧道	非煤系地层	瓦斯燃烧	瓦斯积聚 遇高温明火

续表

隧道名称	岩性构造	瓦斯灾害	灾害原因
汶马高速 鹧鸪山隧道	背斜、贯通裂隙， 非煤系地层	岩石与瓦斯突出	揭露高压瓦斯气囊
汶马高速米亚罗 3号隧道	逆断层封闭构 造带，非煤系地层	突发性突石突水 和瓦斯突出	复合动力成因
成简快速路龙泉山 1、2号隧道	浅层天然气地层， 非煤系地层	瓦斯燃烧	瓦斯积聚遇高温明火
……			

1）滇黔线岩脚寨隧道

1959年中国人民解放军铁道兵在滇黔线贵阳六枝段岩脚寨隧道进口施工，岩脚寨隧道正洞全长2 711 m，位于9.6‰上坡，平行导洞全长2 733 m。隧道地质水文情况复杂，进口220~260 m地段岩石破碎松软，裂隙水甚多，且夹有煤层，为瓦斯严重渗出地段。1月27日19时45分，正洞下导坑工作面正准备放炮，在距洞口228~261 m地段突然发生爆炸，蓝色火焰弥漫，热风一直冲出洞口，电灯熄灭，爆炸地点发生坍方，支撑坍倒。洞外部队及民工发现后组织进洞抢救，并继续送风进洞和恢复照明。20时30分抢救工作仍在进行中，发生了第2次爆炸，随即再组织抢救，10余分钟后又发生第3次爆炸，当时把受轻伤同志运出洞外后，即停止抢救。后每隔10分钟又听到洞内发生第4次和第5次爆炸，一连杨连长怀疑洞内电线漏电引起瓦斯爆炸，把电线剪断后未再发生爆炸，当即向洞内大量送风，当时考虑留在洞内的人员经几次爆炸，估计已牺牲，且怕再发生爆炸增加伤亡，未再组织抢救，直到28日3时开始组织人员清理现场，到24时全部结束。这五次爆炸造成伤亡99人，其中死亡34人，受伤65人。

2）董家山隧道（煤系地层瓦斯隧道）

2005年12月22日14时40分，四川省都江堰至汶川高速公路董家山隧道工程发生特别重大瓦斯爆炸事故，瓦斯爆炸为压力大于0.4 MPa的强瓦斯爆炸，造成44人死亡，11人受伤，死亡人员中有1人被冲击波抛至160 m远。直接经济损失2 035万元。洞口外距洞口约20 m远处一重约70 t的模板台车被爆炸冲击波移位47 m，且严重变形。爆炸冲击波传播1 400 m后出洞口仍有如此大的威力，说明此次爆炸能量大，参与瓦斯量多。现场勘察情况及实验研究经验，经估算爆炸最低瓦斯参与量为143.9 m³，约合1 105 kg TNT当量。

3）七扇岩隧道（煤系地层瓦斯隧道）

2017 年 5 月 2 日下午，成贵铁路 CGZQSG13 标段七扇岩隧道进口，9 名工人在掌子面立拱架（另有 1 名带班），下台阶处有一台挖掘机、一辆车在出渣，另有两辆车在等待出渣，二衬端头（3 号横通道连接处附近）4 名工人在挂防水板，4 名工人在进洞口约 200 m 处打电缆槽水沟。14 时 48 分许，技术员曹卫平、连玉波及瓦检员余茂成和另外 4 人正往隧道里走时，平导内发生瓦斯爆炸，将平导口停放的挖掘机冲出约 15 m 远、洞口风机被推倒，冲击波冲破导洞 3 号横通道与主洞连接部位，冲击正在隧道内施工作业的工人和机械设备，同时产生大量一氧化碳，造成立拱架 7 人、挂防水板 4 人、正在出渣的驾驶员共 12 名工人死亡，另外 12 人受伤的重大事故。

4）达成线炮台山隧道（非煤系地层瓦斯隧道）

1994 年 4 月 3 日，在隧道出口端平行导坑掘进到 810 m 的掌子面处，突然涌出了大量瓦斯气体，因照明灯泡爆裂引发瓦斯燃烧，死 1 人，伤 3 人。4 月 4 日汽车进洞又引起瓦斯爆炸事故，死 12 人。隧道施工被迫停工达 7 个月之久，损失惨重。4 月 5 日进行现场采样分析，由平导掌子面炮眼涌出的天然气含甲烷 95.42%，有轻微重烃和惰性气体，不含硫化氢。5 月 30 日，组织有关人员特护进洞观察，在平导掌子面 24 个炮眼中，尚有 4 个在继续冒气，具嘶嘶声。

5）五洛路 1 号隧道（非煤系地层瓦斯隧道）

2015 年 2 月 24 日 13 时 10 分左右，4 人翻越洞口隔离栅栏进入隧道右洞，进入隧道约 20 分钟，隧道内发生瓦斯爆炸。经事后对事故现场冲击波造成的痕迹和现场勘验情况分析，起爆点位于隧道右洞 582～588 m 处，一人在检修车辆时产生火花引爆积聚的瓦斯，产生爆轰，爆轰火焰经隧道顶部聚积的瓦斯层迅速往右洞和左洞（经 600 m 处的联络通道）的掌子面漫延，分别在右洞和左洞的初支和二衬之间引发瓦斯爆炸，造成行走到距洞口约 670 m 的一人和位于距洞口约 250 m 附近车内的两人死亡。爆炸产生的冲击波沿洞口 30°夹角向外冲击，将半径 200 m 扇形范围内的房屋、设施设备等炸毁，造成正在材料室休息的一人、隧道外公路上的一名行人当场死亡，在工棚和附近砖厂内休息娱乐的共 20 人受伤。事故发生后，有人从坍塌的板房下爬出，立即拨打"119"和"120"急救电话，市、区医疗机构及时对事故伤员进行了救治。此次事故造成 7 人死亡，7 人重度烧伤。

6）米亚罗 3 号隧道（非煤系地层瓦斯隧道）

米亚罗 3 号隧道 2 号车行横通道长 31.3 m，于 2018 年 7 月 28 日由左洞向右洞方向施工完成,掌子面为薄层状千枚岩与板岩互层,岩层走向垂直掌子面,施工过程无异常。2018 年 8 月 8 日 2 时,挑顶段(进尺 8 m)掌子面开挖破坏了完整性较好的板岩隔水隔气层,后方富含裂隙水的破碎夹层喷涌出来,撤离施工人员和机械,经检测,瓦斯浓度为 1.5% ~2% ;8 时,涌水量增大,时有高压气体喷出,有明显硫化氢气味,涌出破碎渣体约 200 m³ ;9 时,出水量有所减小;9 时 30 分,裂隙继续发展,与封闭构造带断层裂隙贯通,储存在断层和裂隙构造带中的高压裂隙瓦斯膨胀能瞬间集中释放,推动着破碎的千枚岩、板岩岩块由岩体内突然向隧道空间大量喷涌而发生岩石与瓦斯突出,突出岩石约 500 m³ ,2 号车行横通道与左线主洞交叉口瓦斯浓度由 0.7% 急剧升高至 7% ,突出瓦斯约 12 万 m³ ;17 时 2 号车行横通道内出水量再次剧增,涌出破碎渣体约 1 300 m³ ,充填 2 号车行横通道并掩埋左洞部分加宽段仰拱。2018 年 9 月 15 日 15 时 24 分米亚罗 3 号隧道 2 号车道突发瓦斯、岩、地下水突出灾害事故,造成 3 名巡查管理人员、1 名工人、2 名司机遇难,损失惨重。此次突发性地质灾害突水约 3.6 万 m³ ,瓦斯突出约 10.1 万 m³ ,破碎岩体突出约 6 500 方,岩体几乎将 2 号车通道充满并掩埋左线约 135 m 长主洞,掩埋高度 0 ~4.7 m。

第2章 煤系地层瓦斯及非煤系地层瓦斯成因

《公路瓦斯隧道设计与施工技术规范》(JTG/T 3374—2020)及《铁路瓦斯隧道技术规范》(TB 10120—2019)均认为瓦斯指的是在地层中赋存或逸出的以甲烷为主的有害气体,根据其生成和赋存条件可分为煤层瓦斯和非煤瓦斯两类。

狭义上的瓦斯特指甲烷(CH_4)气体。本书认为,广义上的瓦斯是指地下硐室(隧道、矿井等)施工过程中,从地层的煤、岩中涌出的各种有毒有害气体,统称为瓦斯气体,即隧道(矿井)空气中有毒有害气体的总称。广义中的瓦斯不仅出现在煤系地层中,也可能出现在非煤系地层中,不仅以甲烷(CH_4)为主,也可能以二氧化碳或其他气体为主。

为了区分煤系地层瓦斯和非煤系地层瓦斯,本书中煤系地层瓦斯指在煤层中吸附的,周边岩石孔、裂隙中呈游离态赋存的天然气体;而除煤系地层瓦斯以外的地层中岩石孔、裂隙中呈吸附态、游离态赋存的天然气体称为非煤系地层瓦斯。

2.1 煤系地层瓦斯成因

2.1.1 瓦斯种类及包含的有毒有害气体

一般来讲除甲烷外,煤系地层瓦斯中还含有乙烷、丙烷、二氧化碳、硫化氢等其他成分,其主要组成成分见表2-1。狭义瓦斯气体(CH_4)具有以下的主要特性:无色无味无毒,较空气轻而易聚积在隧道的顶部;在瓦斯浓度过高而空气中氧含量较低时,容易导致人窒息;同时瓦斯易燃烧,在一定的条件下遇火源即会燃烧或爆炸。

目前许多学者认为瓦斯是在煤化过程中生成的,因此瓦斯的生成和煤的形成与变质是同时进行的并且贯穿整个始终。这一过程用化学方程式可表达：

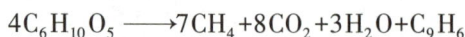

$$4C_6H_{10}O_5 \longrightarrow 7CH_4 + 8CO_2 + 3H_2O + C_9H_6$$

根据这一关系式，在生成烟煤的过程中，每日千克纤维素将反应产生 $0.257 \ m^3$ 的瓦斯，随着长时间的地质变化，部分的瓦斯扩散到大气环境，另外一部分则保留在媒体或围岩中。

表 2-1　瓦斯的主要组成成分及标况下的爆炸极限

气体名称	相对空气密度	爆炸下限/%	爆炸上限/%
甲烷（CH_4）	0.55	5	16
二氧化碳（CO_2）	1.53	—	—
一氧化碳（CO）	0.97	12.5	75
二氧化氮（NO_2）	1.59	—	—
氢气（H_2）	0.07	4	74.2
乙烷（C_2H_6）	1.04	3.22	12.45
丙烷（C_3H_8）	1.6	2.17	7.35
丁烷（C_4H_{10}）	0.6	1.55	8.55
硫化氢（H_2S）	1.2	4.3	45.5

2.1.2　煤系瓦斯的成因

煤层瓦斯是植物残骸在成煤过程中伴生的产物，成煤过程大致可以分为两个过程，即生物化学作用产气时期和煤化变质作用产气时期。

1）生物化学作用产气时期瓦斯的生成

这是成煤作用的第一阶段，称为泥炭化阶段或腐泥化阶段。在此阶段，植物遗体中的有机物在微生物（厌氧细菌）的参与下被不断分解、化合和聚积。在此生物化学作用过程中，低等植物最终形成腐泥，高等植物形成泥炭。在泥炭化过程中，有机组分的变化过程主要分为以下两个阶段：

第一阶段，植物遗体中的有机化合物，经过氧化分解和水解作用，转化为简单的化学性质活泼的化合物。

第二阶段，分解产物之间相互作用进一步合成较稳定的有机化合物，如腐殖酸等。

生物化学作用过程的初级煤化阶段的造气规模取决于原始物质的组分、堆积的厚度、范围和层数。煤层经过漫长的地质年代煤化过程生成的瓦斯,在其压力与浓度差的双重驱动下进行运移,其中大部分的瓦斯由于这个时期生成的泥炭层埋藏浅、上覆盖层的胶结固化不好等原因将脱离产气煤层排放到古大气层中。

2)煤化变质作用产气时期瓦斯的生成

随着泥炭层的下沉,上覆盖层加厚,在温度和压力的影响下,泥炭物质发生热分解作用,经过一系列的物理化学反应,泥炭转变为褐煤,褐煤继续转变为烟煤和无烟煤。此时煤中挥发分减少,固定炭增加。挥发分在变质过程中转化为瓦斯,部分挥发到大气中,部分保留在岩层或者吸附在煤上,部分溶解在水中。

除煤变质生成瓦斯外,还可能有其他来源的自然瓦斯,如空气来源的瓦斯。由于地质构造运动,煤层暴露于表面,CO_2、N_2 和稀有气体渗入煤层中,这时,CO_2 既可能是生物化学来源,也可能是化学来源,因为空气中的氧气导致煤氧化也能生成 CO_2。

2.1.3　煤系瓦斯的吸附特性及影响因素

在瓦斯的形成阶段生成的气体绝大部分都逸散进入大气中,一般不会保留在煤层中,只有当在运移途中遇到良好的圈闭和储存条件时才会聚积起来形成天然气藏。因此留存至今的瓦斯仅是其中的一小部分(占 3% ~ 24%)。根据实验室和现场的测定结果,瓦斯在煤层中主要有游离、吸附、吸收 3 种赋存状态。瓦斯在煤层中的赋存状态如图 2-1 所示。

吸收态瓦斯是指瓦斯分子渗入到煤颗粒内部,数量极少通常予以忽略。

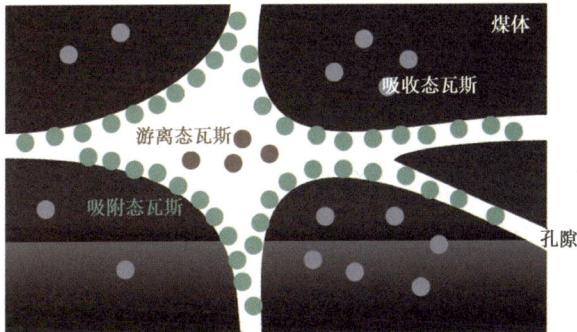

图 2-1　瓦斯在煤体内的赋存状态示意图

游离态瓦斯是指以自由气体状态赋存于煤颗粒和岩石的孔隙中,可以自由运动,并遵循一般气体运动规律(从压力或浓度高的地方向压力或浓度低的地方移动)的瓦斯。游离瓦斯含量取决于孔隙度、裂隙度和它的气体压力。一般情况下,在煤层赋存的瓦斯中,游离态瓦斯占10%~20%。

吸附态瓦斯是指附在煤颗粒表面,由于瓦斯分子和固体分子之间的分子引力作用而形成一种瓦斯薄膜。吸附态瓦斯就是滞留在煤颗粒表面的气体。保存在煤中的瓦斯有80%~90%以上呈吸附状态;吸附态瓦斯不能自由运动,不服从气体定律,吸附量的大小取决于煤对瓦斯的吸附能力,而吸附能力又取决于煤颗粒的表面积、变质程度和环境温度与压力。一般情况下,吸附态瓦斯在煤层赋存瓦斯中占比为80%~90%。

根据现场实际工程情况,不同区域及块段影响瓦斯赋存的地质条件及主导因素存在差异。总体而言,主要影响因素含有几个方面:沉积环境地层岩性条件、围岩的透气性、地质构造、煤化程度、水文地质条件等。现分述如下。

1)沉积环境地层岩性条件对瓦斯赋存的影响

瓦斯常伴生在有机黏土、油页岩、煤层、含碳及沥青质页岩、泥灰岩等岩类中,成煤的构造特征是煤与瓦斯形成的控制条件。我国的大部分聚煤作用发生在二叠系煤层中,部分为三叠系、侏罗系、白垩系,少部分为石炭系、第三系煤层。聚煤的沉积环境影响了煤的初始分布状况,煤层的聚积厚度及变化也受到聚积环境的约束。同时,煤层聚积前后沉积环境的改变也将导致煤层下伏及上覆地层的组合岩性和厚度的差异。因此,沉积相组合决定了含煤岩系的岩性组合,同时也反映了瓦斯的形成与储存条件。一般而言,海陆交替相含煤系聚煤古环境形成的滨海平原,在横向上的岩性与岩相均比较稳定,煤系地层透气性低,加上该环境下长期遭受海水侵蚀,泥岩灰岩大量覆盖,导致其瓦斯含量较高,发生突出概率较高。反之,若为陆相沉积,处于内陆环境的岩相与岩性在横向上的变化较大,若盖层为粗粒碎屑岩,将不利于瓦斯的存储,瓦斯含量一般很低。

2)围岩的透气性对瓦斯赋存的影响

煤层围岩主要指煤层直接顶、老顶和直接底板等在内的一定范围的层段。围岩主要决定了瓦斯赋存的隔气和透气性能。煤系的岩性组合及其上覆下伏岩层的透气性,对瓦斯含量的影响极大。泥岩、细碎屑岩等透气性低的岩层在煤系岩层的厚度越大,越有利于瓦斯的保存,煤层的瓦斯含量越高。砂岩、砾岩等多孔隙或脆性发育的岩石作为顶板时,瓦斯容易逸散。

3）地质构造对瓦斯赋存的影响

（1）煤层埋藏深度对瓦斯赋存的影响

煤层的埋藏深度越深，瓦斯向地表逸散运移的距离就越长，散失的难度就越大。并且，随着深度的增加，压力逐渐增大，使得煤层的透气性降低，有利于瓦斯的保存。在工程实际中，煤层的瓦斯含量随着深度的增加近似呈线性增大。

（2）构造体系与瓦斯赋存及分布的关系

巨型纬向构造带的活动对内生矿床的生成，不同地质时期建造都有控制作用。天山-阴山带和昆仑-秦岭-大别山带明显控制了各含煤建造的形成与发育，构成了聚物期的边界。压性褶皱断层发育，不利于瓦斯逸散，使附近的煤田有高瓦斯赋存，有突出的危险，弧形构造的凹侧，帚状构造的收敛端遭受挤压而成为应力集中带也有利于瓦斯的保存。而"多"字形构造中，与平行斜列压性结构面垂直的弧形断裂起着释放应力的作用，有利于瓦斯逸散。

（3）构造形迹对瓦斯赋存的影响

构造形迹对瓦斯赋存的影响是：一方面造成了瓦斯分布的不均衡；另一方面形成了有利于瓦斯赋存或有利于瓦斯排放的条件。由于地质构造应力的作用和应力场的复杂性，在同一构造形迹内出现应力集中程度不同的块段，造成了相对的高压和相对的低压地区。驱动瓦斯的运移，形成了瓦斯的相对富集，这也是瓦斯分布不均衡的重要原因。

（4）断层对瓦斯赋存的影响

地质构造中的断层破坏了煤层的连续完整性，使煤层瓦斯条件发生了变化。不同性质的断层构造对煤层瓦斯的保存与释放是截然不同的。一般压扭性断裂与裂隙的闭合程度高，有利于瓦斯保存；而张性的裂隙和断层则有利于煤层瓦斯的释放。

断层的开放性和封闭性决定于下列条件：

①断层的性质：一般的张性正断层属于开放型断层，而压性或压扭性断层封闭条件较好。

②断层与地面或冲积层连通：规模大且与地表相通或与松散冲积层相连的断层一般为开放型，断层将煤层断开后，煤层与断层另一盘接触的岩层性质，若该岩层透气性好，则有利于瓦斯的排放，该断层为开放性断层。

③断层带的特征：如断层面的充填情况、断层的紧闭情况及断层面裂隙发育情况。此外断层的空间方位对断层的保存、逸散也有影响。一般走向的断裂

阻隔了瓦斯沿煤层倾斜方向的逸散。倾斜和斜交断层则把煤层切割成互不联系的块段。

（5）褶皱构造对瓦斯赋存的影响

煤层是沉积岩中最软弱的成分之一，在构造应力作用下或重力作用下极易形成复杂的褶皱和厚煤包。对于褶皱，易突出部位主要在褶皱强烈地带或紧密结合褶皱部位；不协调褶皱、层间滑动或层间褶皱发育地带；向斜的轴部附近、背斜的倾伏端、背斜中性面以下部位；以及牵引褶皱部位等利于赋存瓦斯。

4）煤化程度对瓦斯赋存的影响

煤的瓦斯含量随煤的变质程度的增加而增加的规律是由于煤的天然活化作用导致的。煤的变质程度越高、挥发分越少，煤的微孔体积越大，为赋存瓦斯提供了大量的空间。在成煤初期，褐煤的结构疏松，孔隙大，瓦斯分子能轻松渗入煤体内部，但是该阶段瓦斯的生成量较小，且不易保存，煤中实际瓦斯含量很小。在煤的变质过程，由于地质作用，煤的孔隙减小，煤质逐渐变得致密。长焰煤的孔隙和表面积都较小，所以瓦斯的赋存能力大大减小，最大吸附量为 20 ~ 30 m³/t。随着进一步变质，在高温高压下，煤内部因干馏作用生成了许多微裂隙，表面积在无烟煤时达到最大，以后微孔又收缩、减少，到石墨时期减为零，赋存瓦斯的能力消失。

5）水文地质条件对瓦斯赋存的影响

地下水与瓦斯共存于含煤岩系及围岩中，两者均为流体。水对瓦斯有一定的溶解能力。水对瓦斯的溶解能力与温度、压力和水的矿化度有关。在 0.1 MPa 瓦斯压力下，当水温为 10 ℃、25 ℃ 和 30 ℃ 时，1 m³ 水溶解的瓦斯量分别为0.042 m³、0.030 m³ 和 0.028 m³。但随着瓦斯压力的升高，水溶解的瓦斯量显著增加。当煤层瓦斯压力在 1 MPa 以上时，每 1 m³ 水可溶解瓦斯可从零点几加大到 2 m³ 以上。地下水活跃的区域，通常煤层的瓦斯含量将减少，这是由于地下水在漫长的地质年代带走了大量可溶解的瓦斯，且透气性的天然裂隙在地下水活跃的区域发育较好，这些裂隙为瓦斯渗滤提供了通道。因此，地下水的活动有利于瓦斯的逸散。同时，水吸附在裂隙和孔隙的表面，减弱了煤对瓦斯的吸附能力。

2.1.4 煤系瓦斯的垂直分带

赋存于地下深处煤层中的瓦斯具有通过各种通道流向地表的趋势，而地表空气则趋于沿着煤层及煤层围岩向下运动，空气中的氧气与煤反应生成二氧化碳、氧气成分减少使氮气成分增加,继续往深部延续,氧气成分越来越少、二氧化碳成分也随之减少、氮气成分随之增加,达到一定深度,空气渗入越来越少、甲烷成分显著增加。因此地壳浅部的气体形成了反方向的交换运动,导致了瓦斯成分随深度发生着由浅到深的规律变化,使煤层瓦斯成分具有了带状分布的特征。具体分布情况由浅到深可分为 4 个成分带,表 2-2,其中二氧化碳-氮气带、氮气带和氮气-甲烷带统称为瓦斯风化带。甲烷带内甲烷浓度超过 80% ,瓦斯含量随埋深增加而有规律增加,但是增加的瓦斯梯度由地质条件而定。

表 2-2　按瓦斯成分划分瓦斯带标准

瓦斯带名称	组分含量/%		
	甲烷(CH₄)	氮气(N₂)	二氧化碳(CO₂)
二氧化碳-氮气带	0 ~ 10	20 ~ 80	20 ~ 80
氮气带	0 ~ 20	80 ~ 100	0 ~ 20
氮气-甲烷带	20 ~ 80	20 ~ 80	0 ~ 20
甲烷带	80 ~ 100	0 ~ 20	0 ~ 10

目前我国的煤层瓦斯风化带划分标准的指标尚未统一,多数采用瓦斯带成分划分方案,即以下界烷烃含量等于 70% 或烷烃含量等于 80% 来划分。确定瓦斯风化带下界的指标包括:

①瓦斯压力 $p = 0.1 \sim 0.15$ MPa($1 \sim 1.5$ kg/cm²)。

②瓦斯组分 $CH_4 \geqslant 80\%$(体积分数)。

③相对瓦斯涌出量大于 2 m³/t。

煤层中瓦斯含量具有由浅到深逐渐增大的趋势,导致这种结果的原因为:化学风化作用和水的循环通常为沿着煤层及其围岩渗透性较大的部分进行,它们对瓦斯的循环运移具有重要影响。

2.2　非煤系地层瓦斯的成因

非煤系地层瓦斯隧道具有瓦斯涌(突)出地点、涌(突)压力、涌(突)出量等不确定性,同时具有突发性和随机性的特点,其预测和防控难度较大,危害程度较高,近年来受到高度关注和重视。

根据定义,除煤系地层瓦斯以外的地层中的吸附态和游离态天然气体称为非煤系地层瓦斯。而天然气是指自然界中天然存在的一切气体,包括大气圈、水圈和岩石圈中各种自然过程形成的气体(包括油田气、气田气、泥火山气、煤层气和生物生成气等)。而人们长期以来通用的"天然气"的定义,是从能量角度出发的狭义定义,是指天然蕴藏于地层中的烃类和非烃类气体的混合物。在石油地质学中,通常指油田气和气田气。其组成以烃类为主,并含有非烃气体。天然气组成主要有烃类和非烃气体。烃类气体主要指甲烷和 C_2—C_4 重烃气;非烃气体常见的有 CO_2、N_2、H_2S、H_2 和 He、Ar 等稀有气体。天然气组成与生气母质、成熟度以及成藏过程等多种影响因素密切相关。因此,研究天然气组成分布特征对天然气成因类型、气藏形成规律及资源预测等都有重要意义。

2.2.1 天然气组分特征

根据中国主要含气盆地 1 450 个天然气组分分析数据统计结果,天然气中烃类气体含量在 60% ~ 100%,平均 92.75%,绝大多数天然气组成以烃类气体为主。

1)烃类气体的分布特征及影响因素

我国天然气烃类气体以甲烷为主。天然气中甲烷含量主要占 80% ~ 100%,表明在烃类气体中甲烷占绝对优势。重烃气含量分布在 0.01% ~ 30.7%,平均为 4.6%,约 60% 的天然气重烃气含量低于 4%,重烃气含量较低。重烃气含量较高的天然气(4% ~ 12%)主要分布在塔里木盆地台盆区、四川盆地须家河组、渤海湾盆地以及海域东海、珠江口盆地。

天然气干燥系数 $[C_1/(C_1-C_4)]$ 分布在 0.60 ~ 1.0,主频 0.90 ~ 1.0,平均 0.95;64% 的样品干燥系数大于 0.95,我国天然气的总体特征是以干气为主,其中天然气最干的是四川盆地海相天然气和柴达木盆地三湖地区的生物气。塔里木盆地海相天然气、成熟度相对较低的川中须家河组煤成气、渤海湾盆地古近-新近系天然气干燥系数相对较小。在时空分布上,除生物气外,整体上表现出时代越新,天然气干燥系数相对越小。

2)非烃类气体分布特征及成因

(1)二氧化碳气组分分布特征及成因

二氧化碳是天然气中常见且研究较多的非烃气体之一。总体上来看,天然气中 CO_2 含量较低,83% 的天然气中 CO_2 含量低于 5%,但也有少部分样品 CO_2 含量很高。二氧化碳的成因主要有有机成因和无机成因两大类。无机成因包括碳酸盐岩热分解和幔源成因,广东三水盆地纯 CO_2 气藏中 CO_2 是由碳酸盐岩热解生成的,莺歌海盆地的东方 1-1 气田和乐东大气田都位于该泥底带上, CO_2 主要来源于碳酸盐岩高温热解,中国东部高含 CO_2 气大部分以幔源无机成因为主。

二氧化碳有机成因主要包括微生物降解、有机质热降解和热裂解、硫酸盐热化学还原(thermochemical sulfate reducation,TSR)作用。有机物在厌氧细菌作用下遭受生物化学降解生成大量的 CO_2 ,松辽盆地的葡浅气藏天然气中 CO_2 含量分布在 29.10% ~ 51.89%,其成因可能为微生物降解成因。有机质热降解和热裂解可以产生一定量的 CO_2 ,有机质在整个演化过程中都有大量的 CO_2 生成,特别是在早期演化阶段 CO_2 生成量更大,但是,由于 CO_2 在水中的溶解度较高,大量 CO_2 溶于水中或被水带走,因此,我国发现含量较高的有机成因的 CO_2 气藏很少。另外一种 CO_2 有机成因是 TSR 作用,川东北普光气田天然气中 CO_2 含量分布在 2.55% ~ 18.03%,主要是由 TSR 作用导致的。

(2)硫化氢(H_2S)气分布特征及成因

由于 H_2S 是一种剧毒的危害性气体,特别是高含 H_2S 气体可导致重大的安全事故,因此,天然气中的 H_2S 组分含量得到很大的关注。含 H_2S 天然气分布广泛,但是,从天然气中 H_2S 含量分布来看,绝大部分天然气中没有或含有微量的 H_2S 气体。目前发现的含 H_2S 天然气主要分布在四川盆地、渤海湾盆地、鄂尔多斯盆地和塔里木盆地等碳酸盐岩地层,在碎屑岩储层中,根据统计,绝大多数 H_2S 含量小于 0.5%。

H_2S 成因一般而言主要有 3 种:

①生物成因:它可以通过微生物同化还原作用和植物的吸收作用形成含硫有机化合物,如含硫的维生素或蛋白质等,再在一定的条件下分解而产生 H_2S ;也可以在有硫酸盐和硫酸盐还原菌存在的条件下,硫酸盐还原菌进行厌氧的硫酸盐呼吸作用,将硫酸盐还原生成 H_2S 。

②热化学成因:此类成因也可分为两种类型,一是热解成因,即含硫有机化合物在热力作用下,含硫的杂环断裂所形成;另一类是热还原成因,有机质或 H_2 使硫酸盐还原生成 H_2S 。

③岩浆成因:在岩浆上升过程中可析出 H_2S 气体。

(3)氮气(N_2)组分分布特征及成因

氮是天然气中常见的非烃组分,较其他非烃组分的物性更接近烃类。全球 83% 的气藏中 N_2 的浓度为 0.4% ~ 12.5%,一般 N_2 含量达到 10% 以上的气藏

就称为高 N_2 气藏。整体来说,天然气中氮气含量一般是比较低的。我国高含氮气的天然气主要分布在莺琼盆地的乐东气田、东方 1-1 气田、塔里木盆地塔中和松辽盆地双坨、小合隆、葡浅以及海拉尔盆地的部分气井。

天然气中氮气的来源主要有生物来源、大气来源和岩浆来源等。在一些浅层的煤矿中也发现一些高含氮气的煤成气,由于煤田中的煤层埋藏较浅,处于气水交换活动带,大气中的主要成分 O_2 和 N_2 同时被地下水带入煤层,氧气与其他物质发生氧化作用而消耗掉,N_2 则赋存在煤层中,致使煤层中天然气 N_2 含量增高。

2.2.2　油型气生成机理

根据经典的油气生成模式,随着埋深或热演化程度的增加,固体有机质(或干酪根)会发生热解生烃作用。在深成岩热解阶段早期,Ⅰ、Ⅱ型干酪根通常以生油为主,伴随少量干酪根裂解气的生成;进入深成岩热解阶段后期,早期生成并残留在烃源岩中的液态烃会裂解生成湿气;进入后成岩作用阶段时,湿气会进一步发生裂解生成甲烷。同时,早期生成并进入储层中的原油,在持续增加的热应力驱动下,同样会裂解成气。这种在热应力的作用下,由干酪根直接裂解或原油二次裂解生成的天然气,就是所谓的油型气。油型气是中国大中型气田的重要组成类型,在海相含油气盆地中大量分布。

近年来,随着深层油气勘探的日益推进,传统生烃理论在解释深层发现油气方面似乎面临许多新的挑战。说明深层-超深层处于高过成熟阶段的干酪根具有生气物质基础。原油的裂解过程包含着一系列复杂的化学反应,这些反应发生的难易及进行的程度是受动力学控制的。

由于天然气的生成是在漫长的地质时间中进行的,要真实观察这一过程难以实现。近年来,随着实验室模拟技术的不断进步,使得我们在可行的时间里再现油气的生成过程成为可能。目前,用来进行生烃模拟实验的装置主要有 3 种:MSSV、封闭的反应釜体系和黄金管热模拟装置。基于热解产物的组分及同位素等详细地球化学分析,可探讨干酪根和原油裂解的生气潜力、机理和动力学等。

2.2.3　生物气生成机理

生物气作为一类特殊的天然气资源,由于生物气形成于早期成岩作用阶段或之前,不同于常规油气资源,形成过程极为复杂,研究难度大,一些基础性问题尚未获得共识,如深部生物圈层微生物营养底物的来源机制不清,这是国内外地质、地球微生物、地球化学领域普遍关注的热点问题,限制了生物气的资源评价和分布预测。随着勘探的不断突破,生物气区相关地质资料翔实程度的增加,再加上相关领域技术手段的进步,为生物气基础问题深入解决提供了可能。

生物气的生成机理是低温热降解产生活性有机质——微生物生存的重要物质基础,生物气是厌氧条件下产甲烷菌利用简单小分子物质(乙酸、H_2/CO_2)所形成的代谢产物。尽管有证据表明无机来源的 H_2 可以支持微生物的生存,但是,迄今世界上已发现的商业性的生物气田,包括柴达木盆地和莺琼盆地,均被证明来自于有机质的生物降解过程。然而并非所有的有机质都可以被微生物利用,大量的模拟实验发现只有部分有机质可以转化为生物气。土壤和现代沉积物的研究表明只有活性有机质才容易为微生物所利用。

2.2.4　无机成因气形成机理

无机成因气是非有机来源或非有机质反应过程形成的气体。它包括地球深部岩浆活动、变质作用、无机矿物分解作用、放射作用以及宇宙所产生的气体。无机成因气多形成于地幔和地壳深处,并通过板块的俯冲带、缝合线、断裂、岩浆和火山活动等向地表迁移。纯无机成因的天然气(即天然气组分均为无机成因)只在一些特殊地质背景下出现。自然界中无机成因气既可以是烃类气体,也可以是非烃类气体,如 CO_2、H_2S、He 等。天然气中最常见的无机组分为 CO_2 和 H_2S,关于天然气中的 H_2S 已在本章 2.2.1 中讨论过了,这里不再赘述,现主要讨论无机烃类气体和无机二氧化碳的形成机理。

1) 无机烃类气体形成机理

世界上发现的大部分天然气田(气藏)都是生物或有机来源。然而,在某些环境(如海洋中脊、泥浆火山和毗邻深海断裂带)发现了无机成因甲烷。关于无机成因烃类气体的形成机制并不十分清楚。目前,关于无机成因烃类气体的鉴别也存在许多争议。迄今为止发现的无机烃类气体有两个主要特征:

①比有机成因甲烷更重的碳同位素值。

②负碳同位素序列($\delta^{13}C_1 > \delta^{13}C_2 > \delta^{13}C_3 > \delta^{13}C_4$)。

然而,高过成熟页岩气和煤系致密气也观察到同位素倒转的现象,使得一些原先认为是无机成因的天然气需要重新研究。仅凭同位素序列的正序与反序特征,作为判断烃类气体有机或无机成因的标准不再可靠。也就是说,无机烃类气体具有同位素倒转特征,但具有同位素反序特征的烃类气体不一定是无机成因。

2）无机二氧化碳

不少学者曾对二氧化碳气藏进行过分类。研究认为二氧化碳一般含量超过20%几乎都是无机成因。二氧化碳是无机成因气的一个重要组分。无机成因二氧化碳认为是在高温下形成的，二氧化碳在地幔和地壳均有形成和存在的地球化学依据，在地幔岩、火山岩和花岗岩包裹体中均发现了以二氧化碳为主的气体。地球内部无机成因气在较高氧逸度下以二氧化碳气为主，在较低氧逸度下以甲烷为主。随着向浅部运移，由于氧逸度的增加，甲烷及其同系物被氧化成二氧化碳。无机成因 CO_2 又可以分成两种：

①碳酸盐岩热分解形成的 CO_2。

②来源于幔源 CO_2。

2.3 瓦斯的运移规律

2.3.1 煤层瓦斯运移

在煤系地层中，孔隙和裂隙是煤层气赋存的空间和扩散运移通道，并且孔隙特征会决定煤的吸附、解吸、扩散及渗流特性，有学者通过研究将煤的孔隙分为6种，分别为变质气孔、植物组织孔、颗粒间孔、矿物溶蚀孔、层间孔和胶体收缩孔。其中颗粒间孔和层间孔具有较好的连通性，利于瓦斯的赋存及运移；而有的学者从煤化程度、煤岩类型及构造作用破坏等方面对孔隙结构及其对煤层气赋存的影响进行研究。依据孔隙结构的直径对煤岩中孔隙进行分类，总体上分为4类，分别为大孔、中孔、过渡孔及微孔。

在自然原始状态下，煤层中的瓦斯处于不流动的平衡状态，以承压状态存在着。当施工对岩体产生扰动后，岩体应力发生不同程度的变化，对其渗透率、孔隙率均产生影响，岩体内瓦斯赋存状态被打破，发生渗流及扩散运动，由于其流动具有一定的方向性，使得围岩中瓦斯压力场重新分布，并产生瓦斯压力梯度。瓦斯在隧道岩层内扩散运移过程中的主要运动形式为：一是瓦斯的分子扩散运动，二是渗流运动。

1）扩散运动

扩散运动是研究扩散流体流速与浓度梯度之间联系的规律，理论研究知物质分子的自由运动为物质由高浓度向低浓度运移,此过程中形成的物质浓度平衡就是扩散。瓦斯的分子扩散运动与瓦斯和空气之间的浓度差、温度差及通风等因素有着密切关系。由于煤为各向异性的多孔介质,当瓦斯流过直径很小的孔隙时,瓦斯浓度梯度与瓦斯质量成正比,这符合扩散规律,即 Fick 定律:

$$J = -D \frac{\partial X}{\partial n} \tag{2.1}$$

式中　X——煤体瓦斯含量,m^3/t;

$\quad\quad J$——扩散速度,$m^3/(m^2 \cdot d)$;

$\quad\quad D$——煤体瓦斯扩散系数,m^2/d。

瓦斯的分子扩散运动可以用菲克定律解释。其中拟稳态扩散模型以 Fick 第一定律作为前提,而非稳态扩散方程则以第二定律为前提。

其中拟稳态可用式(2.2)表示:

$$q_m = \frac{V_m}{t} \big[c_m - c_{pf} \big] \tag{2.2}$$

式中　q_m——瓦斯扩散速率,m^3/d;

$\quad\quad V_m$——岩体体积,m^3;

$\quad\quad t$——吸附时间,d;与裂缝间距 $a\,(m)$ 和扩散系数 $D\,(m^2/d)$ 有关,

$\quad\quad\quad t = a^2/8\pi D$;

$\quad\quad c_m$——岩体瓦斯浓度,m^3/m^3;

$\quad\quad c_{pf}$——瓦斯平衡浓度,m^3/m^3。

非稳态扩散方程如式(2.3)所示:

$$\frac{\partial C}{\partial t} = D \frac{\partial^2 C}{\partial x^2} \tag{2.3}$$

式中　C——瓦斯浓度,m^3/m^3;

$\quad\quad x$——距离,m。

在扩散过程中,瓦斯分子的扩散动力与扩散孔隙通道阻力共同决定瓦斯扩散速度,在相同吸附平衡条件下,扩散阻力决定瓦斯扩散系数,煤岩破坏程度越低则扩散阻力较小,此时瓦斯扩散系数增大。当煤岩粒径在一定范围内时,煤岩中瓦斯的扩散率和有效扩散系数与粒径的关系成反比,当粒径变化在此范围以外时,瓦斯扩散率受粒径变化影响程度降低,基本保持不变。

2)渗流

煤层气、瓦斯经过畅通的喉管、裂隙运移、构造破坏带的方式称为渗流,也可谓渗透、自由流动。瓦斯渗流速度的计算公式如下:

$$Q = \frac{KS(P_1^2 - P_2^2)}{2\mu h} \tag{2.4}$$

式中　Q——瓦斯在额定压力条件下每秒钟通过煤岩体的含量,cm^3;

　　　P_1、P_2——瓦斯在进出孔隙介质时的分压量,kg/cm^3;

　　　K——渗透率;

　　　S——横截面面积,cm^2;

　　　h——介质厚度,cm;

　　　μ——绝对黏度,$MPa \cdot s$ 或 CP。

由式(2.4)得,渗透率计算公式为:

$$K = \frac{2Q\mu h}{S(P_1^2 - P_2^2)} \tag{2.5}$$

一般情况下,在煤层中瓦斯渗流由层流、紊流两种组成,而层流由非线性、线性渗透两种组成,瓦斯发生在煤(岩)与瓦斯突出、瓦斯喷出时的流动状态称为紊流,瓦斯在原始煤层中的运移状态为层流流动。

(1)线性渗流

当瓦斯在煤层流动状态为线性规律,并符合达西定律时,瓦斯流速正比于压力梯度,此时瓦斯流动状态称为线性渗流。20 世纪 40 年代后,众多实验表明地下流体的层流运动远小于层流临界值 2 000 的雷诺数 Re 与达西定律相符;而对于过渡流状态的雷诺数 Re 为 2 000 ~ 4 000 和湍流状态的雷诺数 $Re \geq 4\,000$ 这两种流体运动而言,也与达西定律不符。故在煤层中可以分为 3 个瓦斯流动区域,见表 2-3。从表 2-3 知,层流运动不都在达西定律的规定范围内,从层流运动服从达西定律,到不服从,然后逐渐转变过渡到湍流运动,没有一个明确的分界线。这与煤体内瓦斯的运动是相关的,在煤体内瓦斯运动通道是不规则的,故瓦斯分子的运动是不规则的,其加速度和速度都在不断变化,在瓦斯运移通道孔径较小时,瓦斯运移的速度慢,与产生的黏滞性摩擦阻力占很大优势相比,可忽略不计惯性力,此时瓦斯运动状态表现为服从达西定律;如果孔径逐渐加大,惯性力会随着流速的增高而不断增大,当惯性力与摩擦阻力数量级数值接近于相等时,此时研究对象不再适用于达西定律,以上流体为瓦斯层流状态下的变化。

表 2-3　煤体瓦斯的流动区域

Re	分区	特　点
1 ~ 10	低雷诺数	黏滞力占优势,属线性层流区域,符合达西定律
10 ~ 100	中雷诺数	非线性层流区域,服从非线性达西定律
>100	高雷诺数	惯性力占优势,属紊流区域,流动阻力和流速的平方成正比

(2)非线性渗流

当雷诺数 $Re>100$ 时,煤层中瓦斯流动为非线性渗流,与达西定律不符。压力差与比流量在非线性条件下,二者关系用指数方程式表述如下:

$$q_n = -\lambda \left(\frac{\mathrm{d}P}{\mathrm{d}n} \right)^m \tag{2.6}$$

式中　q_n——瓦斯在 n 点的比流量,$\mathrm{m}^3/(\mathrm{m}^2 \cdot \mathrm{d})$;

　　　λ——透气性系数,$\mathrm{m}^2/(\mathrm{MPa}^2 \cdot \mathrm{d})$;

　　　$\mathrm{d}P$——压力平方差,MPa^2;

　　　m——渗透指数,$m=1 ~ 2$;

　　　$\mathrm{d}n$——与瓦斯压力方向一致的某一极小长度,m。

当 $m=1$ 时,式(2.6)和达西定律相同;当 $m>1$ 时,流体的流动是非线性渗流。在雷诺数不断增大的条件下,流体压力损耗也在局部呈增大趋势,而比流量 q_n 却为降低趋势。当压力梯度很小、流速很低时,非线性渗透可称为非牛顿态流动,即壁面分子会以流体流动的方式,对流体分子的吸引力产生阻滞影响。

2.3.2　非煤系地层中瓦斯的运移规律

目前针对非煤系地层中瓦斯的运移更接近天然气在地层中的运移。作为流体矿产,流动性是天然气的基本属性。天然气的初次运移发生在烃源岩内部,天然气由烃源岩到圈闭的过程,是一个复杂的运移过程。油气自生成后到脱离烃源岩之前,其运移过程是在致密的烃源岩内进行的。油气脱离烃源岩后到进入圈闭之前,其运移介质为具孔、渗性的储集层或其他通道,如断层和不整合面。即便是油气藏中的油气,在圈闭和保存条件发生改变时,油气可再次发生运移。在地史时期中,油气在圈闭聚积静止只是暂时的、相对的状态;而油气运移则是经常发生的现象。

　　天然气的基本性质是可流动性。地壳中的天然气在各种自然因素作用下所发生的位置移动,称为油气运移。Iling 在 1933 年首次把油气运移划分为初次运移、二次运移和三次运移,并把初次运移定义为油气自生油岩向储集岩中的运移;把二次运移定义为油气在邻近生油层的储集层中的运移以及形成第一次油气聚积;而把聚积后由于外界条件的变化,油气所发生的再次运移称为三次运移。由于这个分类的依据包括时间和空间因素,实际上很难区别二次与三次运移。目前比较通用的是根据时间顺序把运移过程划分为初次运移和二次运移两个阶段。

　　油气初次运移是指油气自生成后从烃源岩中向外排出的过程,是烃源岩内的运移。换言之,初次运移是油气脱离烃源岩的过程,故又称为排烃。初次运移的方向通常是指向相邻储集层的,但也可以指向其他渗透性介质,如与烃源岩接触的不整合面或断裂系统。

　　油气二次运移是指油气脱离烃源岩后在储集层或其他渗透性介质中的运移,包括烃源岩外的一切运移过程,也包括油气藏中的油气因保存条件的变化而发生的再次运移。

　　油气运移的重要结果是聚积成油气藏,也可能逸散到地表成为油气苗(图 2-2);在运移过程中还有大量油气分散在地下不能聚积成工业油气藏,如被地层吸附、被地层水溶解以及分散的游离相油气等。

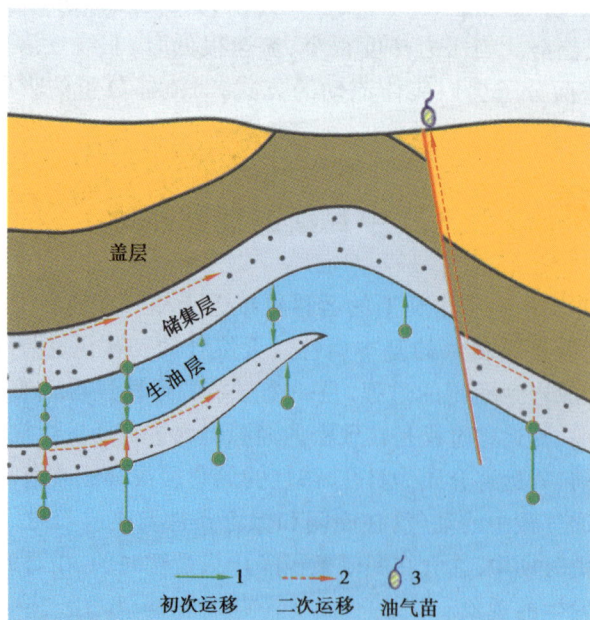

图 2-2　油气运移示意图

　　对于某个油气质点而言,初次运移和二次运移的确是有先后顺序的,但对于一个含油气盆地而言,初次运移和二次运移常常是交替发生的,不能从时间上截然分开。因此,油气运移过程是贯穿油气生成和油气藏形成乃至破坏的全过程。相对而言,油气初次运移与油气生成有直接联系,受烃源岩物理性质的影响也较大,因而常将生烃与排烃(即初次运移)一起研究;而油气二次运移的重要结果是油气聚集,二次运移受储集层岩石物性影响较大,通常将油气二次运移与油气聚集的区带评价一起讨论。此外按运移的主体方向,又可分为垂向运移和侧向运移、穿层运移和顺层运移等。

　　油气运移主要受到地层压实作用、地层流体压力以及流体势的影响。压实作用是指在上覆沉积负荷作用下,沉积物致密程度增大的地质现象。在压实作用过程中,沉积物通过不断排出孔隙流体,孔隙度不断减小,体积密度逐渐增加。如果流体能够畅通地排出,孔隙度能随上覆负荷增加而发生相应减小,孔隙流体压力基本保持静水压力,则称为正常压实或压实平衡状态。如果由于某种原因孔隙流体的排出受到阻碍,孔隙度不能随上覆负荷的增加而相应减少,孔隙流体压力常具有高于静水压力的异常值,这种压实状态就称为欠压实或压实不平衡。

　　泥质沉积物具有可塑性,在压实过程中除了颗粒的再排列外,还伴有颗粒本身的变形,所以压缩性大,而且压实持续时间久。

　　沉积物的压实作用从开始埋藏一直可持续到埋深 9 000 m 以上,压实沉积物的孔隙度随深度加大而减小。一般认为孔隙度与深度之间呈负指数关系:

$$\varphi = \varphi_0 e^{-cz} \tag{2.7}$$

式中　φ ——深度 Z 处的岩石孔隙度,％;

　　　　φ_0 ——沉积物在地表的原始孔隙度,％;

　　　　e——自然对数底(2.718 28);

　　　　C ——因次常数,m^{-1}。C 值反映正常压实状态下孔隙度随深度变化的快

　　　　　　慢程度,在孔隙度(横坐标,对数)与深度(纵坐标,算术)的压实曲线

　　　　　　上为正常压实趋势线的斜率。C 值一般变化在 0.000 1 ~ 0.001 m^{-1}。

　　地层流体压力是指地层孔隙中的流体所承受的压力,也称地层压力或孔隙流体压力。静水压力是指地层水柱自身的重量所引起的压力即静水柱压力。静岩压力是指由上覆岩层负载的总重量所引起的压力,也称上覆岩层压力。静岩压力由地层流体压力和有效应力两部分构成,后者是岩石固体骨架所承受的压力。

　　地层压力等于或接近静水压力时,称正常地层压力(常压)。地层压力明显高于或低于静水压力时,则称为异常地层压力,包括异常高压(超压,overpressure)和异常低压(underpressure),超压和低压都具有复杂的形成机制。

地层流体压力与同深度静水压力的比值称压力系数(无量纲)。地层流体压力随深度的增加率称为压力梯度。

据研究,世界范围内的沉积盆地中广泛发育异常压力及异常压力流体封存箱,其与油气的生成、运移和成藏有着密切的关系。

流体势:地层水被局限在隔水层之间,它的流动类似于自来水管道中的水流。它既可以从高处向低处流,也可以从低处向高处流,既可以从高压区流向低压区,也可以从低压区流向高压区。作为一种机械渗滤过程,它遵循热力学第二定律,即总是自发地从机械能高的地方流向机械能低的地方。机械能包括压能、动能和位能三项。上游断面 1 和下游断面 2 的机械能构成及其之间关系可用伯努利方程表示。

$$\int_0^{P_1} V\mathrm{d}P + \frac{1}{2}mq_1^2 + mgz_1 = \int_0^{P_2} V\mathrm{d}P + \frac{1}{2}mq_2^2 + mgz_2 + W \qquad (2.8)$$

式中　P_1,P_2——断面 1、2 动水压力;

　　　z_1,z_2——高程(基准面高程为 0);

　　　q_1,q_2——流速;

　　　W——流体能量的损耗。

将单位质量的流体所具有的机械能之和,定义为流体势(D),即:

$$\Phi = \int_0^P \frac{\mathrm{d}P}{\rho} + gz + \frac{1}{2}q^2 \qquad (2.9)$$

由于地下流体的渗流速度极其缓慢(<1 cm/s),故动能项可看作零。又因为储层条件下流体的可压缩性较小,密度也可视为定值,因此压能项中的积分号可取消,因而地层中流体势的定义式可简化为:

$$\Phi = gz + \frac{P}{\rho} \qquad (2.10)$$

在地层水处于静止状态时,为静水柱压力,于是 $P = \rho_w \cdot h \cdot g$,即:

$$\Phi_w = gz + \frac{P}{\rho_w} = gz + \frac{\rho_w \cdot h \cdot g}{\rho_w} = g(z + h) = g \cdot H \qquad (2.11)$$

式中　h ——某点 A 到测势面的距离(即深度);

　　　z ——某点到基准面的高程;

　　　H ——测势面到基准面的距离(水头)。

换言之,水势(Φ_w)取决于测势面相对于基准面的高度,而与质点的位置无关,即地层空间水势处处相等,是个等势空间。

在动力状态下,水从高势区向低势区流动,整个地层空间可被视为由一系列等势面所划分的空间,单位质量的水从高势面流向相邻的低势面所减小的势(能)($\Delta\Phi_w$),正是两个等势面间隔的势差。

　　水之所以从高势区向低势区流动,归根到底,是由于它受到一个方向与等势面垂直的合力。在充满水的地层中存在一个由力线组成的力场,该力线处处与等势面正交,指向为该空间中势降低最快的方向,即势梯度的反方向。上述两相邻等势面间的势差($\Delta \Phi_\mathrm{w}$)就是力场对单位质量流体在单位距离(ΔS)上所做的功。如果力场中合力用 E 来表示,则有

$$\Delta \Phi = E[-(\Delta S)] , \quad E = -\frac{\Delta \Phi}{\Delta S} \tag{2.12}$$

式中,负号表示位移增量与势能增量方向相反。可见,合力 E 实质上就是势梯度的负值,即 $E = -\nabla \Phi_\mathrm{w}$,式中 $\nabla \Phi_\mathrm{w}$ 为势梯度(∇ 为哈密顿算符)。

　　把单位质量流体在力场中受到的力 E 定义为力场强度。考虑到前面势的简化定义式,则有:

$$E = -\nabla \Phi = \nabla \left(gz + \frac{P}{\rho} \right) = g - \frac{\nabla P}{\rho} \tag{2.13}$$

式中　g——单位质量流体受到的重力,是一个体积力;

$\left(\dfrac{-\nabla P}{\rho} \right)$——单位质量流体体积上表面力。

　　力场强度为两者的矢量和。在静水条件下,水的体积力与表面力大小相等,方向相反,故,$E_\mathrm{w} = 0$。动水条件下,两力合力不平衡,它使水质点发生流动(图2-3)。

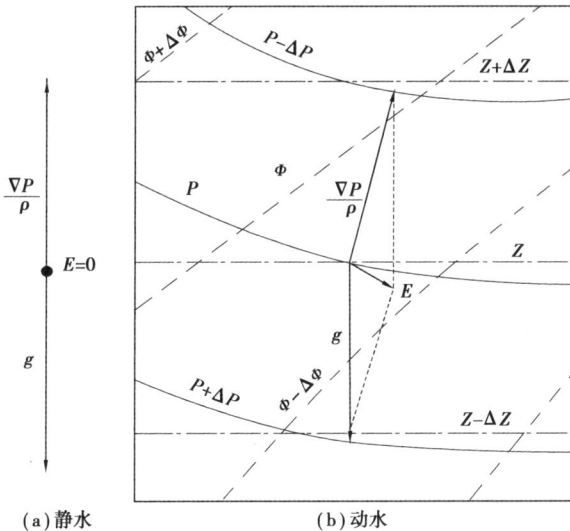

图2-3　静水和动水环境中单位质量水所受的力和水的势图

第3章 隧道工程瓦斯致灾机理及防控原则

隧道施工期间,一旦有瓦斯进入隧道施工区域,就有可能造成瓦斯事故。瓦斯燃烧、爆炸及涌(突)出等灾害事故,易造成群死群伤的事故,瓦斯爆炸的威力更是可以将重达数吨的台车推出数十米远,可以摧毁隧道中和隧道外的作业设备及建筑物,对安全生产造成巨大的威胁。

3.1 隧道工程瓦斯灾害类型与特性

3.1.1 瓦斯基本性质

瓦斯是一种无色、无味、无臭的气体。在标准状态下,1 m³ 瓦斯的质量为 0.716 8 kg,比空气轻,瓦斯相对密度为 0.554 4。瓦斯的扩散性好,比空气大 1.6 倍。瓦斯本身无毒,但是生产作业空间空气中的瓦斯浓度较高时,相对降低空气中氧的含量,因缺氧而引起人员窒息。瓦斯难溶于水,压力为 50 个大气压、温度为 30 ℃时,其溶解度仅为 1%。瓦斯不助燃,但与空气混合达到一定温度后,遇到高温火焰能够燃烧和爆炸。

3.1.2 瓦斯窒息

当工作人员吸入一定量的瓦斯空气混合气体时,会出现氧气不足的一系列临床症状,比如头昏、头疼、气短、乏力等,造成瓦斯窒息事故,情况严重时会发生窒息死亡。当瓦斯浓度达到 43% 时,氧的浓度将降低至 12%,人将感到呼吸困难;当瓦斯浓度达到 57% 时,氧气含量会下降到 9%,人若误入其中,短时间就会窒息死亡。

3.1.3　瓦斯燃烧与爆炸

瓦斯和空气混合会发生热-链式氧化反应,温度可高达 2 150 ~ 2 650 ℃,压力可达 2 ~ 10 MPa,冲击波速度可达 340 m/s,甚至每秒数千米。浓度为9%的瓦斯在直径2 m 的管道中爆炸产生的高压可达 9 ~ 10 个大气压,并产生大量 CO 等有毒有害气体,造成人员伤亡和隧洞设施、设备毁坏。瓦斯爆炸有时还会引起煤尘爆炸和火灾,使生产在短期内难以恢复。图 3-1 展示了隧道发生瓦斯燃烧的场景。

|(a)高浓度瓦斯燃烧|(b)低浓度瓦斯燃烧|

图 3-1　隧道内瓦斯燃烧

热-链式氧化反应是一种连锁反应,在爆炸性混合体吸收一定能量(热能)后,反应分子的链断裂,离解成 2 个或 2 个以上具有很大化学活性的游离基(又称自由基),形成活化中心;在适当条件下,每一个游离基又进一步分解,再产生 2 个或 2 个以上的游离基。如此反复,游离基越来越多,化学反应也越来越快,最后发展成为燃爆式氧化反应。瓦斯爆炸的中间反应过程的反应方式是 $[CH_4]$ 吸收能量分解为 $[CH_3]$ 和 $[H]$ 两个游离基分别与 $[O_2]$ 反应,各自生成新的游离基:

$$[CH_3] + O_2 \longrightarrow [HCHO] + [OH] \tag{3.1}$$

$$[H] + O_2 \longrightarrow [OH] + [O] \tag{3.2}$$

新的游离基 $[HCHO]$、$[OH]$ 和 $[OH]$、$[O]$ 又进一步反应:

$$[OH] + CH_4 \longrightarrow [CH_3] + H_2O \qquad (3.3)$$

$$[O] + CH_4 \longrightarrow [OH] + [CH_3] \qquad (3.4)$$

$$[HCHO] + O_2 \longrightarrow CO + [O] + H_2O \qquad (3.5)$$

$$CO + O_2 \longrightarrow CO_2 + [O] \qquad (3.6)$$

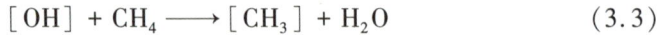

如此迅速发展,反应就会以极其猛烈的形式表现出来,发生瓦斯爆炸,出现温度和压力(压强)急剧上升的现象,产生高温高压。在0.1 MPa、25 ℃条件下,其化学反应式的最终产物是CO_2和水蒸气:

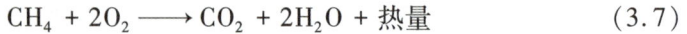

$$CH_4 + 2O_2 \longrightarrow CO_2 + 2H_2O + 热量 \qquad (3.7)$$

如果O_2不足,反应出现CO和H_2:

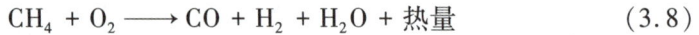

$$CH_4 + O_2 \longrightarrow CO + H_2 + H_2O + 热量 \qquad (3.8)$$

实际生活中,瓦斯爆炸表现为,火焰以火源占据的空间不断地传播到爆炸性混合气体所在的整个空间的过程,需要同时满足瓦斯浓度、氧气浓度和引火源这三个条件才会发生,如图3-2所示。

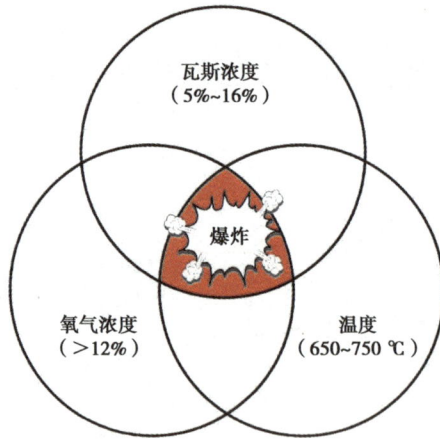

图3-2 瓦斯爆炸三要素

1)瓦斯浓度

通常情况下,当瓦斯浓度高于3%并低于5%时,氧化生成的热量和分解的活化中心不足以发展成连锁反应(爆炸),只能燃烧;而当瓦斯浓度高于16%时,氧气浓度相对不足,只有一部分瓦斯参与反应,并不能生成足够的活化中心,且反应产生的热量被多余的瓦斯和周围介质吸收而降温,也不能形成爆炸。因此,瓦斯浓度只有在一定范围内才会发生爆炸反应。在新鲜空气中,瓦斯浓度达9.5%时,混合气体中的瓦斯和氧气全部参加反应,此时化学反应最完全、产生的温度和压力也最大。

通常将使火焰锋面传播到爆炸性混合气体占据的全部空间的瓦斯的最低浓度和最高浓度,分别称为爆破下限和爆破上限;把最容易(即在最低着火能量下)激发着火(爆炸),并且爆炸中能释放出最大能量的浓度称为最佳爆炸浓度。在空气中瓦斯遇火后能引起爆炸的浓度范围称为瓦斯爆炸界限,瓦斯爆炸界限为 5% ~ 16% 。当瓦斯浓度低于 5% 时,遇火不爆炸,但能在火焰外围形成燃烧层,当瓦斯浓度为 9.5% 时,其爆炸威力最大(氧和瓦斯完全反应);瓦斯浓度在16% 以上时,失去其爆炸性,但在空气中遇火仍会燃烧(图 3-3)。必须指出,瓦斯爆炸界限并不是固定不变的,当受到一定因素影响时(如混有其他可燃物、环境温度和压力发生变化、点火能量发生变化等),爆炸界限会相应缩小或扩大。

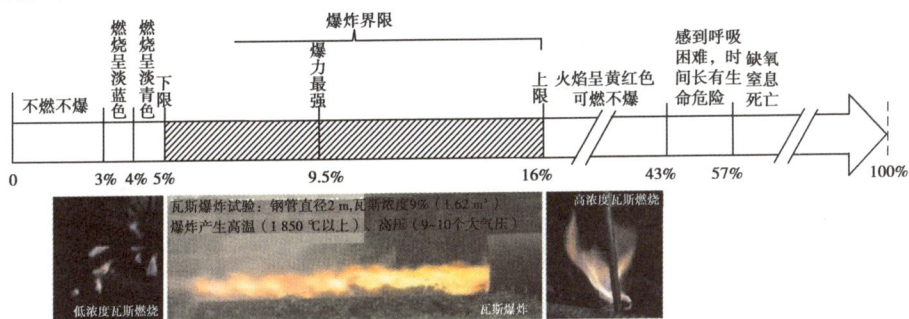

图 3-3　瓦斯燃烧爆炸界限示意图

2)氧气浓度

含瓦斯的混合气体中氧气浓度降低时,瓦斯爆炸界限随之缩小;当氧气浓度低于 12% 时,混合气体就失去爆炸性。这一性质对密闭的火区有很大影响。在密闭的火区内往往积存大量瓦斯,且有火源存在,但因氧的浓度降低,并不会发生爆炸。可一旦有新鲜空气进入,氧的浓度达到 12% 以上时,就可能发生爆炸。因此,对火区应加强管理,在启封火区时,更应格外慎重,必须在火熄灭后才能启封。

3)引火源

瓦斯的引火温度受瓦斯浓度、火源性质及混合气体的压力等因素的影响,一般认为,瓦斯的引火温度为 650 ~ 750 ℃,且当瓦斯浓度在 7% ~ 8% 时,最易引燃。而当混合气体的压力增高时,引燃温度降低。在引火温度相同时,火源面积越大、点火时间越长,瓦斯引燃越容易。

瓦斯的引燃具有延迟性,其迟延时间的长短与瓦斯浓度和引火温度有关。瓦斯浓度越高,迟延时间越长;引火温度越高,迟延时间越短。这种引燃迟延现象,对隧道掌子面掘进时安全爆破有很重要意义。因为放炮时,炸药爆炸的火焰温度高达 2 000 ℃ 以上,但若采用火焰存在仅有千分之几秒的安全型炸药和雷管,来不及引燃瓦斯,不会引起瓦斯爆炸或燃烧。但如果炸药和雷管质量不合格或水炮、炮泥充填不到位时,会使爆炸火焰停留时间延长,超过瓦斯引燃感应期而造成事故,所以放炮工作必须严格遵照相关规范的有关规定。一旦发生瓦斯爆炸,将对隧道施工带来灾难性的后果。

3.1.4 有毒有害气体中毒

瓦斯中包含的一氧化碳(CO)、氮氧化合物(NO_x)和硫化氢(H_2S)等气体均为毒性气体。有毒有害气体也严重危害着现场工作人员的身心健康,一氧化碳、氮氧化合物等都是剧毒性气体,长期在这样的环境中工作会给人体心血管系统、神经系统等造成伤害。

1)一氧化碳

CO 被人体吸收后易与血红蛋白(Hb)结合,生成碳氧血红蛋白($CO-Hb$)。其结合能力为氧气的 200 ~ 300 倍,不易分离,从而阻碍血液把氧气运输到人体的各个部分。当 CO 和血液 50% 以上的血红蛋白结合时,就可能造成大脑和中枢神经严重缺氧,继而失去知觉,导致死亡。即使 CO 的浓度不会导致死亡,也会因为引发头痛无力等症状影响逃生。表 3-1 给出了人员中毒症状与血液循环中形成的 $CO-Hb$ 的浓度关系。

表 3-1　血液中 $CO-Hb$ 浓度与中毒症状的关系

$CO-Hb$/%	中毒症状
0 ~ 10	症状不明显
10 ~ 20	可能轻度头痛,皮肤血管扩张
20 ~ 30	头痛、颈额部有搏动感
30 ~ 40	剧烈头痛,软弱无力,视物模糊,眩晕、恶心、呕吐、虚脱
40 ~ 50	上述症状加重,更易发生晕厥及虚脱,呼吸、脉搏加速
50 ~ 60	呼吸、脉搏明显加速,前述各症状明显加剧,昏迷中惊厥
60 ~ 70	在上述病情基础上,呼吸及脉搏减弱,常可发生死亡
70 ~ 80	脉搏微弱,呼吸弱慢,进而因呼吸衰竭死亡
>80	可即时致死

当隧道发生火灾时,可燃物燃烧会消耗大量的氧气,并产生大量的 CO、CO_2、HCN 和其他有毒气体,其中危害最大的是 CO。我国的火灾统计资料表明,在火灾死亡的人员中因 CO 气体中毒死亡的人员在半数以上,甚至高达 70%。大量的事实证明,人体吸入过量的 CO 也会引起心肌损害、体温失调、肢体瘫痪、麻痹、记忆力差、智力迟钝等不良后果。表 3-2 给出了人体吸入不同浓度 CO 的反应。

表 3-2　CO 浓度对人体健康的影响

CO 浓度/ppm	影响人体健康的生理特征或症状
200	经 2 ~ 3 h 后有轻度头痛
400	1 h 后有头痛和恶心
800	45 min 时出现头晕、头痛、恶心
1 300	有强烈的头痛,皮肤呈樱桃红色
1 600	30 min 时头痛、头昏、恶心,超过 2 h 引起死亡
2 000	1 min 后危险或引起死亡
3 200	5 ~ 10 min 即产生头痛、头昏,30 min 后死亡
6 400	在 10 min 内会死亡
>10 000(1%)	超过 3 min 会死亡

2)氮氧化物

氮氧化物的种类较多,其理化性质差异较大,包括 N_2O、NO、NO_2、N_2O_3 和 N_2O_5 等,统称氮氧化物(nitrogen oxide,NO_x),而且绝大多数氮氧化物的理化性质均不稳定。其中 NO 和 NO_2 是氮氧化物中最主要的气体,NO 无色无味,容易与血液中的血红蛋白结合形成高铁血红蛋白,造成组织细胞缺血缺氧;NO_2 毒性极强,为 NO 的 5 ~ 10 倍、CO 毒性的 5 000 ~ 10 000 倍,进入人体后可对人体的多个脏器如心脏、肝脏、肾脏等都造成强烈损伤作用。氮氧化物气体对人体的毒性强弱取决于混合气体中各种氮氧化物的成分比例,尤其是 NO 和 NO_2 含量的多少。

氮氧化物在经由呼吸道进入人体以后,会生成硝酸(HNO_3)和亚硝酸(HNO_2),这两种化合物在进入肺部以后,都将会腐蚀肺泡上皮细胞和毛细血管壁,致使人体肺部通透性增加;另外,氮氧化物还会损害人体肺部肺泡表面的活性物质,造成肺泡萎缩、肺泡压降低、肺泡液经由血管外渗等情况,这不仅会引起淋巴管痉挛,还会引起中毒性肺水肿,最终导致人体死亡。需要注意的是,环境中的氮氧化物中毒一般属于慢性中毒,具有一段时间的潜伏期,并不会马上表现出对人体的影响,但在潜伏期过后,人体会突然发病并恶化,这时候就需要进行紧急抢救,若抢救不及时,便会威胁生命安全。

中毒后以胸闷、呼吸困难、紫绀、低氧血症等肺部症状为主要表现,可进展为化学性肺炎、急性呼吸窘迫综合征(acute respiratory distresssyndrome,ARDS)、多器官功能障碍综合征等。氮氧化物中毒引起的肺损伤死亡率高达 11% ~ 21%,目前无特效药物治疗,主要治疗措施是早期的综合性治疗。

3)硫化氢

硫化氢是一种无色有臭鸡蛋气味的气体,相对密度 1.19,熔点-82.9 ℃,沸点-61.8 ℃,硫化氢具有脂溶性,易溶于醇、醚、胺、汽油和原油,易穿透生物膜。硫化氢在自然界或工矿企业生产过程中广泛存在,是一种毒性比较剧烈的窒息性气体,具有细胞窒息以及中枢神经抑制作用,虽具有恶臭,但极易使人嗅觉中毒而毫无觉察。硫化氢中毒占职业性急性中毒的第二位,仅次于一氧化碳中毒。硫化氢中毒猝死率高达 60.9%,这是因为高浓度硫化氢可作用于颈动脉窦及主动脉的化学感受器,引起反射性呼吸抑制,且可直接作用于延髓的呼吸及血管运动中枢,使呼吸麻痹,造成"电击样"死亡。

硫化氢主要经呼吸道和消化道进入机体,大部分在体内氧化变成硫酸盐经尿排出,小部分游离硫化氢从肺排出,硫化氢在体内无蓄积作用。急性硫化氢中毒是指短期内吸入较大量硫化氢气体所引起的以急性呼吸系统损害为主要表现的全身性疾病。机体受损害程度与吸入量、浓度、时间、个体差异及当时采取的防护措施等因素密切相关。临床上可出现咳嗽、咳痰、呼吸困难等症状,严重时发生急性呼吸窘迫综合征,甚至危及生命。

3.2 煤系地层瓦斯涌出及突出致灾机理

3.2.1 煤系地层瓦斯涌出类型及机制

1)瓦斯涌出类型

根据涌出的形式分类,可以分为普通涌出、瓦斯喷出或异常涌出、煤(岩)与瓦斯突出;根据涌出的动力源分类,可以分为:高地应力压致涌出型、高瓦斯压力压致涌出型及复合力涌出型;根据诱发涌出的因素分类,可以分为爆破激发涌出或突出、坍方激发涌出或突出及其他因素激发涌出或突出。下面对其中一些分类进行一些介绍。

(1)根据涌出的形式分类

①普通涌出:指的是在工作面和其他开挖暴露面上,瓦斯缓慢、均匀、经常性地涌出。涌出量与开挖煤系地层暴露的时间长短、煤与岩石的破碎程度有关。当暴露时间越长时,煤层和岩层越破碎,瓦斯涌出量越大;反之,则小。

②瓦斯喷出或异常涌出:瓦斯喷出主要指高压瓦斯从裂缝、钻孔或洞穴中高速喷出,往往携带有煤(岩)渣等一起喷出。较常见的是钻孔喷孔、裂缝喷瓦斯等。瓦斯异常涌出主要指较短时间内瓦斯涌出量迅速增加。显然,瓦斯喷出属于瓦斯异常涌出的一种形式。

③煤(岩)与瓦斯突出:指在隧道掘进过程中煤(岩)与瓦斯的突然喷出、压出或倾出,在短时间内从煤(岩)层深处抛出大量的煤、岩石和瓦斯,甚至产生巨大的冲击波,这种能量能破坏工作面、摧毁隧道结构、机械设备,发生瓦斯燃烧、爆炸,造成作业人员窒息、被埋入煤和岩石等重大事故。这是一种特殊的、危害性极大的瓦斯异常涌出形式。

根据动力源,煤(岩)与瓦斯突出又分为压出(应力主导)、倾出(较陡滑面上的煤岩重力主导)、喷出(瓦斯主导)。

1975 年 8 月 8 日,天府矿务局三汇一矿发生了煤(岩)与瓦斯突出。原因是当平峒掘进到距煤层 11 m 处,向前方打了两个钻孔,测得瓦斯压力为 0.53 MPa;后另打两个孔,测得煤层瓦斯压力为 0.7 MPa 左右,随即放炮,炮响 3~4 s,瓦斯流将满载矿车冲出 30 多米,以及吨重巨石冲出 60 余米。两次测压封孔均不严密,以致实际瓦斯压力远远超出测得数据,误判突出危险性不高。这起事故属于典型的喷出型煤(岩石)与瓦斯突出。

(2)根据诱发瓦斯异常涌出或突出的因素分类

①爆破激发瓦斯异常涌出或突出:爆破震动会大幅降低围岩的强度、给围岩施加动载、并改变围岩受力状态,为瓦斯异常涌出或突出创造条件。事实上,无论是隧道工程还是煤矿巷道,瓦斯异常涌出或煤(岩)与瓦斯突出往往发生在爆破之后。例如上述的天府矿务局三汇一矿的例子,是在爆破之后几秒钟就发生了突出。爆破对煤(岩)与瓦斯突出的诱发作用是非常强的。

②塌方冒顶激发瓦斯异常涌出或突出:在地质条件复杂的隧道中,受隧道工程自然地质因素(如围岩岩性、地质构造、应力状态、岩体结构面组合,以及地下水变化等)或人为因素(设计不合理、施工技术不当以及管理措施不到位等),

可能发生塌方冒顶。若发生塌方冒顶的区域同时存在煤层特别是缓倾煤层(图3-4),则加剧塌方的危险,塌方对岩体造成的破坏也进一步增加了瓦斯异常涌出或涌突出的可能性。2005 年 12 月 22 日,都汶高速公路董家山隧道发生大塌方,造成瓦斯大量涌出,继而引发了瓦斯大爆炸,强大的冲击波将隧道里的施工设备悉数摧毁,爆炸造成 55 人伤亡。

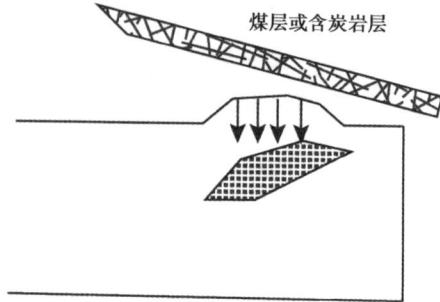

图 3-4　塌方诱发瓦斯涌突示意图

③其他因素激发瓦斯异常涌出或突出:隧道工程是一个复杂的系统工程,例如风动钻孔机、装载机的撞击等,都有可能诱发瓦斯异常涌出或煤(岩)与瓦斯的涌突出。此外,掘进误入老采空区、溶洞、断层带等地质异常体也可能诱发瓦斯异常涌出,误入断层等构造带时还有可能诱发煤(岩石)与瓦斯突出。

2)瓦斯涌出机制

目前对瓦斯涌出机制的研究还不够深入。根据涌出类型的分类,结合煤矿瓦斯突出与汶马高速米亚罗 3 号隧道及鹧鸪山隧道等非煤系地层瓦斯涌(突)出的研究,对瓦斯涌(突)出机制进行初步总结。

(1)高压瓦斯渗流-涌出机制

高压瓦斯渗流-涌出机制是指高压瓦斯通过岩体中的裂隙向隧道空间渗流-汇聚和涌出的机制,这种瓦斯涌出一般不造成岩体的物理破坏,特点是瓦斯压力高,岩体裂隙发育,透气性好。地质体中存在各种各样的层理、节理、裂隙等结构面,如果这些结构面与含气煤层连通,则高压瓦斯气体可以通过这些结构面向隧道空间释放。瓦斯可能从某个点涌出,也可能是整个作业面较大范围的喷出。根据目前的资料,隧道中的瓦斯灾害大多是这种类型的瓦斯涌出所造成的。其涌出机制模式如图 3-5 所示。

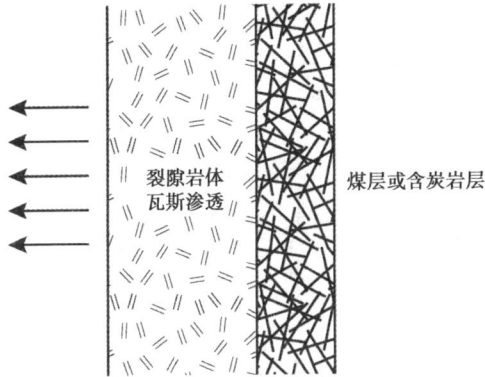

图 3-5　高压瓦斯渗流-涌出机制模式图

（2）高地应力致裂-剪断-压出型涌出机制

在高地应力作用下,近临空面岩体在剪切应力作用下具有向外挤出的趋势,岩体向外扩容,内部产生内凹球面的剪切裂缝(层裂)。在地应力和瓦斯压力的作用下,被裂缝隔开的层状岩体破坏并向外抛出,形成口大腔小的压出型煤(岩石)与瓦斯涌出。这种涌出机制的特点是地应力高,岩体溃决的主要原因是高地应力的破坏,其机制的模式图如 3-6 所示。

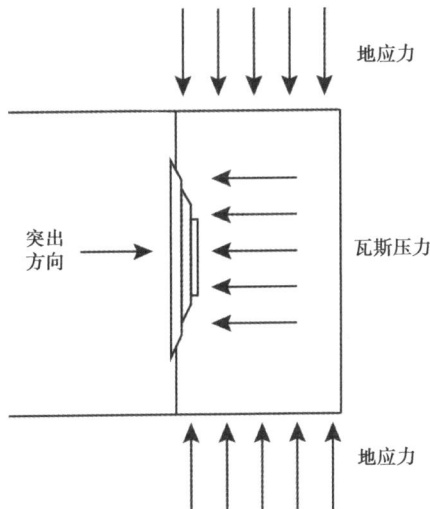

图 3-6　高地应力致裂-剪断压出型涌突出机制模式图

（3）高瓦斯压力喷出型涌突出机制

在岩体内部的应力作用下,近临空面的部分岩体在剪切应力作用下被剪切成内凹球面型的剪切裂缝,瓦斯扩展裂缝、并将内凹球面型岩体往外推,随着裂缝的扩大、瓦斯推力加大,内凹球面型岩体被抛出,改变深部岩体的受力状态,形成新的内凹球面型岩体,依此循环,使突出空洞不断往煤岩体深部拓展,直至形成新的力学平衡,空洞呈口小腔大的梨形,形成喷出型煤(岩石)与瓦斯突出。其机制模式如图3-7所示。

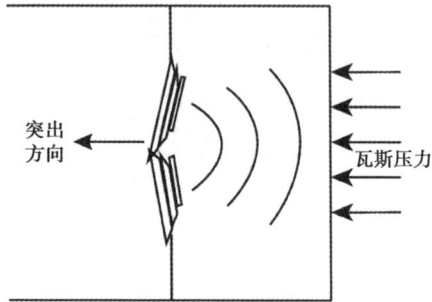

图3-7 高瓦斯压力喷出型突出机制模式图

(4)振动溃决-涌(突)出机制

施工过程中的爆破震动对岩体的破坏是很大的。若临空面后面有软弱的煤质岩体和压力瓦斯,爆破所产生的碎裂区减少了阻隔煤(岩)与瓦斯突出的石门的厚度和强度,使得内部的高应力和瓦斯压力可能突破石门,高压的煤(岩)和瓦斯可以突破并携带破碎的岩体向外涌(突)出。这也是大多数的煤(岩)与瓦斯涌(突)出都发生在爆破之后的原因。其机制模式图如图3-8所示。

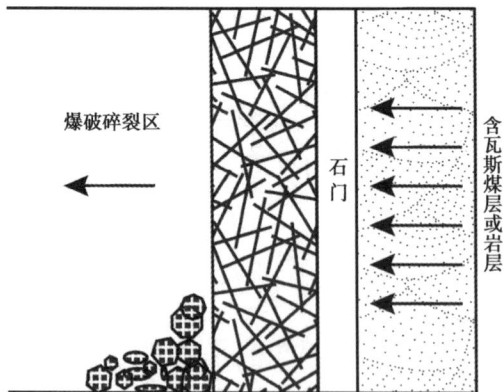

图3-8 振动溃决-涌突机制模式图

(5)重力作用机制

当围岩内部存在高角度的滑面或层面时,滑面或层面上的煤岩层一旦遭到破坏,会在重力作用下顺着滑面或层面下滑,形成倾出型煤(岩)与瓦斯突出。

3.2.2　煤系地层瓦斯突出一般规律及突出过程

1)突出的一般规律

煤(岩)与瓦斯突出是非常复杂的动力现象,通过已发生突出的特征进行统计分析,可以找出某些共同性或特殊性的规律,并从中探索引起突出的原因、发生条件等,掌握和了解其规律性,制定预防突出的措施。其一般规律可归纳为:

①开始发生突出的最浅埋深为始突深度,一般为 150 ~ 250 m,个别的仅70 ~ 90 m。一般说来,埋深增加时,突出危险性增加。

②突出多发生在地质构造带及其附近。如断层、褶皱、向斜轴部扭转地带和火成岩侵入区。据统计有80% ~90%的突出发生在地质构造带内。所以在有突出危险煤层的地段施工时,如遇到断层、褶曲和扭转地带,应特别注意煤(岩)与瓦斯突出发生的可能性。

③突出多发生在应力集中区,随着应力的增大,突出危险性增大。如掌子面前方的集中压力区、相向施工到应力叠加区、导洞开掘引发的应力叠加区、近距离旁洞开掘引发的应力叠加区等都是突出危险性增加地带。

④突出多发生在软煤层或软分层中,有的煤层地段的突出危险性随分层厚度的增加而增加。厚煤层、软煤层的突出危险性比薄煤层、硬煤层的危险性要大。但也有特大型突出发生在薄煤层中的实例,如南桐的 6 号煤层,其厚度仅为 1 m 左右,也发生过 700 t 以上的大型突出。

⑤突出的煤层具有破坏程度高,硬度系数小、透气性系数小、瓦斯放散初速度高、瓦斯含量大、煤层层理紊乱、无明显层理、光泽暗淡、容易粉碎、有分枝型节理等特征的煤层,易发生突出。因此要对煤的物理力学性质和煤的结构特征进行宏观和微观的研究。

⑥突出时喷出的瓦斯量,远大于煤层的瓦斯含量,一般为 2 ~20 倍,个别突出达 250 倍。某些煤和瓦斯突出时,吨煤瓦斯喷出量最小者为 41 m^3/t,最多者达 3 750 m^3/t。

⑦隧道揭煤、煤层内掘进以及大直径排放钻孔时均有突出发生,而以隧道揭煤时危险性最大(突出可能性最大,突出强度最大),煤层内掘进时突出的次数最多。

⑧突出具有延期性。在煤(岩)与瓦斯突出危险煤层中掘进揭开突出煤层时,用震动性放炮诱导突出但当时没有发生突出,而是延隔一段时间后,才发生的突出称为延期性突出。其延迟时间可以从几分钟到几十个小时,延期性突出

的危险性很大。

⑨突出前常出现各种预兆:突出前一般具有有声预兆或无声预兆。熟悉和掌握本地区突出危险煤层的突出预兆对于及时撤出人员和避免伤亡有重要意义。

⑩突出的危险性与隧址区水文地质有密切关系。据调查,矿区涌水量较大煤体潮湿的煤层,其突出危险性变小或消失。如果隧址区涌水量大,瓦斯涌出量小突出危险性小或无突出危险。

以上是煤(岩)与瓦斯突出的一般规律。大多数突出危险性煤层的突出现象具有上述大部分的规律。因此,摸索、掌握和识别有关煤层的突出规律,对预防突出、保证安全施工具有重要意义。

2)突出的过程和阶段

关于突出的过程和阶段,一般分为4个阶段:

①孕育阶段:这阶段是突出区域煤体岩体能量积聚阶段。如地应力集中、煤岩弹性变形、孔隙减小、透气性降低、瓦斯压力略为升高等现象,为突出做准备。

②激发阶段:在极限应力状态下煤体的突然破碎向深部扩展高压瓦斯迅速膨胀外流,瓦斯压力下降吸附瓦斯解吸。

③实现突出阶段:破碎的煤(岩)与瓦斯混合形成煤(岩)瓦斯流,冲向隧道空间,将煤与岩石搬动至远处。突出孔洞内及煤体应力继续变化和瓦斯继续喷出。使孔洞进一步扩展直至应力和瓦斯能释放达到新的平衡为止。

④停止阶段:当孔洞扩展到一定程度以后,由于煤的堆积、堵塞、地压重新分布达到新的平衡,瓦斯涌出速度大为降低时,突出停止。但瓦斯异常的大量涌出仍要维持一段时间。

突出的发生从激发到停止只有几秒到几分钟的时间。所以突出时间短,煤(岩)与瓦斯量大,对生产和人员威胁大。

3.2.3 煤(岩)与瓦斯突出的机理及发生条件

1)突出发生的机理

隧道施工期间的煤(岩)与瓦斯突出指在极短时间内,煤(岩)体向隧道施工区域中突然喷射大量的瓦斯和碎煤岩,并在煤(岩)体中形成某种特殊形状的空洞;喷出的煤(岩)岩被瓦斯流所携带运动,并造成一定的动力效应(推动台车、施工机械、施工设施等)。很多国家投入了大量的人力、物力研究煤(岩)与瓦斯突出机理,以便为突出危险性预测和防突措施的制定与实施提供科学依据。但是,迄今为止,人们对于突出过程中煤(岩)岩体破坏与发展机制的认识还停留在定性与假说性阶段,对于突出过程中哪些因素起主要作用以及与其他因素间的作用机理还把握不准,故而只能对某些突出现象给予解释,还不能形成统一完整的理论体系。

目前,关于煤(岩)与瓦斯突出机理的研究成果可以归纳为以下 4 个方面:

①瓦斯主导作用假说:这类假说认为煤(岩)体内存储的高压瓦斯在突出中起着主要的作用。其中"瓦斯包"说占重要地位,认为"瓦斯包"是突出的动力来源。瓦斯主导作用假说主要有:"瓦斯包"说、煤粉带说、煤空隙结构不均匀说、突出波说、裂缝堵塞说、闭合空隙瓦斯释放说、瓦斯膨胀说、卸压瓦斯说、火山瓦斯说、地质破坏带说、瓦斯解吸说等 11 种假说。

②地应力主导作用假说:这类假说认为煤(岩)与瓦斯突出主要是高地应力作用的结果。高地应力包括两个方面,一方面指自重应力和构造应力,另一方面指工作面前方存在的应力集中。地应力主导作用假说主要有:岩石变形潜能说、应力集中说、塑性变形说、冲击式移近说、拉应力波说、应力叠加说、放炮突出说、顶板位移不均匀说等 8 种假说。

③化学本质作用假说:这类假说认为突出主要是在化学作用下形成高压瓦斯和产生热反应。化学本质主导作用假说主要有:瓦斯水化物说、地球化学说、硝基化合物说等 3 种假说。

④综合作用假说:这类假说认为,突出是由地应力、包含在煤体中的瓦斯及煤体自身物理力学性质等综合作用的结果。但对各因素在突出中所起的作用没有统一认识。综合作用假说主要有:振动说、分层分离说、破坏区说、游离瓦斯压力说、地应力不均匀假说、能量假说等 6 种假说。

从微观角度,瓦斯突出可看作煤(岩)与瓦斯相互作用的过程。煤中瓦斯的赋存状态一般有吸附状态和游离状态两种。煤对瓦斯的吸附作用是物理吸附,在煤层赋存的瓦斯量中,通常吸附瓦斯量占 $80\% \sim 90\%$,游离瓦斯量占 $10\% \sim 20\%$。在吸附瓦斯量中又以煤体表面吸附的瓦斯量占多数。煤体是一种多孔介质,在煤体内,孔隙半径在 40 nm 以下的微孔占总孔隙体积的 90% 左右,所以煤体内部的表面积是很大的,有的甚至高达 200 m^2/g 以上。这样巨大的表面积为煤体吸附某些气体创造了条件。在孔隙的内表面,煤体分子所受的力是不对称的,故在煤体孔隙的内表面上产生了剩余价力,这个剩余价力会使碰撞到孔隙表面的某些气体分子被吸附(图 3-9)。

在煤层中,游离瓦斯和吸附瓦斯之间是相互转化的,游离瓦斯分子通过热运动碰上孔隙的内壁时,被煤分子俘获,就成为吸附瓦斯,而吸附瓦斯分子通过热运动可能挣脱煤分子的束缚进入孔隙空间就成为游离瓦斯。当瓦斯压力和温度恒定时,这种转化处于一种动态平衡状态。当外界的瓦斯压力增大时,游离瓦斯转化为吸附瓦斯的量增多,因此煤层的瓦斯含量是随瓦斯压力增大而增大的。

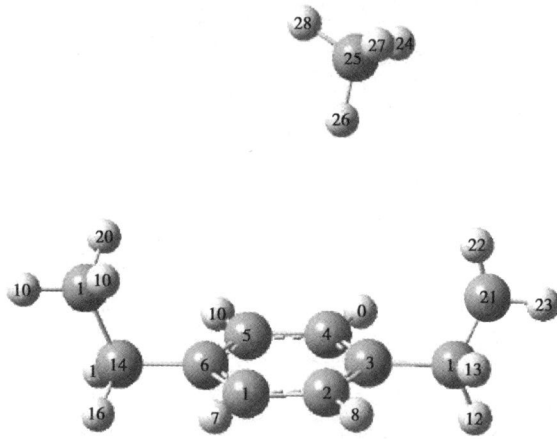

图 3-9　煤吸附 CH_4 分子的平衡几何构型

反过来,当孔隙中游离瓦斯的压力降低时,大量的吸附瓦斯则转化为游离瓦斯,由于气体分子运动的特点,这种转化过程几乎是即刻进行的。由于煤体内的吸附孔隙很小,由孔隙中涌出的瓦斯通过各类裂隙渗流到煤体颗粒外部是需要一定时间的。当掘进工作中爆破揭露了新的含瓦斯煤体,使煤体破碎成许多煤块,煤块孔隙与外界相通的路径大大缩短,煤块周围压力下降,因此总有大量的瓦斯持续涌出。

煤体吸附了瓦斯以后,在自由状态下会膨胀,体积变大,而且硬度要下降。这是由于煤体吸附了瓦斯以后,一部分瓦斯分子进入煤分子的内部各支链的两侧,形成吸收状态,这些吸收状态的瓦斯分子起着一种"楔形体"的作用,使煤分子膨胀开来。这一过程具有可逆性,当外界瓦斯压力降低时,一些吸收状态的瓦斯也要释放出来,"楔形"作用减弱,这时煤体体积会缩小,硬度会增大。

煤基质的裂隙和孔隙表面分子与内部分子受力上的差异,存在剩余表面力场,形成表面势能,使得 CH_4 气体分子在煤孔隙壁面上的浓度增大,形成了吸附现象。而 CH_4 分子只需要从外界获得很小的能量就能摆脱吸附状态,从而形成大量的游离瓦斯分子,使得煤(岩)层中瓦斯压力增大,在煤岩弱面发生煤(岩)与瓦斯突出的动力现象。

2）突出发生的条件

煤（岩）与瓦斯突出是由地应力与包含在煤中的瓦斯及煤的结构、力学特性综合作用的动力现象。隧道瓦斯突出本质是当人们在煤系地层进行施工作业时，挖掘或采掘工作引发了煤系地层的地质动力突发性现象。其中地应力、瓦斯压力是发动与发展煤（岩）与瓦斯突出的动力，煤的结构、力学性质则是阻碍突出发生的因素，它们存在于一个共同体，存在内在联系，但不同因素对突出的作用不同。

（1）瓦斯突出的主要内部条件

①瓦斯突出与煤层瓦斯含量和丰度：煤（岩）与瓦斯突出与煤层瓦斯含量和丰度存在密切关系。瓦斯含量和丰度越高的煤层，越有可能发生煤（岩）与瓦斯突出。而煤层瓦斯含量和丰度主要取决于瓦斯的形成条件和保存条件。瓦斯的形成条件是指煤层煤化程度或者变质程度，包括深度变质、岩浆侵入烘烤的热变质和构造运动产生的动力变质；保存条件是指封闭条件，其地层的封闭效果主要受煤层上覆地层的厚度影响。有研究表明，在我国的地质条件中，煤层时代越老，煤化程度越高。从石炭纪开始到古近系的煤层中，煤层瓦斯含量、丰度按照地层的新老顺序进行排列，整体上出现递减的趋势。

②瓦斯突出与地应力场：煤（岩）与瓦斯突出的另一个主要条件是煤和围岩中形成的高弹性形变能，这种形变能是地应力集中形成的高应力积累产生的。地应力包括自重应力和构造应力。地应力对突出主要有这三方面的作用。第一，由于地应力的作用使围岩或煤体的弹性变形潜能做功造成煤体产生突然破坏和位移。第二，地应力控制瓦斯压力场，促使瓦斯破坏的煤体。第三，围岩中应力增加决定了煤层的低透气性，造成瓦斯压力梯度增高，煤体一旦破坏对突出有利。可见煤层和围岩具有较高的地应力，并在掌子面靠近煤层时，应力状态发生突然变化，使潜能有可能突然释放，是发生煤（岩）与瓦斯突出的第一个必要和充分条件，如图 3-10 所示。

③瓦斯突出与其他地质因素：煤（岩）与瓦斯突出是一种地质灾害，其发生受地质条件控制。国外对煤（岩）与瓦斯突出的地质条件有较为详细的研究，如苏联学者对顿巴斯煤层突出地质条件研究表明，突出的分布受地质因素控制，具有不均匀分布规律性；突出与构造的复杂程度、煤层围岩、煤变质程度有关，并提出确定煤层突出危险性的地质指标。澳大利亚学者 Shepherd 对地质构造和煤（岩）与瓦斯突出分布的关系也做了广泛的研究，对发生突出点的构造性质及其影响突出的原因进行了深入探讨。

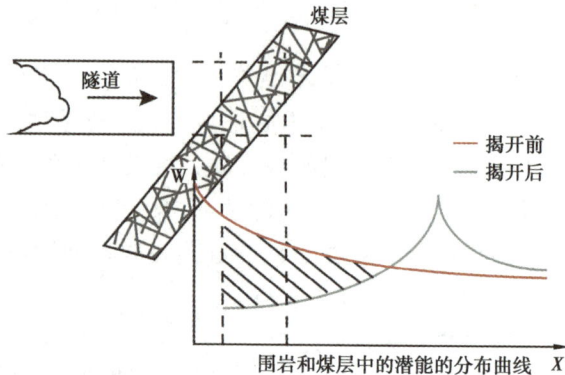

图 3-10　隧道揭开煤层时潜能的释放

我国对煤(岩)与瓦斯突出地质条件的研究更为广泛。20 世纪 60 年代抚顺煤矿安全研究所开始了瓦斯赋存地质条件的研究。70 年代四川矿业学院和焦作矿业学院将地质观点用于煤(岩)与瓦斯突出分布规律的研究。80 年代焦作矿业学院提出的瓦斯地质编图是全国瓦斯地质研究的普及。瓦斯地质区划论阐明了瓦斯分布和突出分布的不均衡性,分区分带性,地质条件控制突出分布的规律性,利用地质条件可以进行瓦斯突出的预测。瓦斯地质区划论的提出标志着地质条件对煤(岩)与瓦斯突出控制理论体系的形成。对我国瓦斯地质规律进一步的研究表明,煤层中高瓦斯含量是突出的地质基础,是造成煤突出的必要条件。压性和压扭性构造的发育是导致突出的重要因素,它有助于构造煤的形成和在地应力条件下有助于高压瓦斯的聚积。

因此,从中国煤矿煤(岩)与瓦斯突出的具体部位看,高瓦斯煤层、构造煤、特殊的构造部位是控制煤(岩)与瓦斯突出的 3 个主要地质因素。煤(岩)与瓦斯突出多分布在高应力场、封闭向斜轴附近、帚状构造的收敛端、煤层扭转区、煤层产状变化区以及断层带附近等地段。同地应力场的影响相似,在特殊构造部位处,局部地应力集中形成了煤和围岩的高弹性形变能,而聚积在这些部位的高浓度瓦斯也是这些部位容易发生瓦斯突出的原因。

(2)瓦斯在突出中的作用

存在于煤裂隙和煤孔隙中的瓦斯对煤(岩)体有以下作用:

①全面压缩煤的骨架促使煤(岩)体产生潜能。

②吸附在微孔表面的瓦斯分子对微孔起楔子作用,从而降低煤的强度。

③瓦斯压力积聚瓦斯膨胀能的作用。

瓦斯的解吸积聚能量,能够进一步加强煤的破碎和移动,并且在瓦斯流不停的流通下,碎煤被不断抛出,使得突出空洞壁始终保持着一个较大的地应力梯度和瓦斯压力梯度,从而煤的破碎不断向深处发展。因此,有足够多的瓦斯把碎煤抛出,并且突出孔道畅通,使空洞壁形成较大的地应力梯度和瓦斯压力梯度,将有利于煤(岩)体破碎向深部扩展。所以,瓦斯的作用为突出发生的必要和充分条件。

(3)发生突出的煤(岩)体结构条件

煤体结构破坏程度,会对煤层的力学性质和对瓦斯的储集能力造成影响。因而,不同的煤(岩)体结构类型具有不同的突出危险性。国内外对煤(岩)体结构进行了广泛的研究。苏联科学院地质研究所基于对煤中原生和次生节理的变化、微裂隙间距、断口和光泽特征,将煤体结构分为五种破坏类型,并认为Ⅳ、Ⅴ类破坏类型的煤(岩)体结构分层是发生煤(岩)与瓦斯突出的必要条件。

3.3　非煤系地层瓦斯灾害及岩石与瓦斯突出致灾机理

非煤系地层隧道瓦斯灾害特性、涌(突)出特性目前还没有确切的定论,通过对非煤系地层中的瓦斯灾害特性进行分析总结发现:非煤系地层瓦斯具有分布不均匀性,涌出和突出具有随机性和突发性等特点。这些特性极大的增加了瓦斯探测、预测和防控的难度,也增加了隧道施工安全风险和施工的难度。

3.3.1　非煤系地层瓦斯隧道的瓦斯来源分析

汶马高速公路是由四川省汶川县至马尔康的高速公路,为 G4217 蓉昌高速的一段,起于汶川县城以南凤坪坝、接都汶高速为起点,经理县至米亚罗,再经尽头寨,穿越鹧鸪山,沿梭磨河下行,止于马尔康卓克基,路线全长 172 km。沿线穿越了龙门山断裂带、米亚罗断裂、松岗断裂;所穿越的地层主要是泥盆系月里寨群组、危关群组,三叠系杂谷脑组、侏倭组、新都桥组等几套非煤系地层;所穿越的主要岩性有千枚岩、炭质千枚岩、含炭千枚岩、板岩、炭质板岩、变质砂岩等。岩性多样、破碎、裂隙发育,深大断裂断层发育较密集,地勘工作难度极大,全线隧道32 座,隧道总长 96.6 km,原设计均为无瓦斯隧道。

在施工过程中,鹧鸪山隧道(长 8 766 m)、米亚罗 3 号隧道(长 4 338 m)、王家寨 1 号隧道(长 3 755 m),先后涌(突)出高浓度瓦斯,经专业机构鉴定为煤(岩)瓦斯突出隧道和高瓦斯隧道,占全线隧道总数量的 10%。

隧道区域涌(突)出气体成分是以 CH_4、H_2S、CO_2 等为主要表现形式,瓦斯来源具有综合性,既有有机来源,也有无机来源。根据本书第 2 章 2.2 节内容

以及施工现场资料,汶马路隧道瓦斯有以下几个主要来源:

①三座隧道穿越杂谷脑组(T_{2z})、侏倭组(T_{3zh})和新都桥组(T_{3x}),存在炭质千枚岩、炭质板岩等含炭质地层,从瓦斯生成条件分析,地层本身具备生烃能力,这是瓦斯的有机来源。

②在川西北高原区域发现瓦斯的地方,附近几乎都出露花岗斑岩,如靠近米亚罗断层的大沟、小沟均存在花岗斑岩。随着该区域岩浆火山活动,深部C—O—H流体物质不断向浅部释放,无机成因烃类气体也利用着深大断裂由深部向上运移并富集于局部区域。

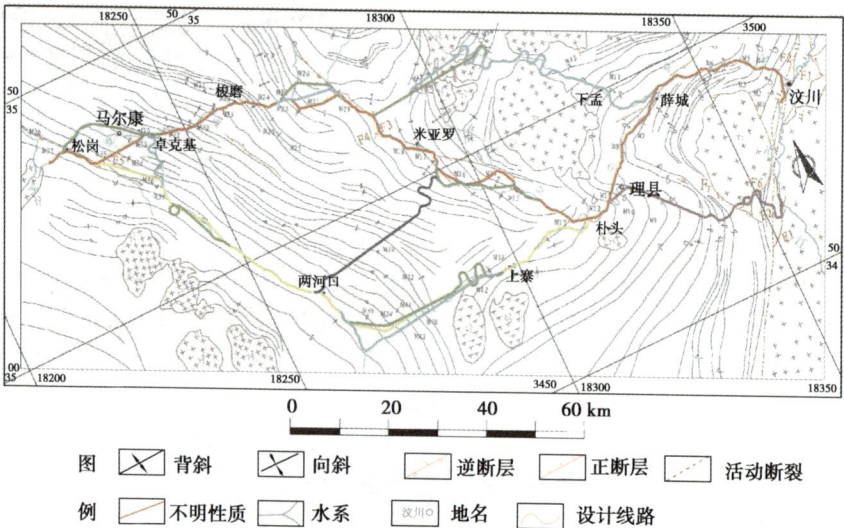

图 3-11　汶马高速公路工程区域地质构造

③这三座隧道是相邻的三座隧道,前后跨距 33.92 km,这个工程区域位于北西向鲜水河断裂带和北东向龙门山断裂带所围限的川青断块小金弧形构造带之西翼近顶端的次级构造族郎帚状构造带上,区域控制性主干断裂为 NE 向龙门山断裂带,小金-较场弧形构造带(西翼)构成了区域次一级断裂构造格架,断裂构造由一系列倒转复背斜、复向斜组成(图 3-11)。区域内米亚罗断裂走向顺褶皱构造线方向呈北西—南东向展布,属压扭性逆断层,对米亚罗 3 号隧道影响较大;鹧鸪山隧道受米亚罗断裂影响并穿越钻金楼倒转背斜;王家寨 1 号隧道通过罗斗寨复式背斜。这三座隧道所受的区域构造应力强烈,破碎带宽40~100 m,贯通裂隙发育,在压力差的作用下,瓦斯气体(无论无机成因气还是有机成因气)通过断裂、贯通裂隙等封闭性构造通道运移并富集于储气带(如褶皱轴部)或瓦斯气囊,造成瓦斯分布不均匀和局部聚积大量承压瓦斯。

　　由此可知,非煤系地层隧道中的瓦斯主要有 3 种来源:

①岩层具备生烃能力,如炭质千枚岩、炭质页岩、炭质泥岩等。

②具备与岩浆火山活动相关的瓦斯无机来源特征。

③区域地质构造强烈,有害气体可以通过断裂、断层及裂隙等构造来运移和储藏。

3.3.2　非煤系地层瓦斯赋存特性

　　图 3-12 展示了非煤系地层中瓦斯的赋存。从汶马高速公路瓦斯赋存情况来看,非煤系地层中的瓦斯赋存具有以下两个特性:

①地应力影响瓦斯压力和存储,隧道埋藏越深,地应力就越大,瓦斯含量及瓦斯压力就越大。汶马高速公路鹧鸪山隧道、米亚罗 3 号隧道、王家寨 1 号隧道埋深从 200～1 200 m 不等,瓦斯的赋存表现出了高地应力区域瓦斯压力较大的特性,说明了地应力对瓦斯的压力和赋存具有较大的影响。

②瓦斯赋存受地质构造影响较大。断裂构造对瓦斯赋存具有重要影响:一方面,断裂等构造影响了瓦斯在岩层中运移,对瓦斯产生积聚或释放作用;另一方面,断层附近伴生和派生构造发育,导致瓦斯分布不均,局部产生应力集中和高压瓦斯。如米亚罗逆断层,属封闭性构造,能形成良好的贮存瓦斯条件。

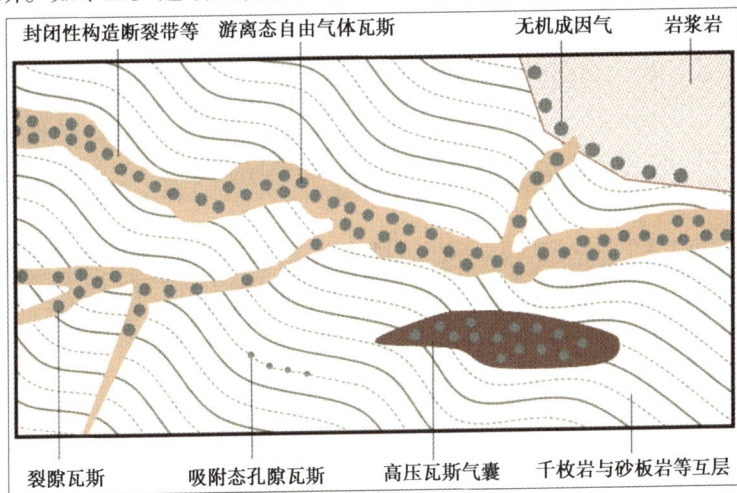

图 3-12　瓦斯在非煤系地层中的赋存状态

3.3.3　非煤系地层瓦斯隧道瓦斯涌（突）出特点

1）非煤系地层瓦斯涌出

图 3-13 展示了鹧鸪山隧道和米亚罗 3 号隧道瓦斯涌出的现场照片。隧道开挖后，出现了临空面，有利于瓦斯释放，储存在岩体中的瓦斯顺节理和裂隙向隧道内运移，不间断地在临空面上缓慢、均匀地涌出；围岩暴露的时间越长，瓦斯涌出量越大。不同于煤系地层中瓦斯具有涌出时间长、范围广、涌出量多、速度均匀缓慢的特点，非煤系地层瓦斯涌出具有的特点为：大多为局部涌（突）出，涌出时间忽长忽短、速度时快时慢，涌出量有大有小。

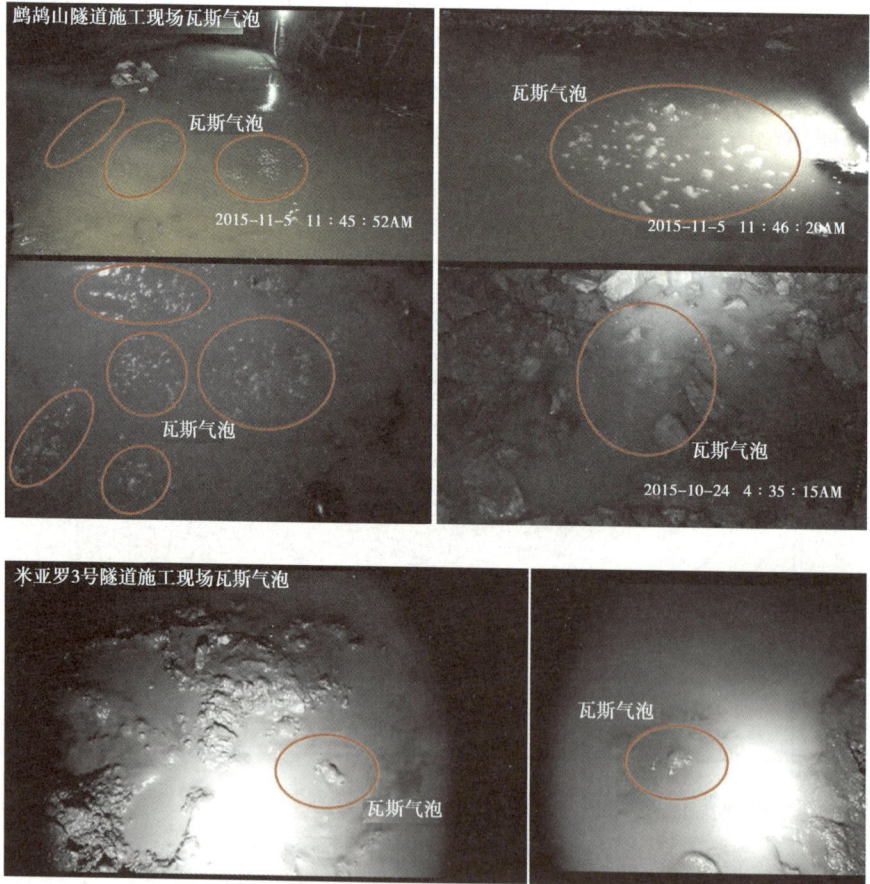

图 3-13　鹧鸪山隧道和米亚罗 3 号隧道底部瓦斯涌出现场图

2）非煤系地层瓦斯喷出

喷出是指大量的瓦斯在一定动力作用下,从岩体裂缝中喷出。米亚罗 3 号隧道、鹧鸪山隧道瓦斯喷出情况统计见表 3-3。

从表中可以发现:非煤系地层瓦斯喷出的时间有长有短,几小时到几天,单点喷出量每昼夜几百立方至几千立方,喷出时伴有嘶嘶声,多数同时伴随水柱喷出。

表 3-3　米亚罗 3 号隧道、鹧鸪山隧道瓦斯喷出情况统计

序号	时间	里程	瓦斯异常喷突出	掌子面地质情况
1	2015 年 10 月 1 日	鹧鸪山隧道 ZK186+600	喷出一股高压瓦斯气体,掀起碎石块将挖掘机前玻璃击碎,喷气口位置形成了一个约 2 m^3 的喷腔,瓦斯喷出约 1 500 m^3	以板岩和千枚岩互层为主,局部含白色的石英条带,岩体节理、裂隙发育,层间结合程度较差,主要表现为薄～中厚层状
2	2016 年 11 月 23 日	鹧鸪山隧道 ZK185+416.4	瓦斯喷孔,约 500 m^3	以薄层板岩为主,夹变质砂岩、千枚岩、炭质千枚岩,含石英岩,节理、裂隙发育
3	2016 年 12 月 23 日	鹧鸪山隧道 ZK185+303.5	瓦斯喷孔,约 400 m^3	以薄层板岩为主,夹变质砂岩、千枚岩、炭质千枚岩,节理、裂隙发育
4	2016 年 10 月 9 日	鹧鸪山隧道 K185+624.8	瓦斯喷孔,约 600 m^3	板岩、变质砂岩、千枚岩、炭质千枚岩、石英岩,节理、裂隙发育
5	2017 年 4 月 3 日	鹧鸪山隧道 K185+110.2	瓦斯喷孔,约 400 m^3	以板岩、少量变质砂岩夹千枚岩组成,围岩较破碎,节理、裂隙发育

续表

序号	时间	里程	瓦斯异常喷突出	掌子面地质情况
6	2017年8月12日	米亚罗3号隧道YK162+665	686—+705段有瓦斯喷孔现象,约400 m³	以薄片状板岩夹千枚岩为主,以薄层结构为主,局部碎裂结构,节理、裂隙较发育
7	2017年10月19日	米亚罗3号隧道ZK162+911	瓦斯喷孔,约800 m³	板岩夹炭质千枚岩、少量变质砂岩,薄层结构为主,节理、裂隙较发育
8	2017年10月25日	米亚罗3号隧道ZK162+928	补打15个瓦斯排放孔,继续有喷孔、喷水现象,约1 800 m³	板岩夹炭质千枚岩、少量变质砂岩,薄层结构为主,节理、裂隙较发育
9	2018年5月18日	米亚罗3号隧道ZK163+358.5	瓦斯喷孔,约500 m³	薄层板岩夹炭质千枚岩岩体结构类型以薄层结构为主,部分碎裂结构,节理发育
10	2018年7月29日	米亚罗3号隧道2号车行横洞	瓦斯喷孔,约1 200 m³	炭质千枚岩与砂板岩韵律互层,薄层结构为主,节理、裂隙发育,受断层影响较大
11	2019年9月15日	米亚罗3号隧道2号车行横洞	瓦斯、岩、地下水突出,突水3.6万 m³,瓦斯10.1万m³,破碎岩体6 500 m³	

3)非煤系地层岩石与瓦斯突出

当隧道遭遇高压瓦斯构造裂隙带或高压瓦斯气囊时,隧道开挖后,局部完整性相对较好的板岩等隔气(封闭)层受到破坏,在很短时间内,储存于断裂带和裂隙等构造带附近岩层中的裂隙瓦斯或囊状瓦斯的膨胀能瞬间释放,推动破碎的岩块由岩体内突然向隧道空间大量喷出,还出现很强的动力冲击波和响声,这种涌出形式称为岩石与瓦斯突出,岩石突出量从几十立方米到几千立方米,瓦斯突出量几万立方米至几十万立方米。

米亚罗 3 号隧道 2 号车行横通道长 31.3 m,于 2018 年 7 月 28 日由左洞向右洞方向施工完成,掌子面为薄层状千枚岩与板岩互层,岩层走向垂直掌子面,施工过程无异常。2018 年 8 月 8 日 2 时,挑顶段(进尺 8 m)掌子面开挖破坏了完整性较好的板岩隔水隔气层,后方富含裂隙水的破碎夹层喷涌出来,撤离施工人员和机械,经检测,瓦斯浓度为 1.5% ~2%;8 时,涌水量增大,时有高压气体喷出,有明显硫化氢气味,涌出破碎渣体约 200 m³;9 时,出水量有所减小;9 时 30 分,裂隙继续发展,与封闭构造带断层裂隙贯通,储存在断层和裂隙构造带中的高压裂隙瓦斯膨胀能瞬间集中释放,推动着破碎的千枚岩、板岩岩块由岩体内突然向隧道空间大量喷涌而发生岩石与瓦斯突出,突出岩石约 500 m³,2 号车行横通道与左线主洞交叉口瓦斯浓度由 0.7% 急剧升高至 7%,突出瓦斯约 12 万 m³;17 时 2 号车行横通道内出水量再次剧增,涌出破碎渣体约 1 300 m³,充填 2 号车行横通道并掩埋左洞部分加宽段仰拱。2018 年 9 月 15 日 15 时 24 分米亚罗 3 号隧道 2 号车行通道突发瓦斯、岩、地下水突出灾害事故,造成 3 名巡查管理人员、1 名工人、2 名司机遇难,损失惨重。此次突发性地质灾害突水约 3.6 万 m³,瓦斯突出约 10.1 万 m³,破碎岩体突出约 6 500 m³,岩体几乎将 2 号车行通道充满并掩埋左线约 135 m 长主洞,掩埋高度 0 ~4.7 m。图 3-14 展示了米亚罗 3 号隧道突出后的场景。

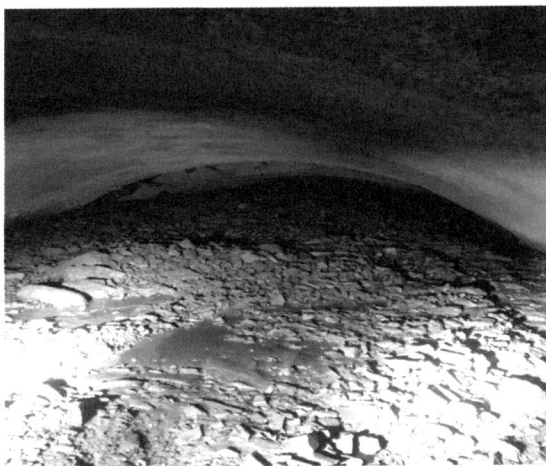

图 3-14　米亚罗 3 号隧道 2 号车行通道瓦斯突出后现场

图 3-15   鹧鸪山隧道岩石与瓦斯突出后现场

鹧鸪山隧道岩石与瓦斯突出事件:鹧鸪山隧道存在炭质千枚岩和炭质板岩,同样具有生烃能力。K186+600—K186+585 段埋深约 700 m,围岩以板岩和千枚岩互层为主,局部含白色的石英条带,该段落区域附近受米亚罗扭性封闭逆断层影响较大,又位于钻金楼背斜轴部附近,岩体节理、裂隙发育,层间结合程度较差,主要表现为薄到中厚层状。通过超前钻孔探测,该段出现裂隙带,有瓦斯涌出。2015 年 10 月 6 日掌子面开挖后,作为隔气层的板岩结构稳定性被破坏,背后局部富集的瓦斯气囊中大量承压瓦斯瞬间突出,推动破碎岩体抛出,发生岩石与瓦斯突出,突出碎岩 200 m³,部分破碎体抛出距离超过 20 m,隧道主洞内瓦斯浓度急剧升高超过 4.5%,瓦斯涌出量约 3 万 m³。图 3-15 展示了鹧鸪山隧道突出后的照片。

岩石与瓦斯突出是非煤系地层瓦斯隧道施工最严重的地质灾害之一。其展现形式主要有:岩体与超量、高压瓦斯在很短时间内(几秒钟到几分钟)突然大量喷出,并伴随巨大声响和强大的冲击波,巨大的冲击力量将破坏临空面隧道支护,推翻各种生产设备,破坏通风设施。突出几十立方米到几千立方米的碎岩物质塞满隧道,淹没施工人员和设备,同时超量涌出的瓦斯也可使人窒息,甚至可能发生瓦斯爆炸事故。

3.4   地质构造对瓦斯赋存及涌(突)出的影响

地质构造对瓦斯赋存及涌(突)出具有较大的影响。汶马高速公路共有 32 座隧道,施工期间隧道穿越地层、岩性大致相同,但仅有相邻的三座隧道(鹧鸪山隧道、米亚罗 3 号隧道和王家寨 1 号隧道)在施工期间遭遇瓦斯。这主要是因为这三座隧道受米亚罗断裂和松岗断裂的影响（隧址与断裂的区域位置如图3-16 所示），虽施工期间均未穿越煤系地层，但却饱受瓦斯异常涌（突）出的侵扰，经地质调查分析其瓦斯的主要来源有：区域地质构造强烈，有害气体可以通过断裂、断层及裂隙等构造来运移和储藏（图3-17）。说明地质构造，尤其是非煤地层中的地质构造对瓦斯的赋存及涌（突）出具有深刻的影响。

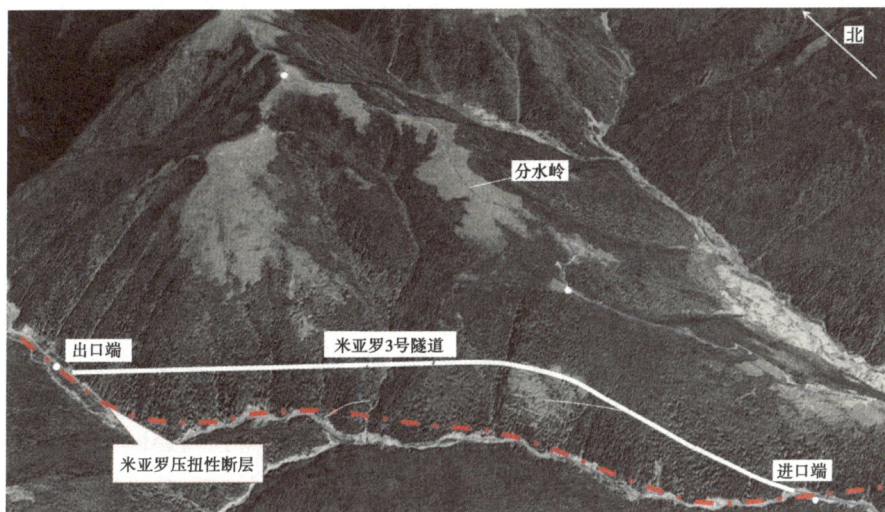

图 3-16　隧址与断裂的区域位置图

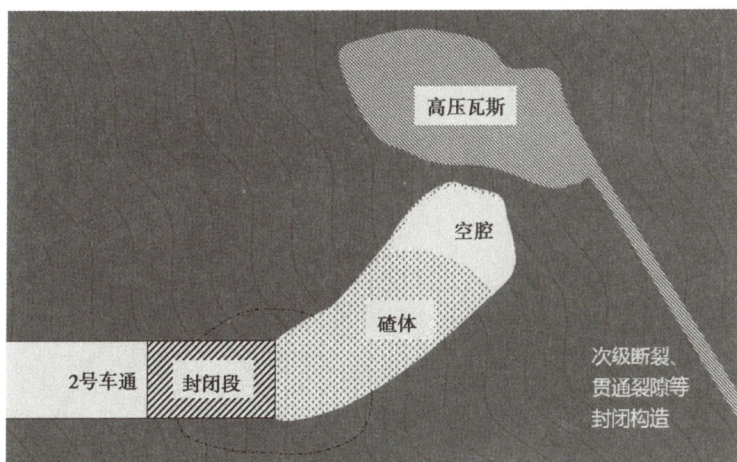

图 3-17　米亚罗隧址内的地质构造及瓦斯赋存关系图

类似地，在沿江高速公路宜宾至金阳段有类似的情况出现，其中大溪沟隧道、梨子岗隧道、梯子岩隧道、清平 1 号隧道、清平 2 号隧道、谢家湾隧道连续 6

座隧道均穿越三叠系须家河组、雷口坡组煤系地层,然而,只有谢家湾隧道在施工期间出现瓦斯动力现象。同样是因为隧址区内构造以褶皱为主,位于芭蕉滩穹窿背斜北西侧(图 3-18),出口端砂岩体中发育两组裂隙,各组节理裂隙面较平整,岩石在节理、层面的切割下以大块状为主。这些裂隙为瓦斯的运移和赋存提供了通道。

图 3-18　谢家湾隧道内芭蕉滩穹窿背斜

　　谢家湾隧道出口端左线在 ZK23+586 掌子面施工超前地质钻孔时,有卡钻突出预兆,钻孔施工完毕后,检测孔内最大瓦斯浓度为 20% ,同时 ZK23+529 掌子面已施工好的锚杆直接被瓦斯气体顶出,掌子面主要为砂岩、炭质页岩及煤线。掌子面围岩较破碎,稳定性较差,掌子面左边部分岩层倾角较正常,而右边部分岩层倾角变化明显,岩层倒转呈鸡窝状,掌子面地质素描如图 3-19 所示。瓦斯正是在穹窿背斜的封闭作用下赋存在岩层中,同时由于穹窿背斜的封闭性较好使得瓦斯大量积聚,增加了瓦斯压力和含量,在隧道开挖扰动下通过裂隙进入隧道,并表现出动力现象。

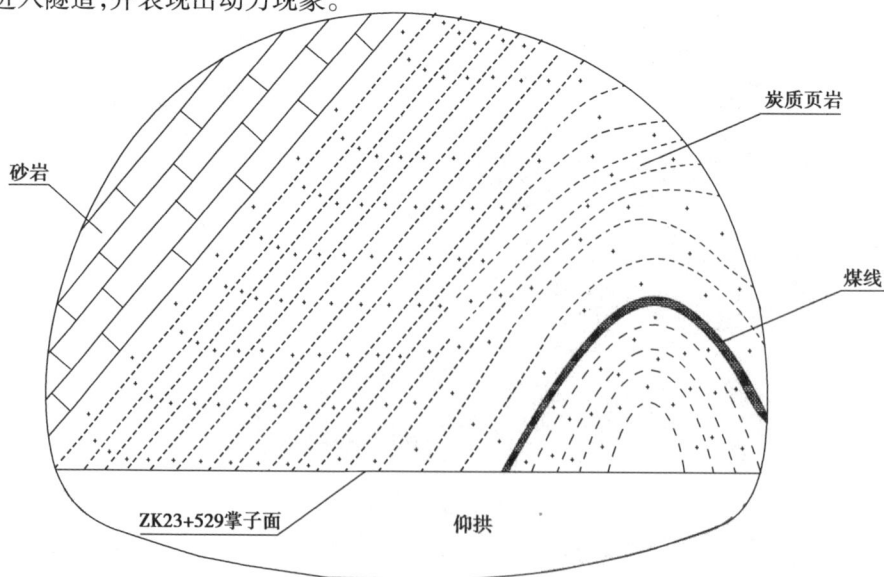

图 3-19　掌子面素描示意图

通过以上煤系地层和非煤系地层中瓦斯和地质构造的关系可以发现,大多数煤(岩)与瓦斯涌(突)出主要集中在正断层、逆断层和褶曲附近。正断层往往是岩体受到张应力或剪应力作用下形成,断层的裂隙系统给瓦斯的赋存提供了空间,当隧道掌子面推进到断层时,会造成隧道内瓦斯涌出量的异常升高,但是与逆断层相比,正断层发生瓦斯涌(突)出的可能性相对较低。逆断层通常是岩体受到水平挤压作用下形成,挤压作用造成岩体原生结构发生不同程度的破坏,断层的微孔裂隙系统发育导致比表面积显著增加,在构造应力和施工扰动应力共同作用下,吸附状态的瓦斯开始向游离状态转化,储存在断层的微孔裂隙系统中,当掌子面推进到断层时,原始的应力平衡状态受到开采扰动,断层带岩体与掌子面岩体形成应力差,进而煤(岩)层中的瓦斯涌出,因此逆断层发生瓦斯涌出的可能性相对较高。

褶曲是在地应力作用下改变了岩层的原始产状,不仅使岩层发生倾斜,而且形成各样的弯曲,褶曲的基本类型只有两种:背斜和向斜。背斜,外形上一般是向上突出的弯曲,岩层自中心向外倾斜,核部是老岩层,两翼是新岩层。向斜,一般是向下突出的弯曲。岩层自两侧向中心倾斜,核部为新岩层,两翼为老岩层。煤、油气等是由千万年的地质演化形成的,与岩层的新老关系密切。有些含有油气的沉积岩层,由于受到巨大压力而发生变形,石油都跑到背斜里去了,形成富集区。所以背斜构造往往是储藏油气的"仓库",在石油地质学上称为"储油构造"。通常,由于天然气密度最小,处在背斜构造的顶部,石油处在中间,下部则是水。同样,瓦斯在向地面运移的过程中,当遇到背斜时,在渗透性较差的岩层阻断下形成了瓦斯富集区。

3.5　瓦斯灾害防控原则

瓦斯虽然是无色、无味、无臭的气体,但是进入隧道会引起燃烧、爆炸、人员窒息、突出等灾害。根据瓦斯爆炸的"三要素"(一定浓度的瓦斯、充足的氧气、高温热源)可知,只有"三要素"同时满足时,才会发生爆炸。因此控制瓦斯爆炸可以从控制"三要素"的角度出发,例如:控制瓦斯的浓度,使得隧道中的瓦斯浓度范围达不到爆炸浓度范围,即使有充足的氧气和高温热源也不会引发瓦斯爆炸,控制瓦斯浓度的措施有瓦斯封堵、抽放、排放、通风等;然而,在瓦斯隧道施工过程中无法保证瓦斯浓度不超限,因此需要对隧道内的高温火源也进行控制,控制高温热源的措施有作业机械防爆改装、尽量避免或减少焊接等。

　　根据瓦斯隧道爆破防控思路和原则,可以扩展成为隧道瓦斯灾害的防控原则,即防瓦斯浓度超限,控高温热源出现(图3-20)。依据瓦斯隧道灾害防控原则,本书将现有的措施进行分类总结,提出主动防控措施和被动防控措施。其中主动防控措施主要是防控隧道掌子面未开挖部分瓦斯进入隧道施工区域内,主要措施有瓦斯超前预测预报、瓦斯封堵抽放排放等;被动防控措施主要是防控隧道施工区域内的瓦斯,此时掌子面前方岩体中的瓦斯已经渗透扩散在隧道空间中,因此对施工区域要进行瓦斯稀释并避免高温热源出现,因此瓦斯隧道中瓦斯的被动防控主要包括:瓦斯监测和检测、通风与火源控制等。

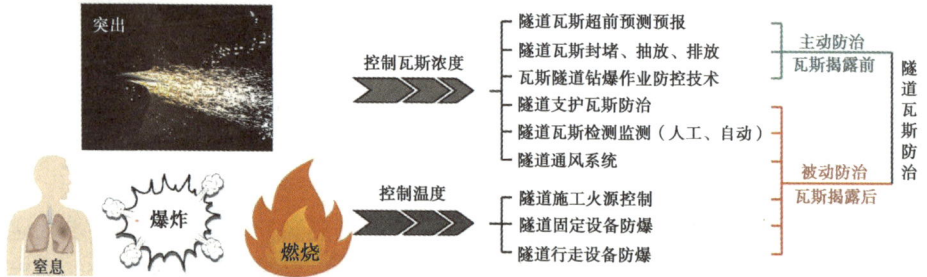

图3-20　瓦斯隧道主、被动防控原理示意图

第4章　隧道瓦斯灾害主动防控措施

为了提高瓦斯隧道施工期间的安全性,保障施工期间人员和设备的安全,加快施工进度和提高施工质量,本书将依托汶马高速公路鹧鸪山非煤系地层瓦斯隧道和米亚罗3号非煤系地层瓦斯隧道的施工,总结现有隧道工程施工瓦斯灾害防控措施并探讨非煤系地层瓦斯隧道在施工中的瓦斯灾害防控技术。

隧道瓦斯灾害主动防控主要是指在隧道掌子面未开挖,瓦斯尚未被揭露涌(突)出之前,采用瓦斯隧道超前预测预报技术,探明掌子面未开挖前方的区域地质构造、围岩完整性、流体(瓦斯或水等)赋存压力 P、流量 Q、衰减系数 q 等状况。若发现压力 $P \geqslant 0.74$ MPa 时,应主动采取抽、排等措施对瓦斯等进行预处理,对开挖爆破进行严格要求等瓦斯主动防控措施。主要措施有超前预测预报、瓦斯钻孔排放与抽放等防控措施。

针对瓦斯隧道必须遵循"有掘必探、有疑必探、先探后掘"原则,宜选择物探与钻探结合、配合地质素描、地质调查的地质法进行探测预报;物探法宜选择水平声波剖面(horizontal sonic profile,HSP)声波反射法或地质雷达,隧道开挖爆破后立即进行地质调查和地质素描。

4.1　隧道瓦斯超前地质预报

4.1.1　隧道工程超前物探

随着各种探测仪器设备的不断开发以及超前地质预测预报研究的不断深入,超前预测预报的方法也逐渐增多。目前,已有若干种方法应用于隧道建设中,可以对掌子面前方的地质情况进行预测,其分类方式也有多种,按照预报作用可分为常规预报、成灾预报、专门预报;按照预报距离可分为短距离预报(0~15 m)、中距离预报(15~50 m)、长距离预报(大于50 m);按照预报精度可分为定性预报、定量预报;按照预报的工作原理,则可分为地质法、物探法及综合法,这也是超前地质预报方法的主要划分方式。物探及钻探的适用情况见表4-1。下面介绍几种典型的隧道超前物探方法。

表4-1　隧道瓦斯主动探测方法

隧道分类	防控措施	微瓦斯	低瓦斯	高瓦斯
物探	地质雷达	√	√	√
	瞬变电磁	√	√	√
钻探	加深炮孔	√	√	√
	超前水平钻	√（1~3个）	√（≥3个）	√（≥3个）
地质素描		√	√	√

1）地质法

地质法主要有地面地质调查法、掌子面地质素描法、超前导坑法等。

（1）地面地质调查法

地面地质调查法是在隧道施工地质预报中运用最早的方法。该方法通过对隧址区地表、上覆、下埋岩层及周边岩层的工程地质条件进行调查与分析，了解隧址区的地质结构特点，再运用地表与地下构造的相关性原理，对隧道周边的地质情况做出宏观的较为粗略的预测，从而推测出不良地质状况，其调查内容主要包括岩体结构面的产状及发育状况、地层与岩性的产出特征、岩溶带及断裂带的发育规律、部位、走向等，采用的技术手段主要有穿越、追索及全面踏勘，该方法适用性强、成本低，但对于埋深较大或地层岩性复杂的隧道，工作难度将增大，且预报准确性也较低。

（2）掌子面地质素描法

掌子面地质素描是对掌子面的地质情况进行如实和准确的反映，即在隧道开挖的每个循环过程中，进行完爆破以及出渣工序后，认真收集新鲜开挖面的地质特征信息，主要内容包括围岩的地层岩性及节理产状、岩体的完整程度及风化程度、岩体的破碎程度及岩石的变质情况、地质构造及围岩受其影响的程度、地下水发育特点及出水量、溶洞或煤系地层等不良地质，通过对以上内容的详细观察与编录，将实际地质体向开挖面前方进行有根据地分析推测，进而判断围岩的稳定性并预测开挖面前方的地质条件，因此也称为掌子面编录预测法。该方法不占用施工时间，不干扰施工过程，设备简单且操作方便，出结果快,预测效果较好,从而可对下一循环的施工进行正确指导,并且还可以为整个隧道的施工建设提供较为完整的地质资料。

（3）超前导坑法

超前导坑法分为超前平行导坑法和超前正洞导坑法。超前平行导坑法的布置与正洞平行,与隧道正洞轴线距离一定的位置,对导坑中揭露出的地质状况进行收集汇整,从而探明主体工程施工的地质条件,还可兼做他用。该方法预测的隧道正洞地质情况非常直观,探测精度较高,预报距离较长,还可起到加大工作面、排水减压、改善通风条件等作用,便于安排施工计划及调整施工方案,这是我国隧道建设中常用的一种预测方法。超前正洞导坑法则是布置在正洞中,沿着隧道正洞轴线开挖小导坑,以探明掌子面前方的地质情况,相对平行导坑而言,效果更好,但是成本太高,有时可能需要对全洞进行导坑,而且在地质构造较复杂的地区准确率较低。

2）地质雷达探测法

地质雷达物探技术是利用高频电磁波的发射对地下物体体积形态进行判别的一种方法。随着近年来的研究与实践,目前主流的地质雷达仪器均采用脉冲形式高频电磁波以及分时采样技术,以获得较为理想的结果,分时采样技术按时间序列对雷达回波取样,其中时间分辨率为微微秒量级,因此对于可探测深度内的物体具有很高的分辨率,精度较高,再加上操作简便,图像直观,工作效率高,目前应用广泛。

地质雷达通常由收发系统和处理显示系统两部分组成,其中收发系统包括发射机、发射天线、接收机、接收天线组成;处理显示系统是以专业的测量处理软件为主的计算机,各部分功能如下。

①发射机:根据探测深度及精度需要产生高频电磁波,并传输给对应的发射天线。

②天线:高频电磁波通过发射机产生后传输到发射天线,并由天线向探测物体进行发射,电磁波在介质中传播时产生的反射与散射信号由接收天线接收,天线是电磁波能量发射和接收的重要组成部分。

③接收机:接收天线收到回波信号后,通过接收机捕捉,并将信号转译为数字信号输送给处理显示系统进行计算。

④主机:通过对反射信号的一系列处理（输入有关参数、滤波、放大、改变显示方式和编辑等）后,显示出反射目标的性质和深度。

地质雷达是通过电磁波的发射与反射来进行工作的物探仪器,发射机通过发射天线向隧道衬砌与围岩发射电磁波,工作时天线紧贴测试界面并沿测线匀速移动,当电磁波在掌子面后方传播过程中遇到有电性(电导率与介电常数)差异的界面时,会发生反射与散射,其中反射波便由接收天线与接收器接收,并由主机进行计算显示,技术人员对显示结果进行修正与优化,并对探测区域的地质情况做出解释。地质雷达仪器各部分的组成和工作原理如图 4-1 所示。

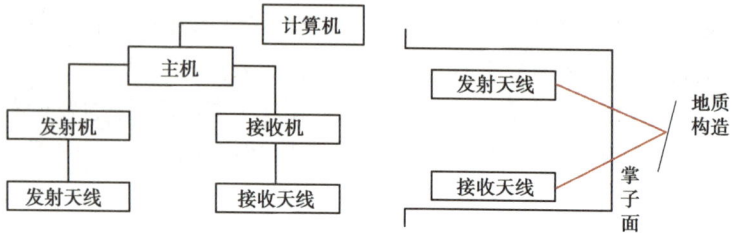

图 4-1　地质雷达系统工作原理

最先收到由发射天线所在岩体表面到达接收天线的直达波作为时间零点,脉冲波行程所需要的时间为 t:

$$t = \sqrt{4z^2 + \frac{x^2}{v}} \tag{4.1}$$

式中　z——目标体深度;

　　　x——天线距,在剖面探测中是固定的;

　　　v——电磁波在介质中的传播速度。

岩土介质通常为非导电非磁性介质,因此传播速度可根据式(4.2)确定:

$$v = \frac{c}{\sqrt{\varepsilon_r}} \tag{4.2}$$

式中　c——真空中电磁波的传播速度;

　　　ε_r——某种介质介电常数与空气中介电常数的比值,即相对介电常数。

工程中常见的相对介电常数见表 4-2。

表 4-2　常见介质的相对介电常数

介质	相对介电常数	电导率/($ms \cdot m^{-1}$)	电磁波速度/($m \cdot ns^{-1}$)
空气	1	0	0.3
纯水	80	0.5	0.033
砂岩	6	0.04	—
灰岩	4 ~ 8	0.5 ~ 2	0.12
泥岩	5 ~ 15	1 ~ 100	0.09

续表

介质	相对介电常数	电导率/(ms·m^{-1})	电磁波速度/(m·ns^{-1})
粉砂	5~30	1~100	0.07
花岗岩	4~6	0.01~1	0.13
混凝土	4~20	1~100	0.11~0.12
金属	300	10^{10}	0.017
黏土	5~40	2~1 000	0.06

电磁波在介质的传播过程中,在不同的阻抗界面会产生反射和折射,反射波和折射波能量的大小可通过反射系数与折射系数表示,两者可由下式计算:

$$R = \frac{\sqrt{\varepsilon_1} - \sqrt{\varepsilon_2}}{\sqrt{\varepsilon_1} + \sqrt{\varepsilon_2}} \tag{4.3}$$

$$T = \frac{2\sqrt{\varepsilon_1}}{\sqrt{\varepsilon_1} + \sqrt{\varepsilon_2}} \tag{4.4}$$

式中　$\varepsilon_1, \varepsilon_2$——界面上下的相对介电常数。

由此可见,反射系数 R 的大小受上下界面相对介电常数差异的大小影响,这说明若界面两侧相对介电常数差异越大,反射越强,雷达波形就越清晰。例如在隧道围岩结构中,空气、水与围岩的介电常数有较大差异,因此在这些界面能形成良好的反射效果,便于观测。

因此,通过式(4.1)和式(4.2)即可计算出探测物体深度并通过处理形成的雷达探测图像确定地质雷达剖面图。

另一方面探测时采用的频率以及采样速度作为两个重要的可变指标直接影响探测结果的精度与深度。一台地质雷达仪器往往配有不同频率的天线,只有选择合适的频率与正确的操作方法,才能获得正确的结果。当探测频率确定时,根据公式可以得到波长,为了排除外部干扰等因素,通常取波长为分辨率下限,所以探测频率决定探测分辨率。因此选用的天线频率越高,精度就越高;另一方面,频率越高,反射能量就越小,可探测的深度就越低,因此在选用天线频率时需综合考虑探测精度和探测深度两方面的要求,进行合理选择,在实际运用过程中经验表明,天线频率与探测深度,分辨率的关系见表4-3。

表 4-3　天线频率、探测深度、分辨率的一般关系

天线中心频率/MHz	1 000	400	200	100	50	25
探测深度/m	0.05 ~ 2	1 ~ 5	1 ~ 9	4 ~ 25	5 ~ 25	5 ~ 30
分辨率/mm	7 ~ 75	20 ~ 200	45 ~ 380	85 ~ 750	900	1 500

在使用雷达探测数据获得反射信号后,需要对其进行一系列的数据处理,包括常规滤波、时间增益、数字及图形处理,该工作主要通过主机上配备的专业软件完成,其目的在于优化数据资料,最大程度减少误差及干扰,以此突出目标体的位置以及形态,为进一步的地质解释提供清晰可辨的图像。探测数据解释的主要工作为波形识别,并结合开挖与钻孔资料进行地质解释,对异常反射波进行判别时,几个重要特征及指标为:反射波的振幅、反射波的频谱特征、同相性 3 个方面。

（1）**反射波的振幅**

利用反射波振幅大小的突变来确定分界面是反射波判别最基本的方法,电磁波在分界面的反射波振幅,在界面两侧介质相对介电常数不同时与无岩性变化界面振幅会有差异,后者应是渐变的,而前者振幅会发生突变,且随着界面两侧介质相对介电系数差异程度的增大而更加明显。在遇到水或空气等电磁性质差异大的分界面时,能有效判别出反射波的位置。

（2）**反射波的频谱特征**

不同介质具有不同的结构特征,在电磁波传播过程中的反射特征也不相同,因此对比不同反射波波组的波形、幅度、周期及包络线形态等都可以作为区分不同介质界面的依据,在隧道超前地质预报工作中,采用点测方法获得的图像,可以运用此方法来确定地层岩性的变化。

（3）**同相性**

雷达记录资料的解释中,同相轴是指同一连续界面的反射信号,在使用雷达仪器按测线移动测试结果中,能获得连续界面的反射信号,若其同相轴连续且呈直线,则该界面介质无明显变化,反之若同相轴呈曲线或不连续,则说明存在可能的分界面,并可根据同相轴的形态推测分界面的形态,但需要考虑边缘的反射效应。

在运用反射波振幅变化、频谱特征及同相性等指标进行波形识别时,还应注意存在的干扰情况,因此应结合工区的其他资料与技术手段进行优化,提高工作效率。

在隧道工程勘察中,常见的不良地质现象有:岩性变化、破碎和断裂带、岩溶洞穴、富水带等,文献总结归纳了上述常见不良地质现象图像特征的一般规律,并列出了部分特征图片如下。

①完整岩体:完整岩体介质均匀、电性差异小,雷达图像和波形特征无明显变化,波形均匀,同相轴连续,无杂乱反射,如图 4-2 所示。

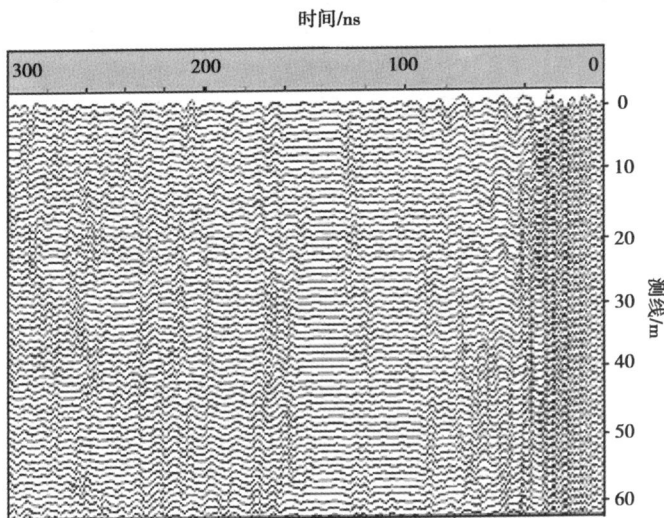

图 4-2　完整岩体的地质雷达特征图像

②破碎带和裂隙带:岩体由于节理发育形成破碎岩体,并且节理受泥或地下水等物质填充时,会形成复杂的反射截面,由于介质不均匀,电性差异大,图像特征为反射强烈,反射面附近振幅增大且变化大,波形较为杂乱且存在同相轴不连续的部位,如图 4-3 和图 4-4 所示。

③岩溶洞穴:岩溶洞穴的判断通常考虑在溶洞边界产生的强烈反射波,通常表现为高振幅、低频率、等间距的多次反射波组。由于受填充物的影响,电磁波能量容易迅速衰减,洞穴底部界面反射不太明显。由于最近反射面反射明显,一般结合地质调查资料可以做出判断,如图 4-5 所示。

④富水带:电磁波在含水层表面发生强振幅反射,穿透部分则在富水带内发生绕射和散射,但由于水面通常分布连续,其同相轴连续性好,又因为水的介电常数为 80,因而从基岩到含水层是高阻抗到低阻抗介质变化,反射电磁波相位与入射电磁波相反,如图 4-6 所示。

时间/ns

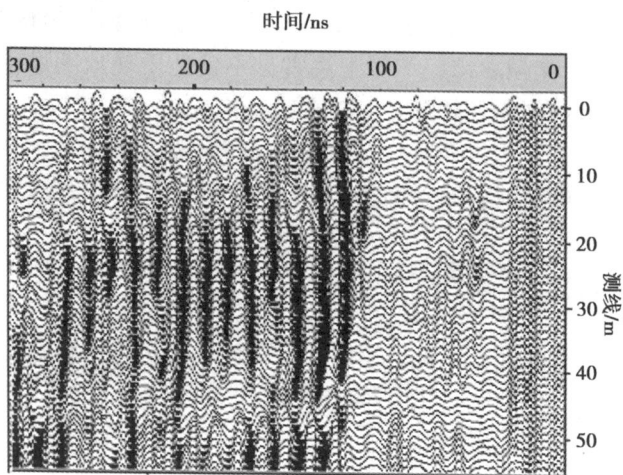

图4-3 裂隙带的地质雷达特征图像(1)

时间/ns

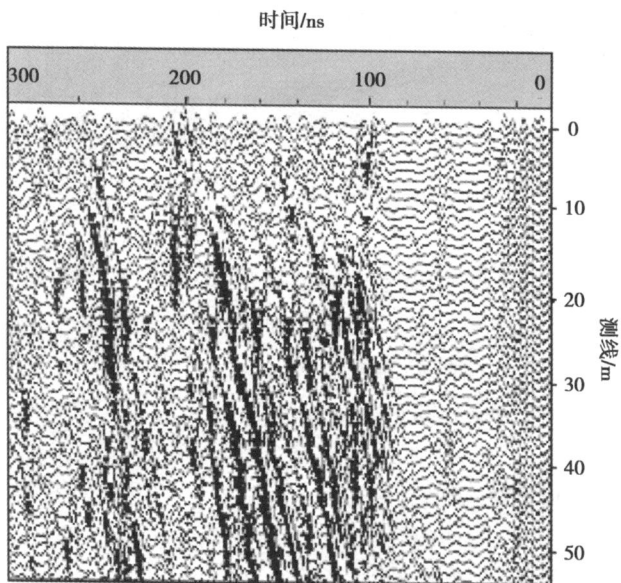

图4-4 裂隙带的地质雷达特征图像(2)

时间/ns

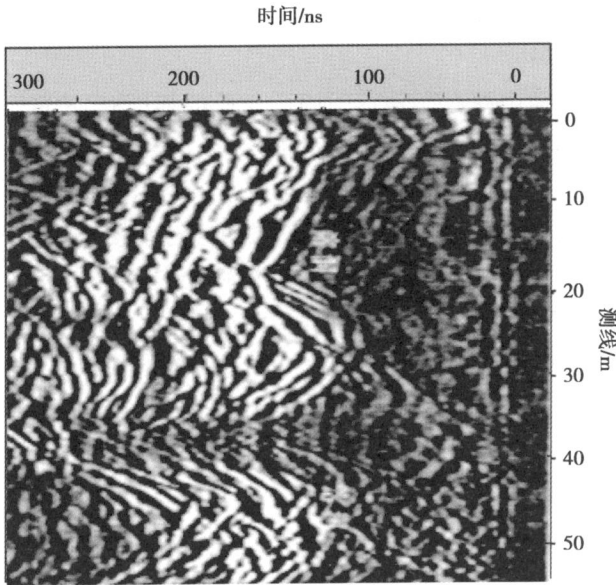

图 4-5　岩溶洞穴的雷达特征图像

时间/ns

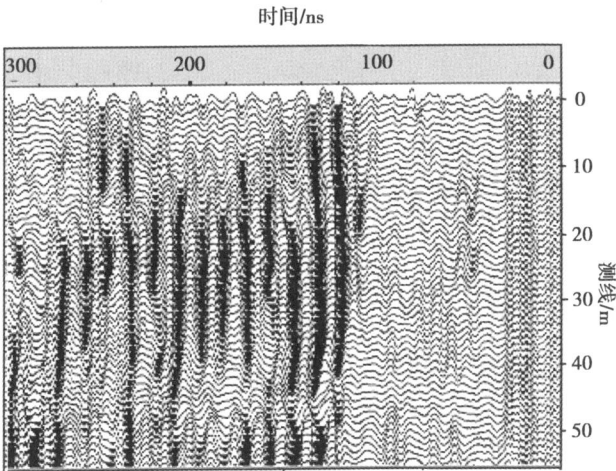

图 4-6　富水带地质雷达特征图像

3) HSP 声波反射法

"HSP 声波反射法"是在"HSP"基础上的地质超前预报技术改进。其原理是建立在弹性波理论的基础上,传播过程遵循惠更斯-菲涅尔原理和费马原理。采用声波法探测不良地质(带)的物理前提是:声波在岩土体中的传播速度及幅度等参数和岩土体的组成成分、密度、弹性模量及岩体的结构状态等有关,不良地质体(带)如断层、风化破碎带、岩溶洞穴、地下水富集带等与周边地质体存在明显的声学特性差异。

当声波传播路径中存在两种不同固体介质的界面时,波的传播将发生折射、反射和波型转换。纵波入射时在界面上将产生4种波:两个反射波(纵波和横波)和两个折射波(纵波和横波),其传播符合斯奈尔定律。在正交入射情况下,不会发生传输模式的转换,其声压和声强的透射系数和反射系数取决于两种介质的特性阻抗比值。当声波由完整岩体传播至碎裂岩或土组成的破碎带时,就是声波从高阻抗介质到低阻抗介质的典型情况。因此通过探测反射波信号,便可了解前方岩体的变化情况。图4-7展示了HSP声波反射法地质预报在隧道中的测试布置图。

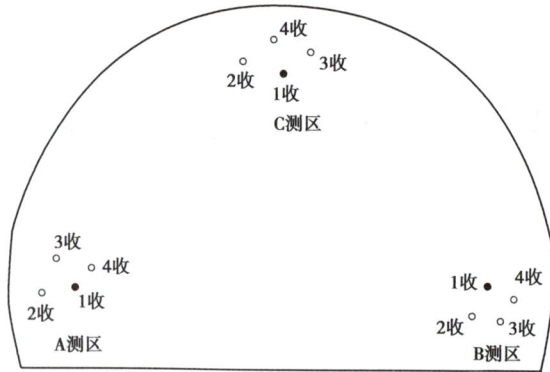

图 4-7　HSP 声波反射法隧道地质超前测试布置图

4.1.2　隧道瓦斯超前钻探

不同分级的隧道由于瓦斯出现的概率不同,造成的损失和危害不同,因此超前钻探可以根据不同瓦斯等级进行实施。瓦斯地层段施工前,应实施超前钻孔探测,查明煤层、采空区、断层等规模形态以及与隧道的空间位置关系。

超前钻探是在隧道中使用防爆型液压钻机,在开挖面上沿隧道行进方向进行钻孔,在钻孔过程中,根据所获得的钻孔资料来判断掌子面前方的地质状况,其内容包括钻机钻进速度的变化、钻孔岩屑、钻孔冲洗液颜色和气体变化情况以及在钻探工作中所遇到的其他情况。在选择钻孔数量、钻探角度及长度时,要根据隧道的实际情况来进行综合设计和控制。该方法对岩体的大致情况有较直观的反映,可通过钻孔测量瓦斯相关参数,并及时释放瓦斯和地下水等。

1）瓦斯超前钻探相关要求

瓦斯地层段施工前,应实施超前钻孔探测,查明煤(岩)层、采空区、断层等规模形态以及与隧道的空间位置关系。超前钻探过程中,岩层中的瓦斯气体有可能会通过钻孔进入到隧道空间中,因此该过程具有较大的危险性,应符合以下相关要求:

①超前地质钻孔宜单工序作业。钻探设备必须采用矿用防爆型液压钻机,需有 MA 标志及防爆合格证,应采用湿式钻孔,不得干钻。人员必须经过瓦斯专业培训,熟练运用相关仪器等进行瓦斯相关参数测定,具有煤矿井下从业 3 年以上工作经历,具备煤矿钻探防突作业特种作业资格证,能正确处理钻进过程中遇到的各种突发情况如瓦斯喷涌出、瓦斯浓度急剧升高、因动力瓦斯引起的非正常卡钻、顶钻等情况。钻探人员配备隔离式自救器进行钻探作业,预防钻探过程瓦斯突出时,能够施行自救互救。

②施钻期间,为了防止瓦斯压力作用下掌子面有碎石块等高速喷出物对施钻人员及钻机等造成的伤害,在钻机前方增加迎面支护,以保障人员和设备的安全。

③钻孔直径不宜小于 65 mm,取芯钻孔直径不宜小于 76 mm,钻孔深度不宜小于 50 m,前后两循环钻孔水平搭接长度不小于 5 m。钻孔过程中应观察记录孔口瓦斯浓度、排出的浆液、煤(岩)屑变化情况、喷孔和顶钻等信息。每个超前钻孔结束后均应及时整理钻孔原始记录表和成果图,以指导施工,瓦斯隧道超前地质钻探指导施工流程如图 4-8 所示。当超前钻孔探测煤层时,应在距煤层垂距 20 m 前布置钻孔进行初探,钻孔数不应小于 1 个。在距煤层垂距 10 m 的位置再次布置钻孔探测,钻孔数不应少于 3 个,其中一个孔采取取芯钻进并进行地质编录、钻孔内瓦斯浓度、瓦斯流量、瓦斯压力的检测,必要时取煤样进行测试。超前钻探现场施工照片如图 4-9 所示。

在煤(岩)与瓦斯突出危险性的地层中施工时,应加强地质分析及预测预报工作。在接近突出煤层前应实施超前探孔,超前探孔应符合下列规定:

①接近煤层前,在掌子面距煤层最小法向距离≥20 m 时进行超前探孔,探孔数量不应少于 3 个,且至少有 1 个钻孔需要取芯。

②超前探孔应穿透煤层(或煤组)全厚且进入顶(底)板不小于 0.5 m,钻孔直径不宜小于 76 mm。当超前探孔兼作预测钻孔时应测定煤层瓦斯压力或含量等参数。

③观察并记录探孔过程中的瓦斯动力现象、孔口排出的浆液、煤屑变化情况。

④记录岩芯资料,按各孔见煤、出煤点确切位置,计算煤层的厚度、倾角、走向及与隧道的相对位置关系,并分析煤层顶、底板岩性及地质构造。

```
          ┌──────────────────┐
          │     施工准备      │
          └──────────────────┘
                   │
          ┌──────────────────┐
          │  瓦斯超前地质探测孔  │
          └──────────────────┘
                   │
          ┌──────────────────┐        无
          │  检测孔内是否有瓦斯  │──────────────────┐
          └──────────────────┘                  │
             │              │                   │
    ┌──────────────┐  ┌──────────────────┐      │
    │  观察瓦斯动力现象  │  │  检测孔内瓦斯涌出量  │      │
    └──────────────┘  └──────────────────┘      │
       │        │              │               │
 ┌─────────┐ ┌──────────┐   ◇─────────◇         │
 │ 孔口瓦   │ │钻孔过程有夹钻、│  ╱  单孔≥  ╲        │
 │ 斯浓度   │ │顶钻、顶水、喷孔│ ◇  4 L/min  ◇       │
 │ <0.3%   │ │等动力现象   │  ╲         ╱        │
 └─────────┘ └──────────┘   ◇─────────◇         │
      │          │         是│        否│        │
 ┌─────────┐ ┌──────────────┐ │         │        │
 │         │ │停止掘进。施工排│ │         │        │
 │ 加强通风  │ │放孔进行瓦斯自然│◄┘         │        │
 │ 自然排放  │ │排放。若24 h内单│          │        │
 │         │ │孔瓦斯涌出量、压│          │        │
 │         │ │力未降低,应立即│          │        │
 │         │ │封闭另做专门处理│          │        │
 └─────────┘ └──────────────┘          │        │
      │          │                    │        │
      └──────────┴────────────────────┴─┬──────┘
                                    ┌─────────┐
                                    │  正常开挖  │
                                    └─────────┘
```

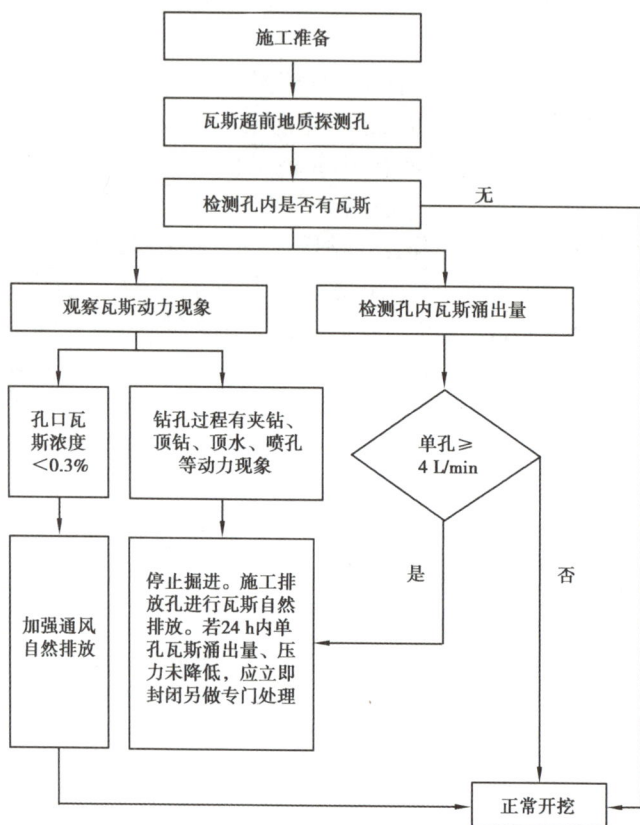

图 4-8　瓦斯隧道超前地质钻探指导施工流程

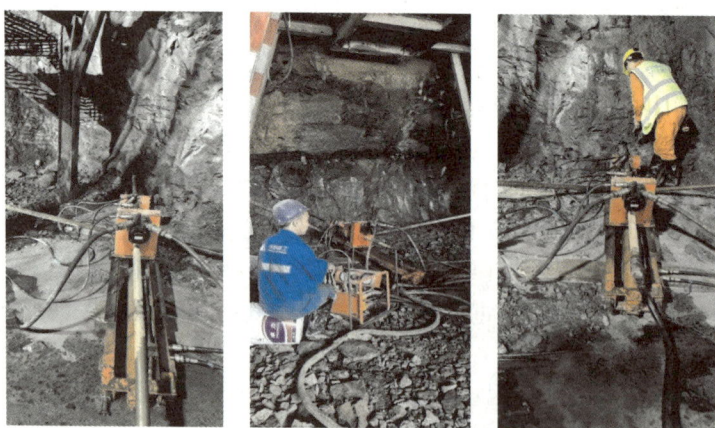

图 4-9　瓦斯隧道超前地质钻探

2）煤系地层瓦斯钻探钻孔布置

高瓦斯地层、煤（岩）与瓦斯突出地层超前钻孔不应少于 3 个（图 4-10）；微瓦斯地层、低瓦斯地层超前钻孔可布置 1～3 个（图 4-11、图 4-12）。钻进方向宜与煤（岩）层层面大角度相交。当超前钻孔探测煤层时，应在距煤层法向距 20 m 的位置进行初探，钻孔数不应小于 1 个。在距煤层法向距 10 m 的位置再次探测，钻孔数不应少于 3 个，其中一个孔采取取芯钻进并进行地质编录、钻孔内瓦斯浓度、瓦斯流量、瓦斯压力的检测，必要时对煤样进行试验。

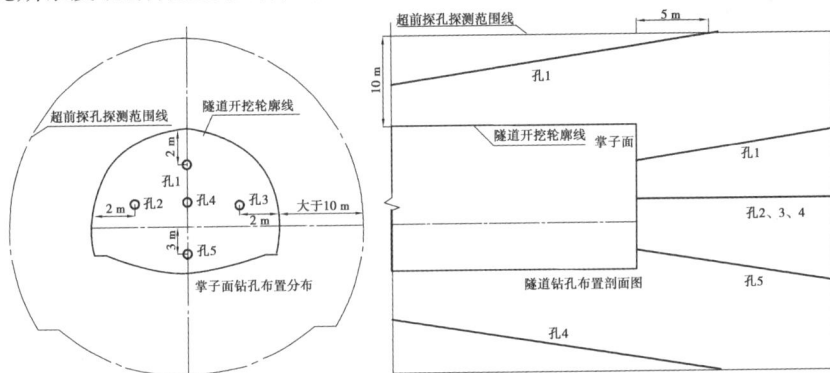

图 4-10　高瓦斯地层、煤（岩）与瓦斯突出地层瓦斯超前钻孔布置图

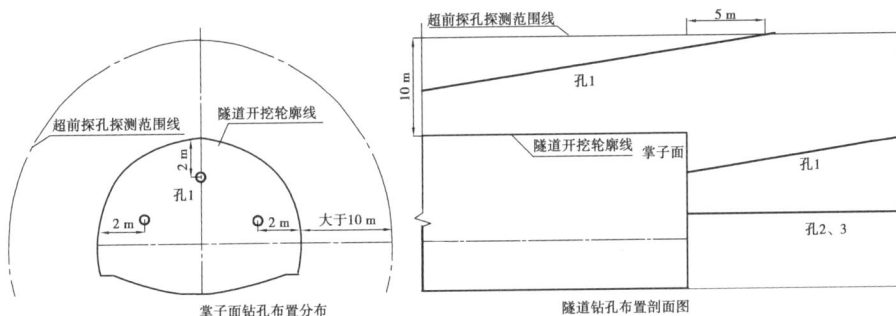

图 4-11　微瓦斯地层、低瓦斯地层瓦斯超前钻孔（3 孔）布置图

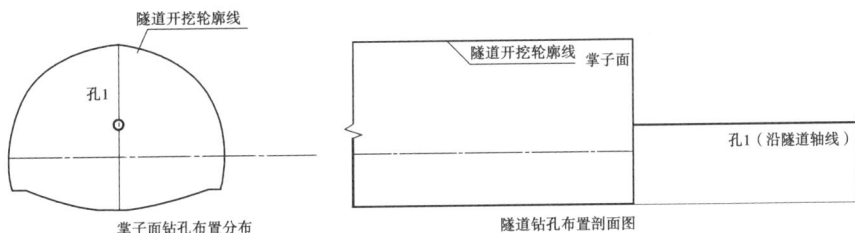

图 4-12　微瓦斯地层、低瓦斯地层瓦斯超前钻孔（1 孔）布置图

3）非煤系地层瓦斯钻探钻孔布置

由于非煤系地层瓦斯隧道具有瓦斯涌（突）出地点、涌（突）压力、涌（突）出量等不确定性,同时具有突发性和随机性的特点,其预测防控难度较大,危害程度较高,因此在对非煤系地层中隧道受断层、褶皱等不良地质构造影响段落瓦斯进行钻探时,一律布置 5 个钻孔,并呈梅花形布孔。布孔方式如图 4-10 所示。其他段落布设 3 个钻探孔,布孔方式如图 4-11 所示。

4）钻探钻孔检测内容

①煤系地层钻探时:钻探期间应观察并记录探孔过程中的瓦斯动力现象、孔口排出的浆液、煤（岩）屑变化情况。记录岩芯资料,按各孔见煤、出煤点确切位置,或者监测到瓦斯浓度的位置,计算煤层的厚度、倾向、走向及与隧道的相对位置关系,并分析煤层顶、底板岩性及地质构造。当钻孔瓦斯浓度较高时或超前钻孔过程中出现瓦斯动力现象时,则需测定瓦斯含量,压力,流量,衰减系数等参数（参照防突措施进行）。

②当瓦斯出现异常时:需要对钻孔中的瓦斯进行检测。在深孔钻探中每循环超前钻孔施工过程中记录每米钻孔岩性、钻进情况、瓦斯涌出情况。钻孔施工完成后对前方岩体的瓦斯压力、钻孔瓦斯涌出流量、钻孔瓦斯涌出衰减系数进行测定,并预计隧道在开挖过程中可能产生的瓦斯涌出量。钻孔瓦斯涌出量,以及钻孔瓦斯涌出衰减系数采用容积式流量计进行测定计算。

③非煤系地层钻探时:需要探明掌子面前面的构造、瓦斯的赋存状态（囊状瓦斯、裂隙瓦斯、岩溶瓦斯）及不良地质体。当钻孔瓦斯浓度较高时或超前钻孔过程中出现瓦斯动力现象时,则需测定瓦斯含量,压力,流量,衰减系数等参数（参照防突措施进行）。

4.2 隧道瓦斯危险性预测

4.2.1 煤（岩）层涌（突）出危险性预测方法

1）煤（岩）与瓦斯突出预兆

多数煤（岩）与瓦斯突出事例发生前,都会出现各种不同的有声或无声预兆。在统计的我国煤矿 5 029 次有明确突出预兆记载的突出事例中,有 4 493 次突出发生前有突出预兆,占 89.3%,无突出预兆仅有 536 次,占 10.7%。因此,熟悉掌握煤(岩)与瓦斯突出,对防止突出造成人员伤亡具有十分重要的意义。

突出预兆大体可分为 3 个方面:

①地压显现方面的预兆有:煤(岩)炮声、支架声响、掉渣、岩煤开裂、底鼓、岩与煤自行剥落、煤(岩)壁外鼓、来压、煤(岩)壁颤动、钻孔变形、垮孔顶钻、夹钻杆、钻粉量增大、钻机过负荷等。

②瓦斯涌出方面的预兆有:瓦斯涌出异常、瓦斯浓度忽大忽小、煤(岩)尘增大、气温与气味异常、打钻喷瓦斯、喷煤(岩)、哨声蜂鸣声等。

③煤力学性能与结构方面的预兆有:层理紊乱、煤强度松软或软硬不均、煤暗淡无光泽、煤厚变化大、倾角变陡、波状隆起、褶曲、顶、底板阶状凸起、断层等。

2)突出危险性预测方法

开挖工作面煤(岩)与瓦斯突出的判识应以瓦斯压力法或瓦斯含量法作为主要预测方法,并至少选取下列一种其他方法辅助验证,且宜选用便于现场操作实施的方法进行。

①瓦斯压力法。

②瓦斯含量法。

③钻屑指标法。

④综合指标法。

⑤R 值指标法。

⑥钻孔瓦斯涌出初速度法。

开挖工作面突出危险性预测方法中有任何一项指标超过临界指标,该工作面可定为突出危险工作面。预测临界指标值可参照表 4-4 中所列突出危险性临界值。

表4-4 突出危险性预测指标临界值

预测指标	瓦斯压力/MPa	瓦斯含量/(m³·t⁻¹)	综合指标		钻屑瓦斯解吸指标				R值指标	钻孔瓦斯涌出初速度/(L·min⁻¹)
			D	K	Δh_2 指标临界值/Pa		K_1 指标临界值/$[mL·(g^{-1}·min^{-\frac{1}{2}})]$			
临界值	0.74	8	0.25	无烟煤	干煤样	湿煤样	干煤样	湿煤样	6	5
				其他煤种						
				20	15	200	160	0.5	0.4	

4.2.2 非煤系地层瓦斯涌(突)出危险性预测方法

1)危险性预兆

非煤系地层(涌)突出前一般具有有声预兆或无声预兆。其中有声预兆有：

①响岩炮：在岩层内发出像机关枪、炮击的声音。

②突然压力显现声：发出"咔咔"的响声，或发出劈裂折断的响声，手摸岩壁能感到冲击和震动；有岩层的破裂声；有时会听到气体穿过含水裂缝时的"吱吱"声等。

无声预兆有：

①压力增大：片帮、掉渣、岩壁向外鼓，岩层自行剥落。

②瓦斯及温度变化：瓦斯涌出异常，忽大忽小，粉尘增大，气味异常，发闷，打钻时喷瓦斯，岩壁发冷，气温下降等。应当指出的是，上述预兆，并不是在每次突出之前都同时出现，而是仅仅出现一种或几种。

2)突出危险性预测方法

非煤系地层瓦斯突出危险性预测就是在隧道开挖掌子面施作超前钻孔，并通过一系列的检测、测试手段获得钻孔瓦斯的压力、流量、含量、衰减系数等基本参数，据此判定隧道开挖掌子面前方的瓦斯突出危险性。超前钻孔是在隧道中使用防爆型液压钻机，在开挖面上沿隧道行进方向进行钻孔，在钻孔过程中，根据所获得的钻孔资料来判断掌子面前方的地质状况及瓦斯情况。为隧道瓦斯灾害防控提供参考依据。非煤系地层岩石与瓦斯突出隧道超前钻孔应为

5 个。

对非煤系地层岩石与瓦斯突出的预测应以瓦斯压力法或瓦斯含量法作为主要预测方法,并至少选取下列一种其他方法辅助验证,且宜选用便于现场操作实施的方法进行。

①瓦斯压力法。

②瓦斯含量法。

③钻孔瓦斯涌出初速度法。

开挖工作面突出危险性预测方法中有任何一项指标超过临界指标,该工作面可定为突出危险工作面。预测临界指标值可参照表 4-5 中所列突出危险性临界值。

表 4-5　突出危险性预测指标临界值

预测指标	瓦斯压力/MPa	瓦斯含量/$(m^3 \cdot t^{-1})$	钻孔瓦斯涌出初速度/$(L \cdot min^{-1})$
临界值	0.74	8	5

3)非煤系地层瓦斯压力测定方法

瓦斯压力的测定方法按测压方式(测压时是否向测压孔内注入补偿气体)可分为主动测压法和被动测压法;按测压钻孔封孔的材料不同可分为胶囊(胶圈)-密封黏液封孔测压法和注浆封孔测压法。

测压孔应遵守下列规定:

①在隧道开挖工作面钻孔,孔径一般宜为 65 ~ 95 mm,钻孔长度应保证测压所需的封孔深度。

②测压孔施钻完成后,清除孔内积水和岩屑,放入一根刚性导气管,立即进行封孔。

③在钻孔施工中应准确记录钻孔方位、倾角、长度,实时检测钻孔内瓦斯浓度。

测压钻孔施工完后应在 24 h 内完成钻孔的封孔工作,在完成封孔工作 24 h 后进行测定工作。

采用主动测压时,只在第一次测定时向测压钻孔充入补偿气体,补偿气体的充气压力宜为预计的岩层瓦斯压力的 1.5 倍;采用被动测压法时,不进行气体补偿。

采用环形胶圈、黏液或水泥砂浆等封孔测压时,可按下列步骤进行:

①在钻孔内插入带有压力表接头的紫铜管,管径为 6 ~ 20 mm,长度不小于

7 m。岩石硬而无裂隙时封孔长度不宜小于 5 m,岩石松软或裂隙发育时应增加。

②将经炮泥机挤压成型的特制柱状炮泥送入孔内,柱状炮泥末端距紫铜管末端 0.2 ~ 0.5 m,每次送入 0.3 ~ 0.5 m,用堵棍捣实。

③每堵 1 m 黏土柱打入 1 个木塞,木塞直径小于钻孔直径 10 ~ 15 mm。打入木塞时应保护好紫铜管,防止折断。

观测与测定结果的确定:

①采用主动测压法时应每天观测一次测定压力表,采用被动测压法应至少 3 天观测一次测定压力表。

②将观测结果绘制在以时间(d)为横坐标、瓦斯压力(MPa)为纵坐标的坐标图上,当观测时间达到规定时,如压力变化在 3 d 内小于 0.015 MPa,测压工作即可结束;否则,应延长测压时间。

③在结束测压工作、撤卸表头时应测量从钻孔中放出的水量,如果钻孔与含水层、溶洞导通,则此测压钻孔作废并按有关规定进行封堵;如果测压钻孔没有与含水层、溶洞导通,则需对钻孔水对测定结果的影响进行修正,修正方法可根据测量从钻孔中放出的水量、钻孔参数、封孔参数等进行。

测定结果的确定:

$$P = P_0 + P' \tag{4.5}$$

式中　P——测定的煤(岩)层瓦斯压力值,MPa;

P_0——测定地点的大气压力值,MPa;大气压力的测定应采用空盒气压计进行测定,空盒气压计应遵循标准《空盒气压计》(QX/T 26—2017)的相关规定;

P'——测压孔内的煤(岩)层瓦斯压力(修正)值,MPa。

同一测压地点以最高瓦斯压力测定值作为测定结果。

4)非煤系地层钻孔瓦斯涌出初速度测定方法

测定钻孔瓦斯涌出初速度时,采用煤矿用液压防爆钻机在开挖掌子面钻孔,钻到预定深度后,快速完成推杆,送入封孔器,充气封孔进行测试。主要测定仪表及工具有:钻孔瓦斯涌出初速度测定装置一套、水银温度计(0 ~ 50 ℃)、管钳、秒表、高压气枪、地质罗盘、卷尺、流量计等仪器设备。

钻孔完成后,插入钻孔瓦斯涌出初速度测定装置。启动秒表,在 2 min 后开始读取瓦斯涌出量值,然后关闭通向煤气表的阀门,读出压力表上显示的瞬间解吸压力值。当钻孔瓦斯涌出初速度达 5 L/min 时,隧道前方具有瓦斯突出危险性。当钻孔瓦斯涌出量小于 5 L/min 时,在第 5 min 后应继续读取 1 min 瓦斯涌出量并计算衰减系数,当衰减系数 α 小于或等于 0.65 时,隧道前方有瓦斯突出危险性。

初速度测定装置的封孔压力必须保持 0.25 MPa 以上,保证封孔严密,初速度测试结果准确。

初速度测定装置各段连接处,应配有胶垫,保证气密性。测试管胶端的小孔应通畅无阻,应避免岩粉堵塞小孔造成涌出量降低。

钻孔瓦斯涌出初速度测定方法的具体操作步骤和要求可参考《钻孔瓦斯涌出初速度的测定方法》(MT/T 639—2019)和《防治煤与瓦斯突出规定》中第七十六条相关规定。

4.3　隧道瓦斯灾害主动防控

隧道内的瓦斯防治可分为:主动防治和被动防治。主动防治主要是指在隧道掌子面未开挖前方,瓦斯尚未被揭露涌(突)出之前,采用瓦斯隧道超前深孔预测预报技术,探明掌子面未开挖前方的区域地质构造、围岩完整性、瓦斯赋存情况(瓦斯压力、流量、衰减系数)、地下水富集等状况,若发现压力达到 0.74 MPa 及以上时,应主动采取排放、抽放等防治措施对瓦斯等进行防突处理,主动防治主要措施有超前深孔预测预报、超前钻孔排放、抽放等综合防突措施、严格的爆破开挖作业等。

4.3.1　煤系地层瓦斯隧道涌(突)出主动防控措施

通过超前地质预报,对掌子面前方承压瓦斯带进行定位,当在距离承压瓦斯带法线距离 20 m 以上时,对开挖掌子面前方承压瓦斯带的突出危险性进行预测,若无突出危险性则可直接正常爆破;当掘进至承压瓦斯带最小法向距离 2 m 处,应再进行一次预测,预测没有危险时进行掘进。若预测有突出危险,则施工至承压瓦斯带 10 m 法线距离时再次进行突出危险性预测,若无突出危险则施工至承压瓦斯带前方 5 m 处再次进行预测;若有突出危险性则采取相应的消突措施,并进行防突措施效果检验,直至无突出危险后方可继续掘进。当施工至承压瓦斯带 5 m 垂距处时再次进行突出危险性预测,若无突出危险则施工至承压瓦斯带前方 2 m 处再次进行预测；若有突出危险性，同样需要采取相应的消突措施，并进行防突措施效果检验，直至无突出危险后方可继续掘进；无突出危险时可继续掘进。但进入距承压瓦斯带法线距离 20 m 以内时，全部采用远距离放炮。以上过程为"四位一体"综合防突措施（图 4-13）。

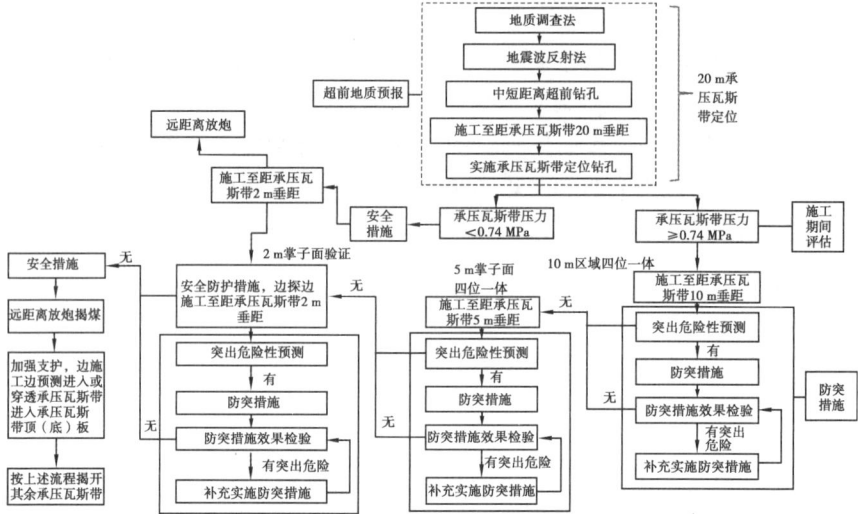

地质调查法
地震波反射法
中短距离超前钻孔
施工至距承压瓦斯带20 m垂距
实施承压瓦斯带定位钻孔
超前地质预报
20 m承压瓦斯带定位

远距离放炮
施工至距承压瓦斯带2 m垂距
安全措施
承压瓦斯带压力<0.74 MPa
承压瓦斯带压力≥0.74 MPa
施工期间评估

2 m掌子面验证
安全措施
无
远距离放炮揭煤
加强支护，边施工边预测进入或穿透承压瓦斯带进入承压瓦斯带顶（底）板
按上述流程揭开其余承压瓦斯带

安全防护措施，边探边施工至距承压瓦斯带2 m垂距
突出危险性预测
防突措施
防突措施效果检验
有突出危险
补充实施防突措施
无

5 m掌子面四位一体
施工至距承压瓦斯带5 m垂距
突出危险性预测
防突措施
防突措施效果检验
有突出危险
补充实施防突措施
无

10 m区域四位一体
施工至距承压瓦斯带10 m垂距
突出危险性预测
有
防突措施
防突措施效果检验
有突出危险
补充实施防突措施
无
防突措施

图 4-13　四位一体综合防突措施

为了有效防止隧道揭煤发生煤（岩）与瓦斯突出，确保隧道安全掘进，隧道在掘进揭煤时必须采取防突措施。为了获得足够的岩柱来抵抗煤（岩）层的瓦斯压力及地应力的作用，防突措施需在距煤层最小法向距离 7 m 前（在地质构造破坏带应适当加大距离）实施。

1）防突措施方法

对于煤矿行业来说，区域防突措施主要有开采保护层和预抽煤层瓦斯两种方法。开采保护层也称为开采解放层，它是指首先开采与突出煤层邻近而又无突出危险的煤层（即保护层），由于采动影响使突出煤层瓦斯压力、瓦斯含量大幅降低，煤层透气性显著提高，大量高压瓦斯释放从而消除突出煤层的突出危险。开采保护层是迄今为止防突上最有效、最经济的区域性措施。预抽煤层瓦斯实质是将煤层瓦斯抽出来，降低煤层瓦斯压力和瓦斯含量，相应地增加煤体抵抗破坏的能力，达到消除或减弱突出危险的目的。预抽煤层瓦斯主要有两个方面的效果：第一，通过抽放可以降低煤层中的瓦斯，减少煤（岩）与瓦斯突出的原动力；第二，煤体中瓦斯的抽出，导致了煤体的致密性增加，增强了煤体抵抗破坏的能力，其消除突出的机理如图 4-14 所示。

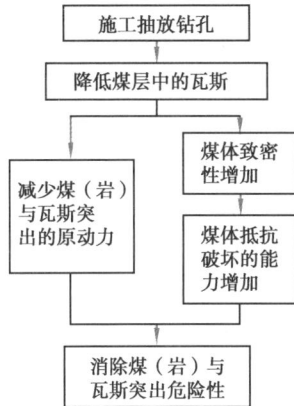

图 4-14　预抽煤层瓦斯消除突出危险原理图

对于隧道来说,无保护层开采,因此无法使用该方法。只有通过预抽煤层瓦斯来消突,防突措施需在距离煤层最近的开挖掌子面实施。不同煤层的预抽瓦斯钻孔控制范围及钻孔布置如下所述。

（1）**急倾斜煤层**

预揭煤层倾角越大,隧道轮廓线下帮煤体在自重的作用下,起到一定程度上的抑制煤(岩)与瓦斯突出的作用。因此,急倾斜煤层下帮要求控制煤体范围稍小,为不小于 6 m(煤层线方向距离),而隧道轮廓线的左帮、右帮及上帮要求控制范围不小于 12 m,且控制范围的外边缘到隧道轮廓线的最小法向距离不小于 5 m,如图 4-15 所示。

（2）**其他倾角煤层**

预揭其他倾角煤层时隧道轮廓线下帮由于倾角较小,很难抑制煤(岩)与瓦斯突出。因此,隧道轮廓线外左帮、右帮、上帮和下帮的控制范围均要求不小于 12 m(煤层线方向距离),且控制范围的外边缘到隧道轮廓线的最小法向距离不小于 5 m。但对于隧道开挖断面较大且煤层倾角较小的煤层来说,如图 4-16 所示,由于钻孔长度限制,一个循环不能完全控制揭煤区域的煤层,一般采取多循环抽放方式,即预抽 1 个循环,经区域效果检验有效后开挖至一定距离,再进行第二循环预抽瓦斯,依次逐步完成区域预抽,在采取此种方式预抽煤层瓦斯时,为了确保开挖的安全,要求每个循环之间需留有至少 10 ~ 15 m 的超前距。

预抽瓦斯钻孔的孔径一般为 $\phi 65 \sim \phi 105$,钻孔终孔间距一般根据煤(岩)层透气性系数来设置,煤(岩)层透气性越好,终孔间距越大;煤(岩)层透气性越差,终孔间距越小,一般为 3 ~ 10 m。在施工预抽钻孔时,为了保证抽放效率,钻孔开孔间距不得小于 200 mm,若掌子面抽放钻孔太多,可以在掌子面两侧各设置一个钻场,将钻孔布置在钻场内。

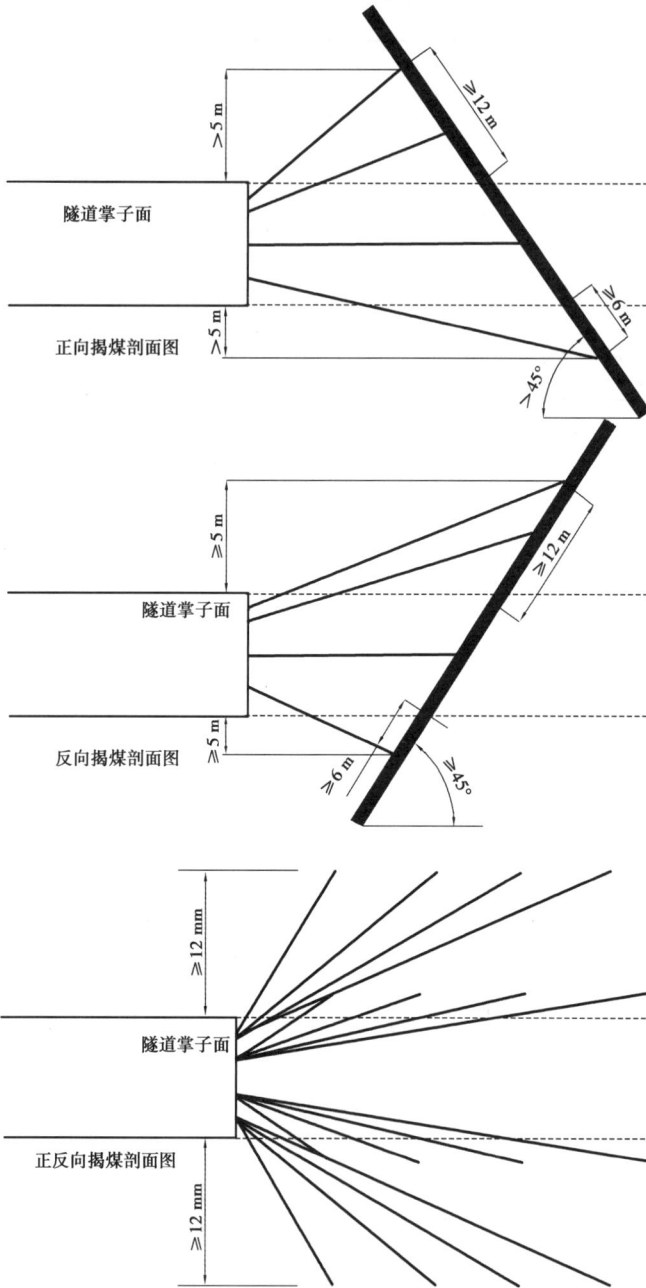

图 4-15　急倾斜煤(岩)层预抽钻孔布置图

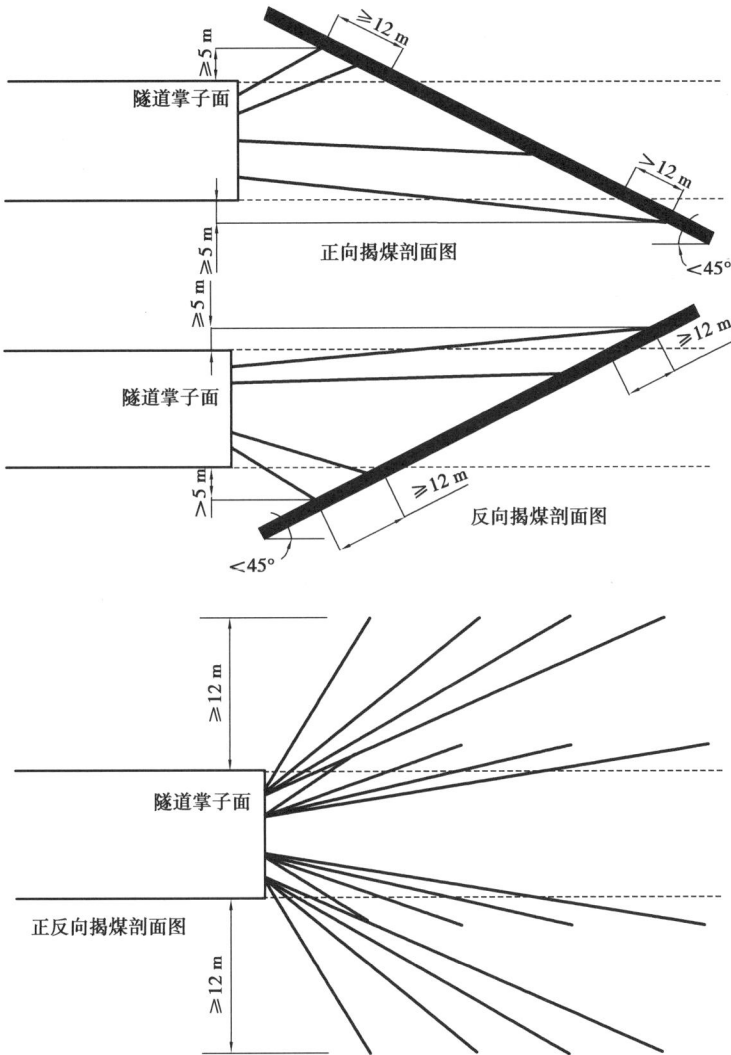

图 4-16　倾斜、缓倾斜煤(岩)层一次控制预抽钻孔布置示意图

2)钻孔施工

预抽钻孔均匀控制揭煤区域煤(岩)层,能有效减少揭煤时间,提高揭煤效率。公路隧道预抽煤(岩)层瓦斯钻孔数量多,工程量大,要求现场施工必须严格按照设计施工,钻孔施工的整个过程中必须有技术人员现场跟班指导。确保钻孔的方位倾角、孔深等参数达到超前孔设计的要求,同时记录钻孔见煤岩情

况,抽放钻孔施工完成后应当及时绘制钻孔成果图。

预抽钻孔孔径一般要求大于 65 mm,当钻孔穿过煤(岩)层后进入岩石 0.5 m 左右方可停止钻进,用水清理干净钻孔后退去钻杆,钻孔施工完毕,为了防止暴露时间过长而引起的钻孔塌孔或掌子面瓦斯超限,完成施工的钻孔需立刻验收和封孔并接入抽放管路。

3)钻孔封孔

预抽煤(岩)层钻孔的封孔方法的选择应根据抽放方法及孔口处岩性及构造等因素综合确定,因地制宜地选用封孔方法。按照封孔材料的不同,预抽钻孔的封孔一般分为注浆封孔和聚氨酯材料封孔两种。水平钻孔和倾斜钻孔封孔工艺分别如图4-17和图4-18所示。

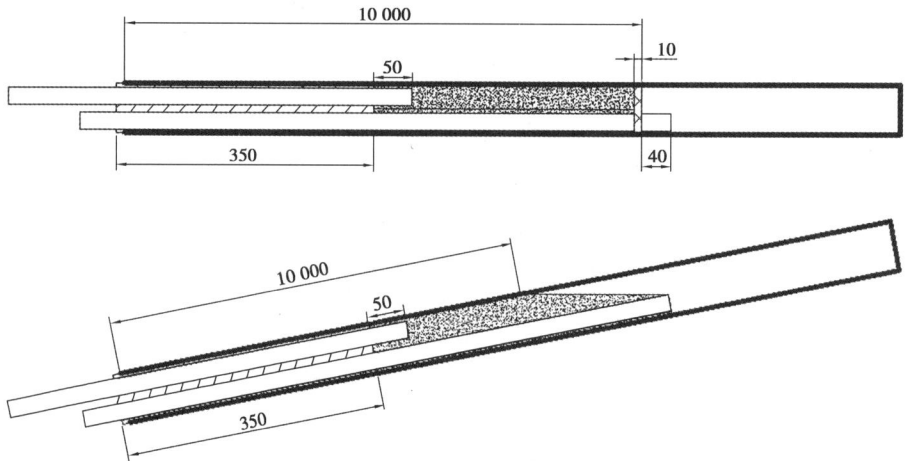

图4-17 水平钻孔及倾斜钻孔封孔示意图

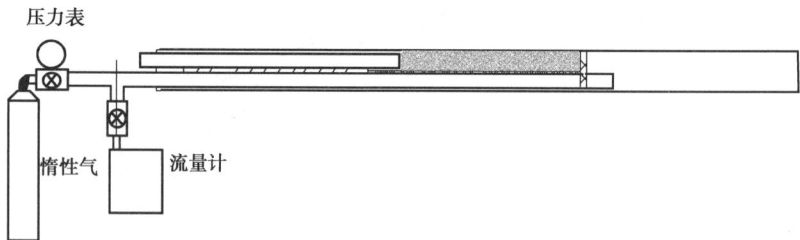

图4-18 钻孔瓦斯参数测试工艺

注浆封孔主要是采用注浆泵将水泥注入预抽钻孔中,由于浆液具有自重,因此注浆封孔法一般适合于具有一定角度的上向孔。

注浆封孔要求包括:由于公路隧道断面大,导致隧道围岩破碎圈也较大,因此,为了确保抽放质量,要求封孔的深度一般不得小于 6 m;注浆时,为了提高注浆质量,浆液浓度要适中,对于 65 mm 直径的预抽钻孔,一般 50 kg 水泥所形成的水泥浆可封孔 8 m 左右;注浆完毕接抽后,需要对每个钻孔制作一个抽放牌,悬挂在抽放钻孔上,以随时对单孔的抽放效果进行跟踪了解和分析。近些年,大力推广"两堵一注"的带压封孔工艺,也即采用 A、B 两种化学成分的封孔液注入封孔器两端胶囊,A、B 液混合后膨胀固化,堵住封孔器两端,然后再用压力不小于 2 MPa 的封孔泵将浆液泵入封孔器内,使浆液压力可升高到略小于 2 MPa,封孔效果极大提高,也适用于任何倾角钻孔的封孔。

聚氨酯材料封孔是指采用双组分有机高分子材料形成的树脂-即聚氨酯材料进行封孔。目前聚氨酯封孔材料种类较多,主要以马丽散为最常见,马丽散聚氨酯封孔材料分为 A 料和 B 料,也称为黑白料。在使用时将 A 料和 B 料按照 1:1 的体积比混合后注入钻孔,A 料和 B 料混合后在十几秒内开始产生聚合反应形成化合物,具有高度黏合力和膨胀性。

聚氨酯封孔材料适合快速密封不同深度、孔径及角度的瓦斯孔和注水孔,是代替水泥、黄泥的新型封孔材料,聚氨酯封孔材料使用极为方便,无需复杂操作,封孔十分快捷,是一种理想的抽放钻孔封孔材料。

揭煤局部综合防突措施是在工作面突出危险性预测时,对有突出危险的煤(岩)层所采取的局部范围内的防突措施,工作面防突措施不同于区域防突措施,它的作用在于使工作面前方小范围内煤体丧失突出危险性,其有效作用范围一般仅限于当前工作面周围的较小区域。工作面防突措施是针对经工作面预测尚有突出危险的揭煤掌子面,工作面防突措施主要有抽放瓦斯、排放瓦斯钻孔、水力冲孔、金属骨架和煤体固化等措施。其中抽放瓦斯、排放瓦斯主要解决抽采瓦斯局部不达标、或放炮瓦斯超限的问题;水力冲孔用于煤层较软的条件,煤层较硬时可采用水力割缝等方法,目的是增加抽排瓦斯效果;在采用了其他防突措施并检验有效后,可在揭穿煤层的过程中实施金属骨架和煤体固化措施。

根据工作面岩层情况,实施工作面防突措施时要求揭煤工作面与突出煤层间最小法向距离为:预抽瓦斯和排放瓦斯钻孔及水力冲孔均为 5 m;金属骨架、煤体固化措施为 2 m。当岩石破碎程度较高时,还应适当加大距离。

4)瓦斯抽放防突技术

采用专用设备和管路把煤(岩)层中的瓦斯抽放出来的方法称为瓦斯抽放。瓦斯抽放是防控煤(岩)与瓦斯突出,减少瓦斯含量,减少瓦斯涌出量,防控隧道施工过程中瓦斯超限的有效方法。

当施工掌子面绝对瓦斯出量大于 $3\ \mathrm{m^3/min}$，用通风方法解决瓦斯问题不合理时，且施工穿越具有煤（岩）与瓦斯突出危险煤（岩）层时，必须建立瓦斯抽放系统。图 4-19 展示了华蓥山隧道施工期间瓦斯抽放泵房。

图 4-19　华蓥山隧道瓦斯抽放泵房照片

为了减少和解除瓦斯对隧道施工的威胁，利用机械设备和专用管道造成负压，将煤层或岩层中存在或释放出来的瓦斯抽出来，输送到地面或其他安全地点的方法称为抽放瓦斯，目的有两方面，一是预防瓦斯超限、确保隧道的施工安全；另一方面是作为区域性或局部防突措施来使用，预防隧道揭露煤（岩）层过程中发生煤（岩）与瓦斯突出的现象。

隧道施工过程中的瓦斯抽放主要是钻孔超前预抽待揭煤（岩）层瓦斯，可以分为穿层钻孔抽放和顺煤（岩）层钻孔抽放。

顺煤（岩）层钻孔抽放瓦斯是指对隧道穿越未卸压的原始煤（岩）层进行抽放瓦斯，其抽放效果与原始煤岩层的透气性和瓦斯压力有关。煤（岩）层透气性系数越小越难抽出瓦斯，煤（岩）层抽放难易程度按表 4-6 确定。这种抽放方法常常受到施工工期的影响，抽放时间不长、抽放效果不佳，但又是有效防治煤（岩）与瓦斯突出必备的方法，因而可采取增加渗透性、利用旁侧或顶底板巷道施工顺层或穿层钻孔抽放、降低工期预期等方法。

表 4-6　瓦斯抽放难易度表

类别	百米钻孔瓦斯流量衰减系数	煤层透气性系数/($m^2 \cdot MPa^{-2} \cdot d^{-1}$)
容易抽放	<0.003	>10
可以抽放	0.003 ~ 0.05	10 ~ 0.1
难以抽放	>0.05	<0.05

穿层钻孔抽放瓦斯是在隧道施工区域,通过煤(岩)层顶板或底板巷道施工钻孔并穿透煤(岩)层进行瓦斯抽放,这种抽放方法的特点是施工方便、钻孔气密性好且抽放时间长。穿层钻孔抽放还可以充分利用煤(岩)层顶底板的密封性,从而达到较高的抽放效果。但必须在顶底板施工巷道,工程量大。

抽放瓦斯系统的建设必须有抽放瓦斯工程初步设计和施工设计,前者供上级主管部门审批立项之用,后者是工程施工的依据。编制抽放瓦斯设计要以上级批准的设计任务书和经审批的《抽放瓦斯可行性论证报告》提供的瓦斯基础参数为依据。设计任务书的主要内容包括抽放目的、抽放规模、抽放量预计、工程量和投资估算以及经济效益等,设计任务书一般由生产单位与设计单位共同编制,按隶属关系报上级批准后下达。

设计必需的基础资料:隧道施工区域的地质资料、需揭露煤(岩)层的赋存条件、周围邻近矿井开采相同煤(岩)层过程中的瓦斯情况[包括实测煤(岩)层瓦斯压力、含量等]基本参数,以及根据施工需要确定抽放率等。

①抽放瓦斯的可行性论证:隧道建立抽放瓦斯系统时,应进行瓦斯抽放的可行性论证,且论证报告应由专业科研机构编写。抽放瓦斯可行性论证报告应详细阐述抽放瓦斯的必要性与可行性。其主要内容包括隧道施工区域地质与煤(岩)层赋存条件,开挖方式,瓦斯涌出情况,瓦斯储量与可抽瓦斯量计算,抽放方案与抽放量预计,抽放规模与抽放服务年限,投资估算与经济效益评价以及瓦斯利用等。

②抽放瓦斯工程设计的编制:抽放瓦斯工程设计包括设计说明书、机电设备与器材清册、投资概算和施工图纸 4 个部分。设计说明书内容包括隧道概况、施工区域含瓦斯煤、岩层的基础资料、抽放参数的计算、瓦斯泵站的建设、供电系统与设备、劳动组织与经济技术指标等;机电设备与器材清册要详列全部瓦斯抽放工程所需的设备和主要器材的名称、型号、规格、数量等;投资概算书详列各项目名称与金额,包括土建工程、主要材料、设备和安装施工费,价差预

备费,建设贷款利息,国家或上级规定的气体费用以及总投资等;施工图纸主要有泵房建设、设备安装、供水、供电、采暖、照明、抽放瓦斯钻孔布置、钻孔施工与密封、瓦斯管路系统与安装、抽放瓦斯监控与安全设施安装等施工图纸。

③抽放系统的构成:预抽钻孔经封孔后,需接入瓦斯抽放系统中,完整的抽放系统应由抽放管路系统和抽放泵房系统组成,如图4-20所示。

④抽放管路系统:主要包括抽放管汇支管扫把头系统(图4-21)、孔板流量参数测定系统(图4-22)、支管汇主管系统(图4-23)。

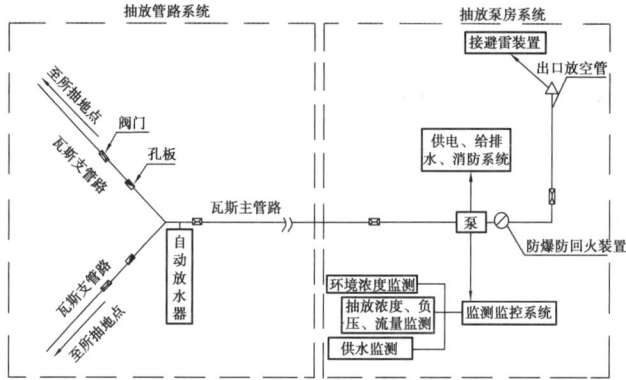

图 4-20　抽放瓦斯系统示意图

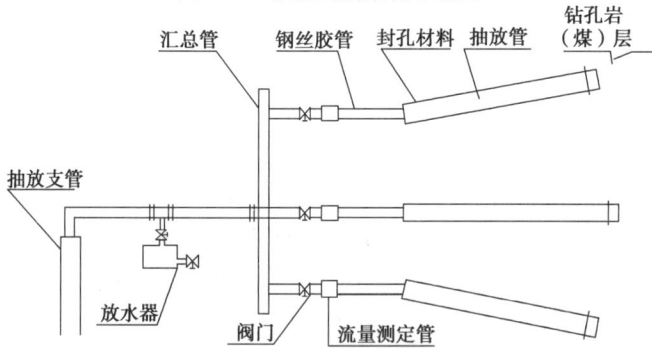

图 4-21　抽放管汇支管扫把头系统

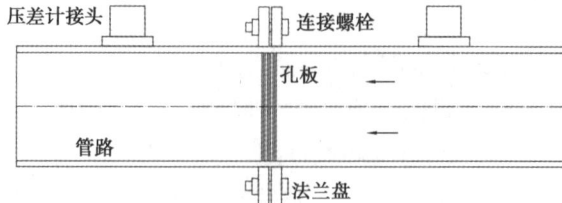

图 4-22　孔板流量计参数测定示意图

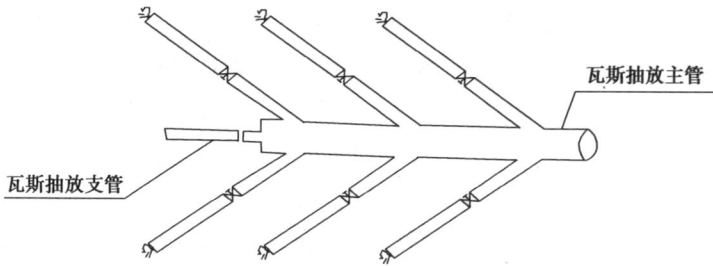

图 4-23　支管汇主管系统

⑤抽放泵房系统：主要包括抽放泵、监控系统、供电、给排水、消防系统、防爆避雷系统等，如图 4-24 所示。

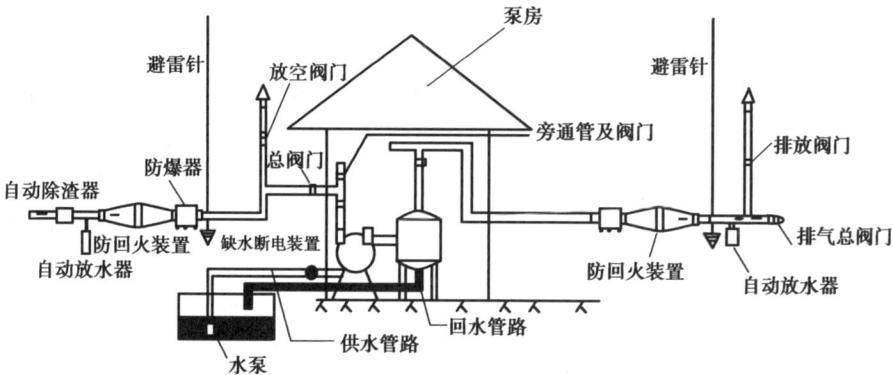

图 4-24　抽放泵房示意图

⑥抽放泵房建设：抽放泵房场地选址应符合以下要求：抽放泵房距隧道口距离应大于 30 m，并用围墙隔离，同时保证泵房周围 20 m 范围以内严禁明火；泵站位置便于利用瓦斯和敷设管路；场地运输、水和供电方便；场地不受洪涝威胁且工程地质条件可靠，没有滑坡、溶洞、断层破碎带及塌陷区。

抽放泵房设计前，根据建、构筑物重要性和荷载情况对场地进行施工阶段详细勘察。并根据《中国地震动参数区划图》（GB 18306—2015），确定所属区域地震基本烈度，根据相关建筑物抗震设计规范确定抗震烈度。应在抽采站房房顶上设置避雷针，并引下接地，达到防雷的目的。

按相关规定，在瓦斯抽采站房顶设置避雷带防感应雷。在变配电所设工作接地，接地电阻小于 4 Ω；在瓦斯抽采站分别设防雷接地和防感应雷接地，接地电阻均小于 10 Ω。瓦斯泵房设架空避雷线防直击雷。避雷针直接顺杆引下线与接地极板焊接接地，接地电阻小于 4 Ω。建筑物内的设备、管道、构架、电缆金属外皮、钢屋架、钢窗等较大金属物和凸出屋面的放散管、风管等金属物，均应接到防雷电感应的接地装置上,接地电阻小于 10 Ω。

此外,处于山区的隧道施工地点,雷害比较严重,避雷要注意以下几点:泵房房顶应安防雷网;避雷针接地电阻不得大于 4 Ω,达不到要求的要增加接地极;瓦斯抽采泵房内所有设备的金属外壳都应接地,金属走线架、水管等金属物必须接地;为防止井下瓦斯抽采管路带电,瓦斯抽采管路在井口处设置不少于两处的良好集中接地装置;瓦斯抽采泵供电采用四芯电缆,其中一芯接地;防雷设施施工设计必须由具有专业资质的相关部门或设计单位进行设计、安装。

抽放泵房应配备消防设施,可利用给水管网作为消防水源。室外消防系统采用临时高压消防系统,消防水量按火灾延续时间计算。在抽放泵站工业场地内沿道路布置环状生活消防合用管网,并设置室外地下式消火栓。此外还应配备手提式磷酸铵盐干粉灭火器具和消防斧、消防桶、防火衣等。

分别建立生活、消防给水系统和冷却循环给水系统,瓦斯泵的冷却用水为循环水,不向外排放,生活污水经污水管道收集进入化粪池处理后排入工业场地附近的河流。

瓦斯抽放泵站的电力负荷为矿井一级负荷,必须保证有两回路电源,且备用回路应带电,当一回路电源发生故障时,另一回路电源及时投入运行。抽放泵站电缆线路必须采用不燃电缆,电气设备选用矿用防爆型,并按有关要求装设过电流、漏电、接地保护,并经常保持灵敏可靠。在瓦斯泵站内和值班室的照明灯具选用隔爆型灯具。

抽放站生活污水需经污水管道收集处理后达到《污水综合排放标准》(GB 8978—1996)的要求后排入工业场地附近的河沟内。绿化在防治污染、保护和改善环境方面起着特殊的作用,它具有较好的调温、调湿、吸灰、吸尘、改善气候、净化空气、减弱噪声等功能;抽放泵站周围应种植速生、高大、树冠丰满的树种,设置绿化带,降低噪声和净化空气。

5)其他主动防控措施

水力冲孔方法,也即钻冲法,它是以岩柱或煤柱作为安全屏障,向有自喷能力的突出危险煤(岩)层打钻,同时送入一定压力的水,通过钻头的切割和水射流的打击破碎煤体,导致喷孔的发生,随钻孔的前进喷孔持续发生,起到卸除应力、释放瓦斯的效果,实现消除突出动力的目标。

采用水力冲孔防突措施时,钻孔应至少控制隧道轮廓线外 3～5 m 的煤(岩)层,水力冲孔局部防突措施是在最小法向距离 5 m 前进行,水力冲孔的冲孔个数一般为 6～10 个孔,根据煤(岩)层突出危险性还可适当增加冲孔数,同时,还应在控制范围内布置 2~3 个检查孔。为避免各孔之间的卸压干扰,冲孔顺序的原则是先冲掌子面外的对角孔,然后是中间孔,最后是断面内的钻孔,如图 4-25 所示。

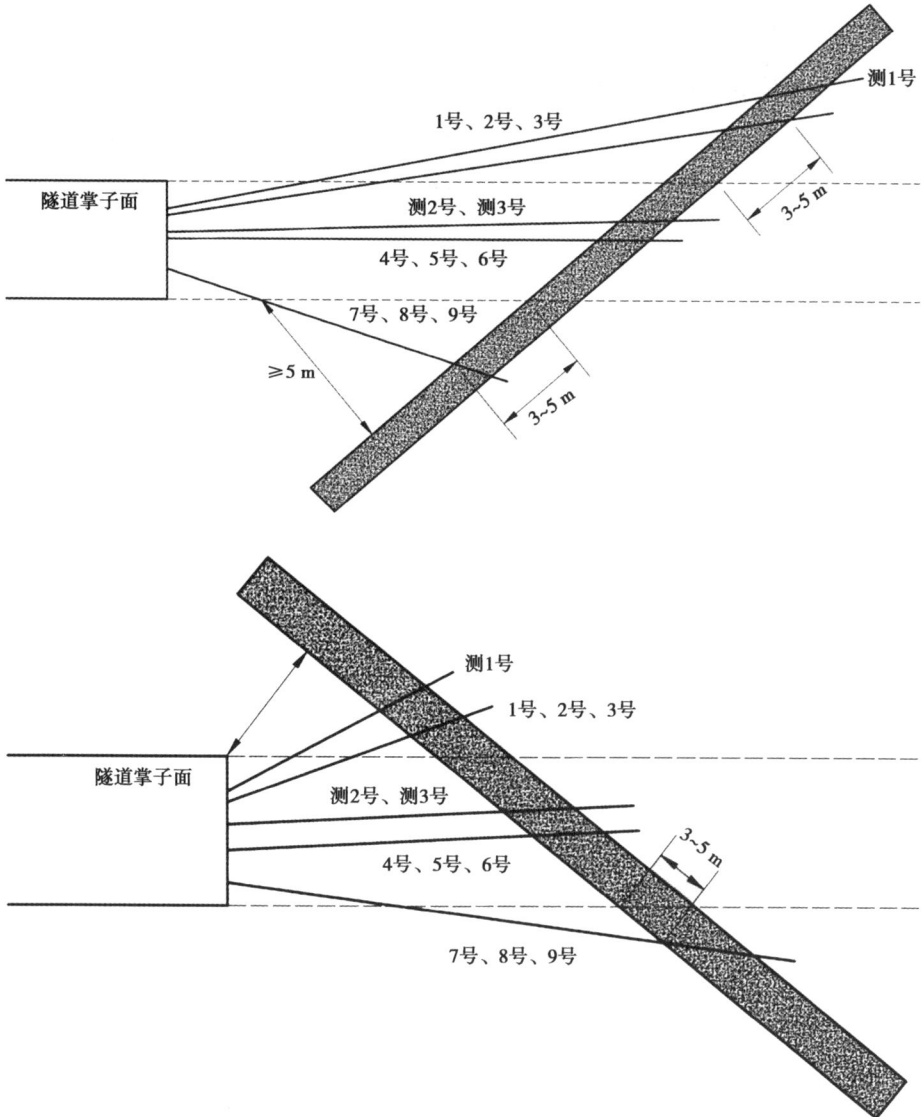

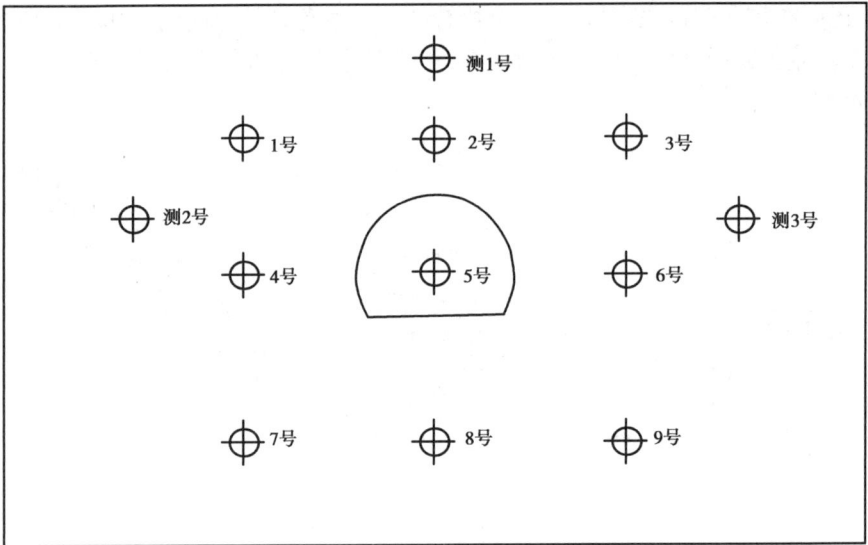

图 4-25　水力冲孔钻孔布置示意图

金属骨架是在隧道开挖距离煤层一定距离时,预先在掌子面周边布置钻孔,钻孔穿过煤层全部进入岩层,在钻孔中插入钢管或钢轨等材料作为金属骨架。金属骨架可以起到隧道周边瓦斯卸压和支撑顶部煤岩的作用,在揭煤过程中,骨架能够抵抗上方煤体的压力、阻止煤体发生位移,起到了预防突出的作用。金属骨架本质上是一种加固煤体抵抗突出的技术,应在实施消除煤(岩)与瓦斯突出危险后应用,它是一种防突的辅助技术。

煤体的固化措施是在隧道开挖距离煤(岩)层一定距离时,预先在掌子面周边布置钻孔,然后向孔内注入固化材料,使固化材料与隧道周边围岩胶合、形成一个固化平衡拱,增加抵抗煤岩破坏的能力。当煤(岩)层压注固化液后,其分子胶团脱水固化,充填裂隙和孔隙,且与煤体黏合,改变了煤体的不均质性,提高煤体强度,此外,注入固化液,使煤体塑性增加,脆性降低,可减少动荷载对煤体的破坏作用和煤体前方应力集中程度,相应降低煤(岩)与瓦斯突出的危险性。大量事例说明,发生煤(岩)与瓦斯突出,没有大量游离瓦斯参加是不可能的。煤(岩)层压注固化液后,固化液进入煤的微细孔中,使煤体微细孔中的吸附瓦斯不能解吸成游离瓦斯,从而大大减少参与突出的瓦斯量和降低瓦斯解吸速度,煤体的瓦斯吸附能力显著降低,煤体吸附瓦斯含量相对降低,游离瓦斯也相应降低,这就从根本上降低了参与突出的瓦斯量。

4.3.2　非煤系地层瓦斯隧道涌(突)出主动防控措施

非煤系地层瓦斯隧道施工期间岩石与瓦斯突出的防控措施主要有大直径钻孔排放瓦斯、移动或固定式泵站抽排瓦斯、岩层固化封堵瓦斯3种方法。通常情况下采用大直径钻孔排放措施。

在对非煤系地层瓦斯隧道进行瓦斯排放时,根据隧道超前探测和突出危险性预测钻孔瓦斯涌出异常情况,有针对性地进行布孔排放。根据瓦斯异常涌出或瓦斯参数超过突出临界值的钻孔,在其周围采用扇形、矩阵等方式布孔排放。钻孔终孔间距应小于3.0 m,排放钻孔直径76～110 mm,钻孔方位应与瓦斯涌出异常的预测孔或超前探孔保持一致。排放孔控制范围为隧道开挖轮廓线外10～15 m。施工时应根据瓦斯绝对含量及相对含量,对钻孔参数进行相应修正。瓦斯排放时,隧道所有工作面停止施工,瓦斯排放时间根据实际排放效果确定,瓦斯排放结束后进行瓦斯排放效果检验。当仍有突出危险性时,采取延长排放时间,增加排放钻孔或其他补救措施,当无突出危险后,采用安全措施施工作业。非煤系地层岩石与瓦斯突出隧道局部瓦斯排放孔布置如图4-26所示。

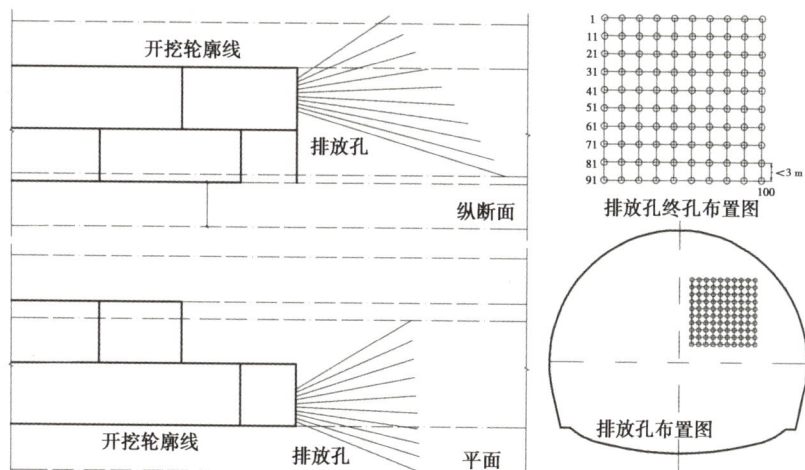

图4-26　非煤系地层岩石与瓦斯突出隧道局部瓦斯排放孔布置示意图

移动或固定式抽排及岩层固化瓦斯封堵瓦斯防控方法可参考煤系地层瓦斯隧道的防控措施执行。

4.3.3　瓦斯隧道钻爆作业技术

若采用钻爆法开挖,必须严格审批钻爆设计,认真检查爆破效果,不断提高爆破水平,必须编制瓦斯隧道钻爆作业安全技术措施。钻爆开挖坚持"多打眼、少装药、短进尺、快喷锚、强支护、勤检测、加强通风"的原则。应采用光面爆破、严格喷混凝土平整度施工质量,以减少岩面和喷砼表面坑洼不平造成局部瓦斯积聚。发生瓦斯喷出等异常状况或其他岩(煤)与瓦斯突出预兆时,应立即报警、切断电源、停止工作、撤出人员,并启动应急预案。雷管和炸药必须放置在带盖的容器内分别运送。

瓦斯地层钻孔作业需做到:瓦斯地层每循环开挖应加深炮眼孔探测瓦斯,加深长度不应小于 2 m,加深钻孔数量拱部不应少于 5 个、下部不应少于 3 个。开挖工作面附近 20 m 风流中瓦斯浓度应符合要求,低瓦斯工区必须小于0.5%,高瓦斯工区、瓦斯突出工区必须小于 1.0%。采用湿式钻孔作业先开水后开风,以密闭粉尘,避免产生火花,卡钻时应用扳手松动拔出,不可敲打。炮眼深度不应小于 0.6 m。严禁使用煤电钻。

微瓦斯地层可采用常规爆破器材。低瓦斯地层、高瓦斯地层及岩(煤)与瓦斯突出地层使用的爆破器材必须满足:起爆母线应选用具有良好绝缘和柔顺性的铜芯电缆。放炮母线或辅助母线的破皮、裸露接头,必须作绝缘处理;起爆器应选用防爆型。

瓦斯地层装药应满足:爆破地点 20 m 以内瓦斯浓度超标,或爆破地点风量不足,或炮眼内发现异响、温度骤高骤低、瓦斯明显涌出、穿透采空区等现象时,严禁装药,严禁爆破。装药前应清除炮眼内的煤粉、岩粉;装药时,应用木质或竹质炮棍将药卷推入,不得冲撞或捣实;高瓦斯工区及岩(煤)与瓦斯突出工区不得采用反向起爆;炮眼有水时,应使用抗水型炸药;不得使用破损的电雷管。

瓦斯地层炮眼封堵必须满足:炮眼封堵必须使用水炮泥,水炮泥外剩余的炮眼部分应采用黏土炮泥或其他不燃可塑松散材料制成的炮泥封实;炮眼封堵严禁采用岩(煤)粉、块状材料或其他可燃性材料;存在没有封堵、封堵不足或不实的炮眼,严禁爆破。

瓦斯工区爆破网络和连线必须满足:必须采用绝缘母线单回路爆破,严禁利用轨道、金属管、金属网、水或大地等作为爆破回路;严禁将毫秒延期雷管和瞬发雷管接入同一串联网络中混合使用;爆破母线与电缆、电线、信号线不应设在同一侧。不得不设在同一侧时,爆破母线应设在下方,且距离不小于 0.3 m。

母线应随用随设;岩(煤)与瓦斯突出工区的瓦斯地层,起爆器宜设置在洞外。起爆器不能设在洞外时,应根据爆破安全距离、预计岩(煤)与瓦斯突出强度、通风系统等确定;起爆器应安装在新鲜风流中,起爆器 20 m 以内风流中瓦斯浓度必须小于 1.0% ;一个开挖工作面严禁同时使用两台及以上起爆器起爆。一次装药不得分次起爆。

瓦斯地层爆破作业应符合下列规定:

①瓦斯地层段隧道爆破前,所有人员不得在爆破隧道内躲避。低瓦斯地层爆破前,爆破隧道内人员宜撤至非爆破隧道内或洞外;高瓦斯地层、岩(煤)与瓦斯突出地层爆破前,所有人员应撤至洞外;不能全部撤至隧道以外的,应在距离爆破工作面 500 m 以外建设临时避难洞室或设置可移动式救生舱躲避。

②爆破前,爆破母线拉至规定起爆地点后,应检查电爆网络全电阻值。严禁采用起爆器打火放电方法检测电爆网络;严格执行"一炮三检制"(装药前、爆破前、爆破后要认真检查爆破地点附近 20 m 以内的瓦斯浓度)和"三人连锁放炮制"(爆破工、安全员、瓦检工三人同时自始至终参加爆破工作过程)。

微瓦斯地层可采用常规爆破器材。低瓦斯地层、高瓦斯地层及岩(煤)与瓦斯突出地层使用的爆破器材必须符合下列规定:

①低瓦斯地层中的煤层段应使用安全等级不低于二级的煤矿许用炸药。高瓦斯地层中的煤层段必须使用安全等级不低于三级的煤矿许用炸药。岩(煤)与瓦斯突出工区瓦斯地层和揭煤施工必须使用安全等级不低于三级的煤矿许用含水炸药。

②必须使用煤矿许用瞬发电雷管、煤矿许用毫秒延期电雷管或煤矿许用数码电雷管。使用煤矿许用毫秒延期电雷管时,最后一段的延期时间不得超过 130 ms。使用煤矿许用数码电雷管时,一次起爆总时间差不得超过 130 ms,并应当与专用起爆器配套使用。一次爆破必须使用同一厂家、同一品种的煤矿许用炸药和电雷管。

4.4　防控措施效果检验

4.4.1　煤系地层岩石与瓦斯突出隧道防突措施及效果检验

检验可以采用直接测定法获得的残余瓦斯压力或残余瓦斯含量的直接测定值,对范围较大区域的检验也可以根据预抽前的瓦斯含量减去预抽或预排瓦斯的方法,计算得到残余瓦斯含量的间接计算值。直接测定值是测定点位置的煤层瓦斯压力、含量,而间接计算值实际上是整个评价计算区域内的平均煤层瓦斯含量,在评价计算区域内各点的实际瓦斯含量将处于间接计算值上下的一定范围内。在钻孔抽采过程中,周围煤体中的一部分吸附瓦斯变为游离瓦斯补充流走的瓦斯,同时更远处的瓦斯也缓缓向该点流动,使得该点的瓦斯压力、含量的降低并不明显。尽管测定得到的钻孔抽放或排放半径并不大,但实际钻孔流动瓦斯的范围是很大的。尤其当四周是未预抽或未受施工开挖影响的煤层时,某一个评价计算区域内钻孔计量得到的抽、排瓦斯量实际来源地范围将大于其钻孔的控制范围。因此,如果将区域内的瓦斯储量减去此抽、排量后得到的残余瓦斯含量的间接计算值将比实际偏小,这一情况不利于确保效果检验的安全可靠性。而且评价计算区域的范围越小,偏小的幅度越大。鉴于此,在对预抽煤(岩)层瓦斯区域防突措施进行检验时,不能采用间接计算的残余瓦斯含量指标进行措施效果检验,而只能采用直接测定的残余瓦斯压力或残余瓦斯含量。

4.4.2 非煤系地层岩石与瓦斯突出隧道防突措施及效果检验

非煤系地层岩石与瓦斯突出隧道防突措施效果检验以瓦斯压力法或钻孔瓦斯涌出初速度法作为主要预测方法,并至少选取下列一种其他方法辅助验证,且宜选用便于现场操作实施的方法进行。

①瓦斯压力法。
②瓦斯含量法。
③钻孔瓦斯涌出初速度法。

防突措施效果检验孔布置在排放孔之间,检验孔的数量应不低于3个,检验孔深度应与排放孔深度一致,钻孔孔径可略比排放孔孔径小。开挖工作面防突措施效果检验方法中有任何一项指标超过临界指标,该工作面可认定为防突措施无效,需继续采取防突措施或增加排放时间,以达到各种效果检验指标满足要求。效果检验临界指标值可参照表4-7中所列突出危险性临界值。

表4-7 防突措施效果检验指标临界值

预测指标	瓦斯压力/MPa	瓦斯含量/($m^3 \cdot t^{-1}$)	R值指标	钻孔瓦斯涌出初速度/($L \cdot min^{-1}$)
临界值	0.74	8	6	5

第5章 瓦斯灾害被动防控措施

当需要对隧道中的瓦斯进行被动防控时,说明掌子面前方岩体中的瓦斯已经渗透扩散在隧道空间中,在这种情况下,瓦斯防控的最终目的就是避免瓦斯的积聚以及高温热源,杜绝瓦斯燃烧爆炸。因此瓦斯隧道中瓦斯的被动防控主要包括:强化支护、瓦斯监测、通风与火源控制等。其中通风在隧道施工中不仅具有稀释瓦斯的作用,还兼有输送新鲜空气和调节隧道施工区域气候的作用,因此隧道施工通风将在第6章进行详细介绍。

5.1 隧道支护瓦斯防控措施

爆破后岩层破裂,部分裂隙贯通,且岩层直接和隧道内部贯通,这些不仅打开了瓦斯在岩层中运移的路径,也使得隧道中瓦斯积聚的可能性越来越高,而支护在一定程度上可以阻隔瓦斯的运移,因此十分有必要对施工期间的支护进行加强管理。

节理裂隙极其发育的围岩,开挖前采用超前注浆导管(锚杆)注浆,加固岩体堵塞岩体裂隙,减少或阻止瓦斯外溢。宜采用正台阶法开挖,拱部开挖一次成形,开挖后及时喷混凝土封闭围岩减少瓦斯溢出。瓦斯隧道使用冷粘连接防水板材,杜绝热焊连接而产生火花,瓦斯地层段防水卷材搭接宽度不应小于 150 mm。为确保衬砌施作质量,不得低于设计抗渗等级要求。衬砌结构应采用复合式衬砌,衬砌结构防护等级较高地段应向等级较低地段延伸设防,延伸长度不应小于 50 m。瓦斯地层防水板铺设后应及时施作衬砌,衬砌距掌子面的距离不宜超过 70 m。瓦斯地层段喷射混凝土的强度等级不应低于 C25,厚度不应小于 15 cm。

瓦斯地层段模筑混凝土强度等级不应低于 C30。衬砌结构防护等级为一级、二级瓦斯地层段模筑混凝土厚度不应小于 40 cm,抗渗等级不应小于 P10;衬砌结构防护等级为三级瓦斯地层段模筑混凝土厚度不应小于 35 cm,抗渗等级不应小于 P8。

5.2　瓦斯人工检测与自动监测监控

　　瓦斯检测与监测监控包括了人工检测和自动监测监控,两者都是为了更好地了解隧道内的瓦斯浓度。自动安全监控系统通过在隧道不同位置布置传感器获得隧道中瓦斯的浓度,能够做到实时监测,但是监测位置相对固定,无法准确掌握隧道中全部位置的情况;人工检测具有较好的机动性,可以检测隧道中任何位置的瓦斯浓度,但是人工检测不能做到随时对隧道中的瓦斯进行检测,因此两种方法需要配合使用。

　　对瓦斯的检测与监测监控需要注意以下两个方面:

　　①瓦斯检测要求贯穿瓦斯隧道施工全过程,无论是瓦斯工区还是非瓦斯工区,都必须进行瓦斯检测。

　　②每班人工瓦斯检测结果应与自动监控系统相应位置、时间的自动监控值进行比对,两种方式相互验证,发现异常应及时查明原因。瓦斯工区施工期间,应成立专门的瓦斯监控系统使用、维护及维修中心。如监控系统运行不正常、传感器存在故障或出现无信号、无数据、瓦斯超限等重大隐患,应查明原因、立即处理,并做详细记录。隧道内班组长、特殊工种等人员进入瓦斯工区应配备便携式甲烷检测报警仪。

　　隧道内瓦斯浓度限值及超限处理措施见表5-1。

表 5-1　隧道内瓦斯浓度限值及超限处理措施

序号	工　区	地　点	限值/%	超限处理措施
1	微瓦斯工区	任意处	0.25	查明原因,加强通风监测
2	低瓦斯工区	任意处	0.5	超限处20 m范围内立即停工,查明原因,加强通风监测

续表

序号	工　区	地　点	限值/%	超限处理措施
3	高瓦斯工区岩(煤)与瓦斯突出工区	瓦斯积聚处	1.0	超限附近 20 m 停工,断电、撤出人员,进行处理,加强通风
4		开挖工作面风流中	1.0	停止钻孔,超限停工,撤出人员,切断电源,查明原因,加强通风等
5		回风巷或工作面回风流中	1.0	停工,撤出人员,处理
6		放炮地点附近 20 m 风流中	1.0	严禁装药放炮
7		岩(煤)层放炮后工作面风流中	1.0	继续通风、不得进入
8		局扇及电气开关 20 m 范围内	0.5	停机、通风、处理
9		电动机及开关附近 20 m 范围内	1.0	停止运转,撤出人员,切断电源,进行处理
10	钻孔附近需动火作业区域	钻孔孔口及孔内	1.0	严禁动火作业
11	动火作业焊接区域	焊接初期支护、钢拱架、锚杆等	1.0	采用小功率局部风机对隧道底部及高温焊渣影响区域进行通风

5.2.1　瓦斯人工检测

高瓦斯工区和煤(岩)与瓦斯突出工区应采用自动监测系统与人工检测相结合的方式,自动监测的探头宜采用双探头,低瓦斯工区宜采用自动监测系统与人工检测相结合的方式,微瓦斯工区可只采用人工检测的方式。

人工瓦斯检测地点应包括以下区域:

①隧道内掌子面、仰拱及衬砌等作业面。

②爆破地点附近 20 m 内风流中。

③拱顶、脚手架顶、台车顶、塌腔区、断面变化处、联络通道及预留洞室等风流不易到达、瓦斯易发生积聚处。

④穿越含炭质岩层(煤层)、断层破碎带、裂隙带及瓦斯异常涌出点;局部通风机、电机、变压器、电气开关附近、电缆接头等隧道内可能产生火源的地点。

人工瓦斯检测频率应符合下列规定:

①微瓦斯工区不应少于 1 次/4 h,低瓦斯工区、高瓦斯工区不应少于 1 次/2 h。

②高瓦斯工区和岩(煤)与瓦斯突出工区的开挖工作面及瓦斯涌出量较大、变化异常区域,应提高瓦斯浓度检测频率。瓦斯浓度大于 0,且低于 0.5% 时,应每 0.5 ~ 1 h 检测 1 次;高于 0.5% 时,应随时检测。

③瓦斯工区内进行钻孔作业、塌腔及采空区处治和焊接动火、切割时,应随时检测瓦斯。

瓦斯检查员在瓦斯检查过程中,发现下列情形之一的,必须立即向值班室报告,以便采取措施进行处理:

①隧道回风风流中瓦斯或二氧化碳浓度达到 1.0% 时。

②掌子面回风风流中瓦斯浓度超过 0.5% 或者二氧化碳浓度超过 1.0% 时。

③掌子面风流中二氧化碳浓度达到 1.5% 时。

④局部瓦斯积聚时。

⑤风量不足、通风设施被破坏、风流短路、风流反向等现象时。

瓦斯检查员发现瓦斯浓度超过规定时,有权责令影响范围内的人员停止作业,撤到安全地点,并向地面值班室汇报。

5.2.2　瓦斯自动监测监控

瓦斯自动监控系统使用瓦斯断电装置连续监测,其探头悬挂位置要能反映正洞风流中瓦斯的最高浓度。各类传感器的安设要求见表 5-2。

表 5-2　传感器安设要求

名　　称	安设地点	安设位置	安设要求
甲烷传感器	掌子面、衬砌台车、掌子面以外第 1 个加宽带、掘进中的横通道、隧道回风流距洞口 10~15 m	掌子面操作台车或顶板、衬砌台车、加宽带顶板、横通道顶板、隧道回风流距洞口 10~15 m 顶板	距离工作面不大于 5 m；距隧道顶部≤300 mm、距隧道两帮≥200 mm 处，迎风流和背风流 0.5 m 内不得有阻挡物，防止衬砌台车防水板挡住传感器；吊挂处支护完好、无滴水，施工作业过程中不得损坏传感器
一氧化碳传感器	掌子面	掌子面操作台车	掌子面操作台车上部左侧或右侧
二氧化碳传感器	掌子面	掌子面操作台车	掌子面操作台车下方左侧或右侧
氮氧化合物传感器	掌子面	掌子面操作台车	掌子面操作台车下方左侧或右侧
氧气传感器	掌子面	掌子面操作台车	掌子面操作台车下方左侧或右侧
开停传感器	通风机附近	主要、局部通风机附近	不影响通风机操作，且能正确反映通风机的工作状态
馈电传感器、断电器	掌子面、衬砌台车等附近	掌子面、衬砌台车等配电点	不影响掌子面、衬砌台车操作，且能正确反映设备的工作状态
其他气体传感器	掌子面、构造带附近	掌子面操作台车	掌子面操作台车下方左侧或右侧
风速传感器	掌子面、衬砌台车、中部、隧道回风距洞口 10~15 m	掌子面操作台车或顶板、衬砌台车、中部、隧道回风流距洞口 10~15 m 顶板	隧道中线位置距顶板 250 mm 处
风门传感器	横通道	横通道风门处	风门打开侧、上侧

安全监测与检测管理档案,应包括各种检查记录、调试记录、测量记录、维护记录、运行记录等。应设专人负责,分类建档,记录必须进行备份,档案必须保持连续性、完整性。

表 5-3　瓦斯监控系统组成

名称	图片	名称	图片
主机及显示屏		监控分站	
传输电缆		甲烷传感器	
温度传感器		风速传感器	
二氧化碳传感器		硫化氢传感器	

续表

名称	图片	名称	图片
馈电断电器		防爆接线盒	

监测传感器调校应注意以下事项：

①监测传感器的调校工作应由监测维修人员担任。

②调校人员应了解、掌握设备性能和传感器的调校程序，在调校过程中按各传感器的调校步骤逐一进行调校。

③监测传感器敏感元件在使用中其输出信号会逐渐衰减，致使测量精度下降，各种不同类型的传感器调校周期必须严格按照有关规定进行。

④甲烷传感器、一氧化碳传感器的调校，应使用相应的标准气样和空气样，按产品使用说明书的要求进行调校，并佩戴与其相适应的流量计等器具；温度传感器、风速传感器调校应使用相应器具，按产品使用说明书的要求进行调校。

⑤调校前，调校人员应用毛刷将传感器探头进行清扫，保持传感器清洁，以免影响调校数据。

⑥在调校过程中，调校值如超过允许误差，应使用万用表对电位器进行调校，合格后再通入标气进行二次调校，直至合格时为止，但不得改变电器元件的电器参数。

⑦传感器调校失效时，应立即更换。

⑧调校前后应与地面中心站保持联系，并校对中心站系统与现场的数据是否一致，保证系统传输数据的准确性。

⑨调校中应及时记录调校中的有关数据，调校人员必须如实填写记录表并签字。

对隧道内的监控系统应实行监测监控系统巡回检查制：

①为保障监测监控系统及隧道内通信的正常运行，执行监测监控系统巡回检查制度，巡检人员应由培训合格有资质的人员担任。

②巡检人员应保证每天对各种传感器、线路及设备巡检一遍，覆盖率达到

100%，每天巡检结果应及时填写在日巡检记录表中。

③每位巡检人员应根据指定的各自巡检范围，认真对线路及设备进行维护检查，发现的问题现场能处理的立即处理，现场不能处理的应及时向领导汇报，安排有关人员处理。

④巡检人员应保证巡检后的监测设备完好率达到100%，线路及设备卫生清洁，吊挂符合规定。

⑤巡检过程中如发现使用单位有人为损坏装置和线缆的现象，应立即向领导汇报，说明损坏程度和维修所需材料，以便维修处理。

⑥巡检过程中必须以"三不伤害"为基本要求，加强自主保安意识，行走及检查时严禁违章。

1）监控系统异常

监控系统异常、报警处置流程应按照以下流程进行（图5-1）。当自动监测或人工检测发现瓦斯超限时：

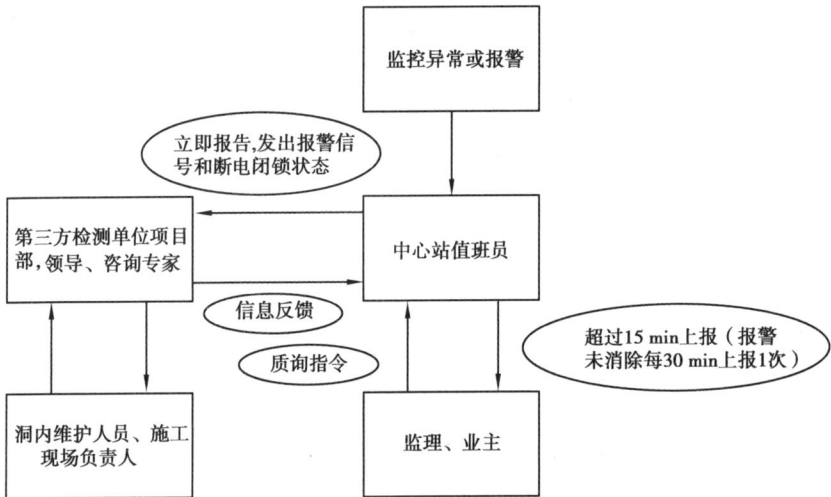

图5-1　监控系统异常、报警处置流程图

①瓦检员、安检员发现瓦斯超限时，必须立即停止隧道内一切施工用电（风机电源不停）、撤人、加强通风，然后向现场值班人员汇报瓦斯超限地点、浓度、超限范围。

②其他人员发现瓦斯超限时，必须立即停止隧道内所有一切施工用电（风机电源不停）、撤人、加强通风，然后向现场班组长汇报。

③隧道作业人员，发现各类探头报警或不安全隐患时，应立即向现场值班

人员汇报,立即停止隧道内所有一切施工用电(风机电源不停)、撤人、加强通风。

当隧道瓦斯出现超限的情况时,应该遵循瓦斯超限报告、处理、追查制度:

①瓦斯超限报告程序:施工队值班室—项目值班领导(项目总工)—第三方检测单位项目部经理—业主(监理)。

②瓦斯超限处理程序:现场停电、撤人—加强通风—报告相关领导—进一步采取处理措施。

③本着有疑必查、有超必究的原则,采取如下追查程序:

a.凡瓦斯超限,均按事故进行追查。

b.瓦斯超限浓度不大于1.5%时,由第三方检测单位项目部安全科组织相关人员追查;瓦斯超限浓度大于1.5%时,由总工程师组织,安全科、工程科、瓦斯超限单位相关人员参加追查。

c.追查内容有:

● 超限原因、措施漏洞、管理漏洞、措施执行情况、责任落实、防范措施、经验教训等。

● 处罚与教育相结合,预防类似情况出现。

● 因地质条件变化等非人力能掌控的原因造成瓦斯超限,追查内容主要是防范措施和经验教训。

d.做好追查记录备查,记录内容有:

日期、主持人、记录人、与会人员、瓦斯超限经过、瓦斯超限原因、经验教训、相应责任单位(或个人)的处罚及防范措施等。

2)现场瓦斯超限

现场瓦斯超限汇报及异常突发情况处置办法:为了避免随时可能发生的隧道瓦斯事故,加强隧道瓦斯的监测、监控,确保隧道安全施工,若安全监测监控系统出现瓦斯超限,断电故障等异常情况,必须立即按照此程序和制度汇报和处理,并严格执行。

(1)瓦斯超限汇报程序和内容

瓦斯异常和安全监控系统发现异常情况汇报程序:

第一发现人在10 min内立即向现场技术主管和现场队长汇报发生时间、地点、监控系统异常情况,现场技术主管和队长在接到异常情况汇报后5 min内在安排瓦斯监测人员进行监测的同时向第三方检测单位项目部上级领导汇报,第三方检测单位项目部接到异常情况汇报后5 min内向监理部汇报。

（2）责任划分

监控员：

①有计划停电停风造成瓦斯超限：提前汇报监控中心计划停电情况并做好记录，待瓦斯超限时再汇报监控中心瓦斯超限情况并做好记录。

②其他原因瓦斯超限：立即汇报监控中心、调度值班室并做好记录。

③注意事项：

- 汇报、记录时必须准确到几时几分几秒。
- 汇报、记录时瓦斯超限地点必须要详细。
- 当瓦斯超限短时间未解决时必须再次汇报瓦斯超限处理的进展情况。
- 任何时候不得离岗，特别是瓦斯超限时间。

现场值班人员：

①接到监控员的汇报后必须做好详细记录。

②立即通知超限地点瓦检员负责查明瓦斯超限原因并做好记录。

③注意事项：接、汇报和下达指令必须记录清楚。

瓦斯检查员：

①若隧道因故瓦斯超限，且瓦斯检查员在现场知道原因，应立即汇报调度值班室。

②值班室接到通知后若不知道瓦斯超限原因，应立即赶赴瓦斯超限地点核实现场瓦斯是否超限等基本情况，并将检查的结果汇报第三方检测单位项目部。

③采取措施解决瓦斯超限，当自己解决不了或一时解决不了时：一是应按现场情况采取相应（如停工、断电、撤人、设栅栏等）措施，二是应派人或电话通知现场队长到现场，三是应汇报第三方检测单位项目部。

④瓦斯超限期间瓦斯检查员不得离开现场，并应组织现场工作人员及时按规定处理。

现场队长：

①当接到瓦斯超限汇报后应立即赶赴瓦斯超限现场，查明瓦斯超限原因，组织现场工人按规定处理瓦斯超限。

②及时向第三方检测单位项目部汇报瓦斯超限基本情况及处理瓦斯超限处理进展。

③安排处理措施并检查处理措施的落实情况，做好撤人、停电等处理过程的工作。

（3）瓦斯超限汇报和处理

当安全监控系统监测到瓦斯超限时：

①监控中心值班人员必须做到立即发现，马上通知现场值班人员，瓦检员或瓦斯技术负责人，同时认真观察瓦斯浓度变化值。

②当瓦斯浓度达到断电点，馈电状态传感器未反馈断电信号时，立即手动遥控切断瓦斯超限区域的非本质安全型电源。

③当瓦斯浓度降到复电浓度以下，经瓦检员现场检查超限区域气体已恢复正常，监控中心值班人员接到复电命令后方可解除"断电命令"。

④瓦斯技术负责人在接到监控中心值班人员汇报后要立即组织人员查明报警原因，确认报警的类型，若是安全监控系统故障引起的误报警，必须立即组织监测电工处理故障，处理完毕后汇报通防、安质部。

⑤通防、安质部接到瓦斯超限汇报后，马上通知当班队长、瓦斯技术负责人等，按规定指挥现场人员停止工作，断电、撤出人员，并向上级领导汇报。

瓦斯超限处理会议内容：

①分析瓦斯超限原因。

②对造成瓦斯超限的责任人进行处罚。

③制订瓦斯超限处理措施和补救措施。

技术负责人做好以下工作：

①制订瓦斯超限处理措施。

②组织本次瓦斯超限相关人员召开瓦斯超限分析处理会。

③填写瓦斯超限记录中的分析处理、采取的补救措施记录。

5.3 隧道施工火源控制措施

根据瓦斯爆炸的 3 个必要条件之一温度（650 ~ 750 ℃），隧道火源控制措施应注意以下方面：

①严格"洞口检身"管理制度，任何人员进洞前必须在洞口外登记并接受检查，经检查确认无携带火源后，方准许进洞。

②进洞人员严禁穿化纤衣服，禁止携带烟草及点火物品、手机等易燃违禁物品。

③瓦斯隧道洞口值班房、通风机房等洞口附近 20 m 范围内不得有火源，并悬挂"20 m 范围内严禁烟火"警示牌。

瓦斯工区易燃品管理应符合下列要求：

①瓦斯工区不得存放各种油类，废油应及时运出洞外，其他易燃品应妥善存放。

②瓦斯工区内待用和使用过的棉纱、布头和纸张等易燃可燃物品，应存放在密闭的铁桶内。使用过的易燃可燃物品应由专人送到洞外处理。使用的防水板等可燃品，应按需求确定进洞数量。

瓦斯工区应避免电焊、气焊、喷灯焊接、切割等动火作业，当不得不进行动火作业时，应符合下列规定：

①应建立隧道内动火作业审批制度，制订动火作业安全技术措施，并组织作业人员学习。

②动火作业点附近应配备灭火器、消防砂、消防用水等消防设施，动火作业点 20 m 范围内应跟踪检测瓦斯，瓦斯浓度应不大于 0.5%。

③应有专人在动火作业现场检查和监督，并负责灭火。

④动火作业结束后，经检查确认无残火方可离开作业区。

瓦斯工区消防设施应满足下列要求：

①应在洞外设置消防水池和配备消防砂，其中水池储水量不得小于 200 m³。

②应设置消防管路系统，并每隔 100 m 设置一个阀门。

③应在洞内设置灭火器等灭火设备或设施，并保持良好状态。

5.4 瓦斯隧道相关设施设备要求

5.4.1 固定设施设备

1）电气设备要求

高瓦斯工区、岩（煤）与瓦斯突出工区的电气设备应使用矿用防爆型。低瓦斯工区的电气设备应使用矿用一般型，微瓦斯工区的电气设备可按非瓦斯工区配置。

瓦斯工区电气设备使用应符合下列规定：

①当不得不使用非防爆型光电测距仪及其他有电源的设备时，在仪器设备 20 m 范围内瓦斯浓度应小于 1.0%。

②应检查专用供电线路、专用变压器、专用开关、瓦斯浓度超限与供电的闭

锁、风机与供电的闭锁等设备。

③供电线路应无明接头、接头连接不紧密或散接头等失爆情况,应有齐全的漏电保护装置、接地装置、防护装置等,且电缆悬挂整齐。

④瓦斯工区内使用的电气设备,除日常检查外,尚应按规定的周期进行检查,其检查周期应符合表5-4的规定。

表5-4　电气设备和电缆进行检查周期规定

序号	检查、调整项目	检查周期	备注
1	使用中的防爆电气设备的防爆性能检查	每月1次	每日由电工检查1次外部
2	配电系统继电保护装置检查整定	每半年1次	负荷变化应及时调整
3	高压电缆的泄漏和耐压试验	每年1次	
4	主要电气设备绝缘电阻的检查	至少每半年1次	
5	固定敷设电缆的绝缘和外部检查	每季度1次	
6	移动式电气设备橡套电缆绝缘检查	每月1次	每班由当班人员或电工检查1次外皮有无破损
7	接地电网接地电阻值测定	每季度1次	
8	新安装的电气设备绝缘电阻和接地电阻值测定	—	投入运行以前

隧道内电压在36 V以上和可能带有危险电压的电气设备的金属外壳、构架,铠装电缆的钢带(丝)、屏蔽护套等应保护接地。保护接地应符合下列规定:

①隧道内电气设备保护接地装置和局部接地装置,应与主接地极连接成一个独立的接地网。

②接地网上任一保护接地点的接地电阻值不得超过2 Ω。每一移动式和手持式电气设备与接地网间的保护接地,所用的电缆芯线和接地连接导线的电阻值,不得超过1 Ω。

③专用保护接地线不允许断线,且不允许安装任何开关或熔断器。

2)瓦斯隧道供电及电缆要求

瓦斯隧道供电及电缆应符合下列要求:

①高瓦斯工区和煤(岩)与瓦斯突出工区供电应配置两路独立电源,且任一

路电源线上均不得分接隧道以外的任何负荷。不能配置两路独立电源而采用单回路供电时瓦斯工区供电应符合下列规定:应配备满足一级负荷供电的备用电源,并在公用电网断电 10 min 内启动。隧道洞内电源线路上不得装设负荷定量器等各种限电断电装置。

②由洞外中性点直接接地的变压器或发电机不得直接向瓦斯工区内供电。瓦斯工区内的配电变压器中性点不得直接接地。

③瓦斯工区内不得使用油浸式高低压电气设备,如油断路器、带油的起动器和一次线圈为低压的油浸变压器。

④电气设备均不应超过额定值运行,隧道内高压电网单相接地电容电流不应超过 10 A。

⑤瓦斯工区内供电的高、低压馈电线上不得装设自动重合闸装置。

⑥瓦斯工区应风电闭锁。

⑦容易碰到的、裸露的电气设备及机械外露的转动和传动部分,应加装护罩或遮栏等防护设施。

⑧洞外地面变电所高压馈电线上应装设有选择性的单相接地保护装置;供洞内移动变电站的高压馈电线不得单相接地运行,应装设有选择性的动作与跳闸的单相接地保护装置。当发生单相接地时,应立即切断电源。

⑨洞内低压馈电线上,应装设能自动切断漏电线路的检漏保护装置或有选择性漏电保护装置。

瓦斯工区内各级配电电压和各种机电设备额定电压等级应符合下列规定:

①高压不大于 10 000 V,低压不大于 1 140 V。

②照明、信号、电话和手持式电气设备的供电额定电压,低瓦斯工区不应大于 220 V,高瓦斯工区、煤(岩)与瓦斯突出工区不超过 127 V。

③远距离控制线路的额定电压不超过 36 V。

低瓦斯工区、高瓦斯工区、岩(煤)与瓦斯突出工区电缆、电缆连接及敷设等应采取防爆措施,微瓦斯工区的电缆、电缆连接及敷设等可不采取防爆措施。

电缆的选用应符合下列规定:

①应采用铜芯电缆。

②应带有供保护接地用的足够截面的导体。

③主线芯的截面应满足供电线路负荷要求。

高压电缆的选用应符合下列规定:

①在隧道、平导或倾角45°以下的斜井内敷设的固定高压电缆应采用煤矿

用钢带或细钢丝铠装电力电缆,在竖井或倾角为 45° 及其以上斜井内敷设的固定高压电缆应采用煤矿用粗钢丝铠装电力电缆。

②非固定敷设的高压电缆,采用煤矿用橡套软电缆。

低压电缆的选用应符合下列规定:

①固定敷设的低压电缆,采用煤矿用铠装或者非铠装电力电缆或者对应电压等级的煤矿用橡套软电缆。

②非固定敷设的低压电缆,采用煤矿用橡套软电缆。

③移动式和手持式电气设备应使用专用橡套电缆。

电缆的固定敷设应符合下列规定:

①电缆应悬挂,电缆悬挂点间的距离,在竖井内不得大于 6 m,在正洞、平行导坑或斜井内不得大于 3 m。

②电缆不应与风、水管敷设在同一侧,当受条件限制需敷设在同一侧时,应敷设在管子的上方,其间距应大于 0.3 m。

③通信和信号电缆应与电力电缆分挂在隧道两侧。如果受条件所限,竖井内应敷设在距电力电缆 0.3 m 以外的地方,主洞或平行导坑内应敷设在电力电缆上方 0.1 m 以上的地方。

④电力电缆敷设在同一侧时,其间距应大于 0.2 m。

⑤有瓦斯抽排管路时,瓦斯抽排管路与电缆应分挂在隧道两侧。

电缆的连接应满足下列要求:

①电缆与电气设备连接时,电缆芯线应使用齿形压线板(卡爪)、线鼻子或快速连接器与电气设备进行连接。

②不同型电缆之间严禁直接连接,应通过符合要求的接线盒、连接器或母线盒进行连接。

③同型橡套电缆的修补连接应采用阻燃材料进行硫化热补或与热补有同等效能的冷补,并应进行浸水耐压试验,合格后方可使用。

建议:高瓦斯隧道中洞口至二衬台车处的电缆可采用矿用一般型。煤矿中采用防爆铠装电缆的原因是煤矿断面小,采掘活动可能会对电缆造成损伤,进而导致火花产生。但是高速公路隧道洞口至二衬台车段断面大、施工过程中电缆悬挂规范,高度也较高,电缆很难受到作业机械及其他异物的撞击而损坏,且防爆铠装电缆造价极高,对隧道投资方来说是一笔不小的投入,鉴于此,建议高瓦斯隧道中洞口至二衬台车段的电缆可以采用矿用一般型,二衬台车至开挖掌子面段可采用铠装防爆电缆。低瓦斯隧道中洞口至二衬台车段的电缆可以采用非防爆电缆,二衬台车至开挖掌子面段可以采用矿用一般型电缆。

避雷接地措施应满足下列要求:

①由地面架空线路引入隧道内的供电线路(动力电缆、照明电缆、瓦斯监控信号电缆、通信电缆等),应在隧道洞口处装设避雷装置。

②由地面直接进入隧道内的轨道和露天架空引入(出)的风、水等管路,应在隧道洞口附近将金属体进行不少于两处的良好地集中接地。

3)瓦斯隧道照明

照明供电应符合下列规定:

①分路动力开关与照明开关应分别设置,照明线路接线应接在动力开关的上侧。

②工作面、防水板铺设和二次衬砌施工等作业平台处及未施做二次衬砌地段的移动照明,均应采用具有短路、过载和漏电保护的集干式变压器和开关为一体照明信号综合保护装置,电压不大于 127 V,潮湿等特定条件 36 V,用分支专用电缆、防爆接线盒接入防爆照明灯具。

固定照明灯具的选用,应符合下列规定:

①采用压入式通风时,已衬砌地段的固定照明灯具,采用 Exd Ⅱ 型防爆照明灯;开挖工作面附近、未衬砌地段的移动照明灯具,采用 Exd Ⅰ 型矿用防爆照明灯。

②采用巷道式通风时,进风巷道已衬砌地段采用 Exd Ⅱ 型防爆照明灯,开挖工作面附近、未衬砌地段及回风巷道内的照明灯具,采用 Exd Ⅰ 型矿用防爆照明灯。

移动照明灯具的选用,应符合下列规定:

①移动照明使用矿灯,并配置专用矿灯充电装置。

②洞内开挖支护、仰拱施作、防水板铺设及二次衬砌浇筑等工序作业照明亮度要求较高处,可配置移动隔爆型投光灯。

建议:高瓦斯隧道从二衬台车至洞口段,照明灯具可采用 Exd Ⅱ 型防爆照明灯,二衬台车至掌子面段采用 Exd Ⅰ 型矿用防爆照明灯;低瓦斯隧道从二衬台车至洞口段,照明灯具可采用非防爆照明灯,二衬台车至掌子面段采用 Exd Ⅰ 型矿用防爆照明灯。

不同等级瓦斯隧道中供电、电缆及照明设备要求见表5-5。

表 5-5　瓦斯隧道供电及照明设备要求

名称	微瓦斯	低瓦斯	高瓦斯
矿用电缆	×	√	√
矿用变压器	×	√	√
矿用真空开关	×	√	√
防爆接线盒	×	√	√
防爆插座	×	√	√

续表

名称	微瓦斯	低瓦斯	高瓦斯
 防爆照明灯	×	√	√
 照明综合保护器	×	√	√

5.4.2　行走作业机械防爆要求

瓦斯工区内作业机械严禁使用汽油机车。作业机械使用非防爆型时应设置便携式甲烷报警仪,当瓦斯浓度超过0.5%时,应停止作业机械运行并对作业机械进行闭锁。

高瓦斯工区、岩(煤)与瓦斯突出工区的作业机械应使用矿用防爆型。高瓦斯工区和岩(煤)与瓦斯突出工区的挖掘机、装载机、运输车、混凝土罐车、混凝土泵车、锚杆机等作业机械应采取防爆措施。高瓦斯工区的作业机械可安装车载瓦斯自动监控报警与断电系统的防爆装置(图5-2);岩(煤)与瓦斯突出工区的燃油作业机械应使用矿用防爆型柴油动力装置。

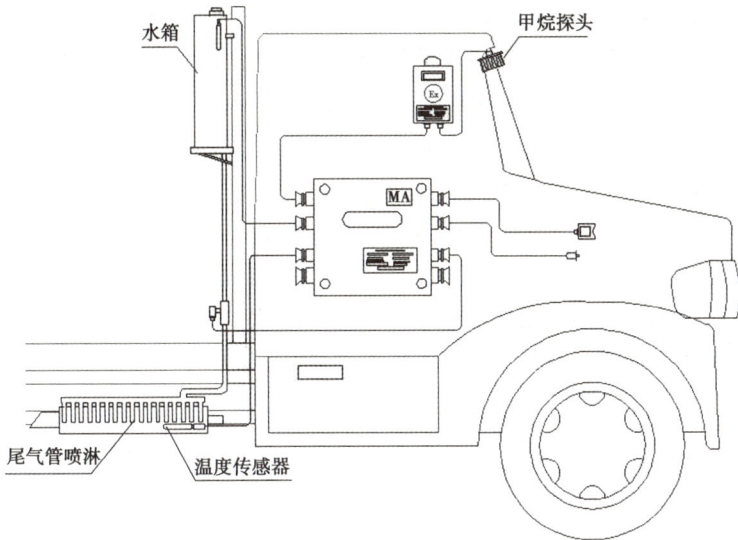

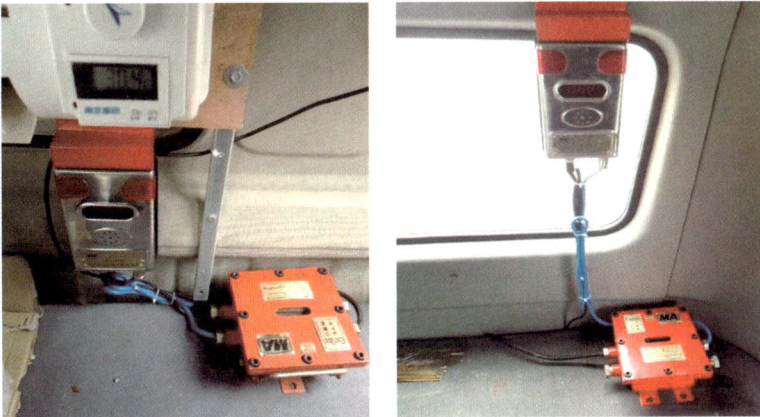

图 5-2　混凝土搅拌运输车、运渣车防爆改装

微瓦斯工区、低瓦斯工区的作业机械可按非瓦斯工区配置。当全部瓦斯地层施工完成后,后续的作业机械可按检测评定结果配置。瓦斯工区内使用的作业机械,除日常检查外,尚应定期检查维护。高瓦斯工区、岩(煤)与瓦斯突出工区内不得进行作业机械拆卸和修理。洞内瓦斯工区施工作业机械应避免摩擦发热部件产生高温及火花。进洞人员应身着统一工作服,严禁穿化纤衣服。瓦斯工区内作业机械严禁使用汽油机车。作业机械使用非防爆型时应设置便携式瓦斯报警仪,当瓦斯浓度超过 0.5% 时,应停止作业机械运行。瓦斯隧道喷射混凝土作业采用湿喷机。

建议:低瓦斯隧道也需要对行走工程作业机械进行防爆改装。低瓦斯隧道中的瓦斯并非不会超限,当遇到通风管理差、瓦斯监测不及时、人员教育不足、安全意识差的隧道时,瓦斯超限的可能性也会出现,如果偶遇瓦斯超限时贸然开启作业机械极有可能将瓦斯点燃点爆而发生灾害事故。例如:五洛路一号隧道,虽然是低瓦斯隧道,也对设备进行了改装,但是并未对改装的功能进行定期测试而导致了事故发生。对于非煤系地层瓦斯隧道来说,瓦斯涌(突)出地点、涌(突)压力、涌(突)出量等不确定性,同时具有突发性和随机性的特点,作业机械长时间在隧道内工作也极易因自身高温及作业火花而点燃点爆瓦斯。现有的防爆改装原理简单合理、造价低廉,因此建议为了隧道施工的安全,低瓦斯隧道也需要对工程作业机械进行防爆改装。

5.5　瓦斯隧道安全防控组织措施

5.5.1　安全培训

瓦斯隧道开工前,必须对施工作业及管理人员进行安全技术培训。爆破工、电工、瓦检员等特种作业人员必须持证上岗,高瓦斯、煤(岩)与瓦斯突出工区应与专业矿山救护队建立联系。

对全体员工进行安全教育,普及瓦斯知识,并按岗位、分工种,分别对电工、瓦检工、爆破工、电气设备防爆检查工等特种作业人员进行岗位资格培训。

①凡从事瓦斯隧道工作的干部、工人都必须进行瓦斯的安全技术培训和自救互救以及自救器材的使用等培训,并经考试合格后发给《安全工作合格证》。未经培训或培训未取得合格证人员,班干部不许指挥生产,工人不准上岗作业。

②电工、爆破工、瓦斯检查工、电气设备防爆检查工等特种作业人员,必须经专业机构培训,取得相关资格证,并持证上岗。

③调换工种人员及参与技术革新的有关人员,必须重新进行安全技术培训。

5.5.2　人员要求

瓦斯隧道的管理人员和施工人员应符合以下要求:

①建立健全安全管理组织机构,项目经理部和工区施工队均成立安全管理领导小组,并建立安全施工生产责任制。

②项目经理部设安全管理机构,负责全段的安全、环保工作。

③建议增设 1 名(通风)副总工程师分管"一通三防"工作。各施工队增设 1 名通风瓦斯专职安全管理人员,负责本队的通风瓦斯管理工作。各工班设兼职通风瓦斯管理员,负责施工现场的通风瓦斯管理工作。

④爆破工、瓦检员、电工、电焊工、监测监控员、电气设备防爆检查工等特种作业人员,必须经专业机构培训,取得相关安全资格证,并持证上岗。

5.5.3　制度要求

为强化施工管理,项目部必须制订瓦斯隧道相关安全生产管理制度、操作规程和安全生产责任制等。瓦斯隧道需建立健全的相关制度见表5-6。

表 5-6　瓦斯隧道相关制度一览表

序号	制度项	制度名称
1	瓦斯隧道安全生产管理制度	安全生产教育与培训考核制度
2		安全事故报告制度
3		隧道施工安全交底制度
4		各类机械设备安全作业制度
5		隧道用电安全制度
6		安全生产值班值守制度
7		安全生产巡回检查制度
8	瓦斯隧道通风瓦斯管理制度	隧道施工通风管理制度
9		隧道主要通风机管理制度
10		隧道局部通风机管理制度
11		隧道通风设施设备管理制度
12		隧道通风安全监控管理制度
13		隧道测风管理制度

续表

序号	制度项	制度名称
14	瓦斯隧道管理制度	隧道贯通管理制度
15		隧道瓦斯检查制度
16		隧道瓦斯检测员交接班制度
17		隧道瓦斯检查报表制度
18		监控室管理制度
19	瓦斯隧道防火防尘爆破管理制度	隧道爆破作业安全管理制度
20		隧道综合防尘管理制度
21		隧道防灭火管理制度
22		隧道内动火作业审批制度
23	瓦斯隧道岗位责任制和操作规程	监控值班人员岗位责任制
24		隧道通风管理员岗位责任制
25		隧道瓦检员岗位责任制
26		隧道爆破工岗位责任制
27		隧道测风员岗位责任制
28		隧道监测监控员岗位责任制

续表

序号	制度项	制度名称
29		隧道通风管理措施
30		隧道局部通风管理措施
31		隧道调风安全管理措施
32		隧道瓦斯管理措施
33		隧道"三人连锁"放炮管理规定
34		隧道"一炮三检"安全管理规定
35	瓦斯隧道安全管理规定和措施	隧道防尘管理措施
36		隧道防火管理措施
37		隧道爆炸材料管理措施
38		隧道瓦斯排放处理措施
39		隧道贯通的安全措施
40		隧道计划停电检修安全措施
41		隧道突发性停电停风安全措施

1)安全生产责任制

安全生产责任制就是对各级负责人、各职能部门以及各类作业人员在管理和施工过程中,应当承担的责任作出明确规定,将安全生产责任分解到施工单位的主要负责人、项目负责人、班组长以及每个岗位上的作业人员。安全生产责任制是项目生产最基本的安全生产管理责任制,是施工项目安全生产管理的核心和中心环节。

项目负责人必须由取得相应执业资格的人员担任,对建设工程项目的安全施工负责。落实安全生产责任制度和操作规程,确保安全生产费用的有效使用;根据工程的特点组织制订安全施工措施,消除安全事故隐患,组织制订安全事故应急救援预案,及时、如实报告生产安全事故。

专职安全生产管理人员负责对安全生产进行现场监督检查;督促作业人员遵守安全操作规程和技术标准,及时制止并纠正违反施工安全技术规范、规程的行为;发现安全事故隐患,应当及时向项目负责人和安全生产管理机构报告。

2)安全教育培训制度

为加强现场安全生产宣传教育,提高管理人员、技术人员和作业人员在瓦斯隧道施工中的安全素质和操作技能,普及瓦斯隧道方面的安全生产知识,增强自我防护能力,预防和减少事故发生,需对现场管理人员、技术人员和作业人员进行安全教育培训。熟悉安全生产法律法规、国家规定的与本工种方向适应的、专门的安全理论知识和操作技能、安全技术操作规程、工种作业场所和工作岗位存在的危险因素、防范措施及事故应急措施。

根据规定,特种作业人员、特殊岗位需参加由地方安全生产监督管理部门、建设施工主管部门及其他具备培训考核资格的部门或机构举办的安全生产培训,考核合格后,颁发相应的证书。

3)进洞管理制度

为规范和加强隧道现场管理人员、作业人员及外来检查人员进出瓦斯隧道的管理,避免和减少人为因素造成的不良后果,须制订进洞管理制度,对洞口进行封闭式管理,设置门禁系统(洞口上部采用 1.8 m 高栅栏网进行防护;距离洞口 20 m 处采用 10 m 自动升降门满足施工车辆出入),右侧为金属探测门满足施工人员出入,严禁携带易燃易爆物、手机以及未经防爆改装的设备进入洞内,严格执行洞口登记值班制度。

进口人员必须穿戴劳动防护用品,必须接受门岗的安全检查,严禁携带任何火种及可能产生火花的物品入内;经批准的动火作业,必须有专职瓦检员随行方可将相应材料、设备带入隧道;所有进洞人员实行挂牌制度,分工序挂牌上岗、下班摘牌离岗。上级领导及其他相关人员进洞检查实行登记制度,门岗建立登记台账,并应注明进出洞时间。严禁与隧道施工无关人员进入隧道。

洞口设置更衣室。任何人进洞前必须将随身携带的手机、香烟、打火机等火种和电子设备、物品等保存到专用衣柜,严禁穿着化纤类衣服进入隧道;隧道洞门设置静电消除装置,所有进洞人员必须消除静电以后方可进洞。门岗对进入隧道的人员有告知义务,拒绝任何拒绝履行防火、防爆检查的人员进入隧道。

进入隧道的机械设备、电气设备、车辆必须满足防爆要求,否则禁止进入隧道。经过防爆改装的机械设备、电气设备、车辆由分部设物部负责发给专用进洞许可证,并将进洞许可证挂在醒目位置,凭证进入隧道作业。

　　进入隧道的施工机械设备,电气设备,车辆实行出、入登记制度,上述机械设备进入洞内,门岗必须对车辆驾驶室进行检查,防止将火种带入洞内;驾驶人员及其他操作人员必须履行进洞登记手续。

　　车辆驾驶员及其他操作人员必须履行进洞登记手续。车辆驾驶员进洞必须戴安全帽,其他施工人员如需搭车进洞必须先接受门岗检查登记。

　　进入隧道的物资(炸药、雷管等)必须有物机部门出具的材料清单,由物机部人员随同,门岗核查后,办理登记手续方可运入洞内。

　　未通风及瓦斯浓度超标情况下,瓦检员进入隧道必须携带自救器及其他安全防护设备,且必须经项目经理批准,其他人员严禁入内。

4）用电管理要求

　　根据《公路瓦斯隧道设计与施工技术规范》(JTG/T 3374—2020)对进洞机电设备及器材进行组织和实施规范瓦斯地段用电管理,需制订瓦斯隧道用电管理制度。

　　成立瓦斯隧道用电管理小组,负责瓦斯隧道用电综合管理,包括用电方案、组织设计、机电设备安装实施验收、安全监测检查等;为确保瓦斯隧道用电安全,瓦斯隧道需配置双回路电源,洞内采用双电源线路,不得分接隧道以外的任何负荷。

　　洞内供电必须做到"三专两闭锁",即专用变压器、专用开关、专用供电线路,瓦斯浓度超标时与供电的闭锁、风机与洞内供电的闭锁。其中,瓦电闭锁是指当瓦斯浓度达到 1.0% 时,系统自动切断电源;当瓦斯浓度降低到 0.3% 时,系统转到允许送电的状态。

　　通风机必须实行风电闭锁,使用通风机的地点,必须实行风电闭锁,使用两台通风机供风的,两台通风机都必须同时实现风电闭锁。其功能内容为:

　　①局部通风机停止运转时,立即切断停风区域内全部非防爆(本质安全型)电气设备的电源。

　　②局部通风机启动,工作面风量符合要求后,才可向供风区域送电。

　　使用局部通风机通风的掘进工作面,不得停风;因检修、停电等原因停风时,必须撤出人员,切断电源。恢复通风前,必须检查瓦斯。只有在局部通风机及其开关附近 10 m 以内风流中的瓦斯浓度都不得超过 0.5% 时,方可人工开启局部通风机。

　　低压馈电线路上,应装设能自动切断漏电线路的检漏装置:

　　①施工现场的总隔爆开关及分路隔爆开关设置两级检漏继电器,两级检漏

继电器的额定漏电动作电流和额定漏电动作时间应作合理配合,并具有分级保护的功能。

②检漏继电器装设在总电源器的负荷侧和分路隔爆开关的负荷侧。

③检漏电器的选择应符合现行国家标准规定,额定漏电电流应不大于 15 mA,额定漏电动作时间应小于 0.1 s。

隧道内供电必须做到"三无""四有""两齐""三全"。

三无:无"鸡爪子"、无"羊尾巴"、无"明接头"。

四有:有过电流和漏电保护、有螺丝和弹簧垫、有密封圈和挡板、有接地装置。

两齐:电缆悬挂整齐、设备硐室清洁整齐。

三全:防护装置全、绝缘用具全、图纸资料全。

5)瓦斯隧道动火审批制度

瓦斯工区应避免电焊、气焊、喷灯焊接、切割等动火作业,当不得不进行动火作业时,应建立隧道内动火作业审批制度,制订动火作业安全技术措施,并组织作业人员学习。

瓦斯隧道动火必须执行专人申请、专人批示、专人动火、专人监督、专人看火、专人跟踪监测瓦斯管理。

①瓦斯隧道内及隧道口 20 m 范围内为禁火区,动火作业宜至少 24 h 前就需提出申请,由施工单位提出申请,填写瓦斯工区动火作业审批表,要详细写明动火原因及安全措施。审批流程由各单位根据安全责任规定执行,无论何种审批流程,都应经过通风调度及瓦斯监测部门会签后才能继续。

②动火作业应接受项目部安全员、瓦检员的监督和检查。作业前清除一切可燃物、助燃物,瓦检员对瓦斯进行测定,瓦斯限值降到规定浓度时才可进行动火作业,同时加强隧道通风。作业过程中,瓦检员应随时对动火区域 20 m 范围内进行瓦斯检查,出现异常情况,安全员、瓦检员有权停止动火作业。

③动火作业的安全规定:防火、灭火措施没落实不动火;周围的杂物和易燃品、危险品未清除不动火;附近难以移动的易燃结构物未采取安全防护措施不动火;凡盛装过油类等易燃、可燃液体的容器、管道用后未清理干净不动火;进行高空焊割作业时,未清除地面的可燃物品和采取相应防护措施不动火;动火场所未采取安全防护措施,危险性未拔除不动火;未有配备灭火器材或器材不足不动火;现场安全负责人不在场不动火;隧道内瓦斯超限,未达到安全值不动火;没有瓦斯检测员在场,未对该段进行检测不动火。

④在焊接、切割等工作地点前后各 20 m 范围内，风流中瓦斯浓度不得大于 0.5％，并不得有可燃物，作业点应至少配备两个供水阀门和灭火器，操作相关人员必须持证上岗，电焊机必须专人使用。电焊机必须有专业电工接线、拆线；线路不能有任何裸露、明接头等现象，严格按照隧道安全规范执行。焊气割时，氧气乙炔必须满足 5 m 以上的施工安全距离，且要立放气瓶，要有明显的安全警示标志。乙炔瓶必须有合格的安全回火装置。

⑤动火作业完成后，施工单位应仔细检查，熄灭一切火源，谨防死灰复燃，做到工完场清。经现场监督检查人员验收签字后，施工单位方可撤出。

⑥严格执行瓦斯浓度等级作业制度：

a. 瓦斯浓度在 0～0.3％正常动火，严格安全措施。

b. 瓦斯浓度在 0.3％～0.5％必须有专门风源对准动火作业区，便于稀释隧道瓦斯，并严格安全措施。

c. 瓦斯浓度在 0.5％～1％时，停止动火作业，立即加强通风，并撤出电源线路，切断电源（系统也会自动切断电源）。

d. 瓦斯浓度大于 1％时，立即撤离人员，至隧道外安全距离，并由专人处理瓦斯浓度问题。

6）"一炮三检""三人连锁"放炮制

①爆破作业必须严格执行"一炮三检""三人连锁"放炮制。

②"一炮三检"：瓦斯检查员装药前、放炮前、放炮后必须进行瓦斯检查，并将检查结果告知放炮员、班长，同时填写现场记录牌、板和瓦检手册，下班后填写日报表中"一炮三检"表格。

③"三人连锁"：装药前，瓦检员先检查瓦斯，并告知放炮员能否装药，放炮前，瓦检员检查瓦斯，并告知放炮员能否放炮，放炮并通风 15 min 后，瓦检员、安全员、班长分别检查爆破地点瓦斯、安全，确认安全后，方可通知进行其他作业。

④瓦检员、放炮员、班长必须协调配合，其中，放炮员、班长必须服从瓦检员的指令，方可执行爆破作业的警戒布置、爆破指令程序，严禁违章爆破。

7）瓦斯隐患排查治理

应定期组织隧道瓦斯治理专项检查和隐患排查，并以专题会议的形式安排、部署瓦斯治理各项工作。

安全部门、瓦斯咨询专家应经常深入现场，检查施工中存在的通风、瓦斯隐患，及时与施工队进行沟通交流，提出隐患处理工作建议。

安全部门专职安全员、施工队专职安全员应经常深入现场，检查、督促瓦斯检查员岗位责任、瓦斯检查制度的落实情况。

瓦斯检查员除严格执行瓦斯检查制度、交接班制度外,必须巡回检查隧道的通风、瓦斯方面的隐患,并及时报告项目部进行处理。

瓦斯检查员对瓦斯超限、预警必须立即采取措施进行处置,同时向值班室、第三方检测单位项目部和瓦斯咨询专家报告。

隐患的治理必须坚持"定隐患、定措施、定责任人、定完成整改时间和复查治理结果"的"四定一查"的原则,瓦斯隐患不消除,不得恢复施工。

建立瓦斯隐患治理台账,实行隐患跟踪、检查、销号制度。

瓦斯检测要求如下:

①检测部位涵盖隧道内爆破地点 20 m 内,掌子面开挖,初期支护,仰拱开挖,仰拱混凝土施工,防水板挂设,二次衬砌施工;有毒有害气体容易积聚的地点:二次衬砌,洞室上部,隧道空洞;隧道内电焊作业,电气设备 20 m 范围内;地质破碎带、地质变化地带,裂隙发育和断层地带容易渗出有毒有害气体;石膏地层易渗出硫化氢。

②检测位置涵盖拱顶点、两拱脚点,两边墙脚点和仰拱底中点。检测硫化氢在隧道底部或离地面 1.5 m 高的位置。

检测频率:

①瓦斯:检测段内瓦斯浓度在 0.5% 以下,每隔 1 h 检查一次;0.5% 以上,应随时检查,并停止作业,撤出人员,进行处理;发现异常及时报告,并采取有效措施保证施工过程安全。

当发现瓦斯浓度在 2% 以上时,应加强通风使瓦斯浓度降到 0.5% 以下方可进入检查。

②H_2S:检测段内 H_2S 含量在 10 mg/m^3(0.000 66%)以下,每隔 1 h 检查一次;10 mg/m^3(0.000 66%)以上时,应加强通风稀释后方可进入检查(随时进行),并采取有效措施保证施工过程安全,发现异常及时报告。

③CO:检测段内 CO 含量在 30 mg/m^3(0.002 4%)以下,每隔 1 h 检查一次;30 mg/m^3(0.002 4%)以上时,应加强通风稀释后方可进入检查(随时进行检测),并采取防护措施。

④隧道内进行电焊作业时,应随时对每个电焊作业点进行检查。

⑤排放有毒有害气体前,至少应组织两人对被排放的通道进行有毒有害气体检查,瓦斯浓度超过 3% 或 H_2S 含量超过 30 mg/m^3(0.000 66%)或 CO 浓度超过 100 mg/m^3(0.007 2%)以上时必须制订安全排放有毒有害气体的安全措施,经第三方检测单位项目部总工程师批准后,请矿山救护队进行排放。

⑥隧道贯通地点(必须制订安全措施)及回风流每次爆破前至少检查一次有毒有害气体。

⑦处于回风流中停止运转的电气设备及开关在每次启动前,应在其附近进行瓦斯浓度检查。

⑧隧道开挖工作面爆破地点 20 m 范围内、爆破地点,在每次装药前、爆破前、爆破后必须进行一次瓦斯浓度检查。

⑨当两台光干涉型甲烷检定器对瓦斯浓度检测结果不一致时,以浓度显示值高的为准。瓦斯检测员应将光干涉型甲烷检定器送项目负责人处理。瓦斯检测员应当加强对光干涉型甲烷检定器的维护管理工作,使用前必须检查光干涉型甲烷检定器是否有零点漂移。不符合要求的光干涉型甲烷检定器,不得使用。零点漂移过大的光干涉型甲烷检定器应及时送川东或川西质量检测站检定。

⑩局部瓦斯积聚地点光干涉型甲烷检定器检测瓦斯浓度达到或超过 0.5%时,瓦斯检测员通知通风人员对该地点加强通风(开启局部通风机等措施),并继续加强瓦斯浓度检测,该地点可继续施工,但应绝对避免火源的产生;当局部瓦斯积聚的地点瓦斯浓度大于 2.0%时,瓦斯检测员通知该工作地点施工负责人,该地点及附近 20 m 附近立即停止作业,切断电源,撤出人员,进行处理。同时通知通风人员采取加强通风的措施。采取加强通风的措施后,瓦斯检测员检测瓦斯浓度在 0.5%以下时方可恢复作业。

瓦斯检查员不得空班、漏检、假检,地面值班室实行跟踪调度。瓦斯检查数据要做到隧道内记录牌板、瓦斯检查手册和瓦斯日报表"三对口"。

瓦斯检查员入洞时必须携带光学瓦斯检测仪和便携式瓦斯检测报警仪,仪器必须完好,精度符合要求,同时备有长度大于 1.5 m 的胶管(或瓦斯检查测杆)、温度计等仪器仪表。

瓦斯检查员必须具有一定的实践经验,掌握一定的通风、瓦斯知识和技能,经专业培训,考试合格,持证上岗,在岗的瓦斯检查工要进行定期培训,每次培训后均要考核、考试,不合格者不得上岗。

瓦斯检查员出洞后将填写完整并签字齐全的《瓦斯检查日报表》交瓦斯负责人员审核整理存档,存档时间不小于两年。

当班瓦斯检查员对巡回检查路线中的通风设施、通风监控设备等方面的隐患也必须进行检查。瓦斯检查员发现隐患,及时汇报采取措施,避免事故发生或减少损失。

瓦斯检查员必须按照交接班管理相关要求进行交接班。

安全部门、瓦斯安全负责人要不定期监督检查瓦斯检查员上岗或交接班情况,作业点职工要全方位监督瓦斯检查员上岗或交接班情况,杜绝空班、漏检、假检和不按规定交接班现象。

8）瓦斯工区隧道贯通管理要点

瓦斯隧道相向掘进掌子面贯通前,在相距 50 m 前,应停止一个掌子面的掘进,做好调整通风系统的准备工作;停止掘进的工作面应保持正常通风和瓦斯检测,设置栏杆及警示标志。掘进工作面每次爆破前,必须按规定检测工作面及其回风流中的瓦斯浓度,两端工作面及其回风流中的瓦斯浓度均符合要求时,掘进的工作面方可爆破。每次爆破前,两端工作面入口必须有专人警戒。

隧道贯通时,应由专人在现场统一指挥。

贯通后,应停止隧道内的一切工作,调整通风系统,待风流稳定并确认安全后方可恢复施工。当贯通的两端工作面的瓦斯工区类别不同时,风流不得从较高类别的瓦斯工区流向低类别的瓦斯工区。

9）设备防爆要求

所有作业机设备进场前对所有容易引起火花,高温等可能诱发瓦斯燃烧和爆炸的部件进行防爆改装或更换,防爆改装主要从动力系统和电力系统两方面着手,其主要目标是:

①机械排气温度不超过 70 ℃。

②水箱水冷却温度 95 ℃。

③机体表面温度不超过 150 ℃。

④电气系统采用防爆装置。

⑤制动系统采用防爆装置。

⑥以上各项设定值是光指标、声报警,延时 60 s 自动停车。

⑦防爆柴油机采用低水位和温度过高报警。

⑧排气系统中一氧化碳、氮气化物含量不超过国家设定排放标准。

⑨改装柴油机防爆系列符合国家柴油机的技术规范和要求标准。

为了防止隧道内施工机械摩擦火花和机械摩擦、撞击热源引起瓦斯隐患,洞内机械应采取以下措施:

①在机械摩擦发热部件上安设过热保护装置和温度检测报警装置。

②对机械动力传动部位或机构可能产生摩擦热处,要及时润滑、保养、清除污泥,严防异物进入。

③在机械摩擦部件金属表面,溶敷活性低的金属层,使之表面形成的摩擦

火花难以引燃瓦斯。

④在铝合金表面涂丙烯酸甲酯等涂料,以防摩擦产生火花。

10）瓦斯监测系统管理要求

瓦斯监测是贯彻"安全第一,预防为主"安全生产措施的重要体现。在瓦斯隧道施工中,瓦斯监测是施工安全的基本保障。做好瓦斯检测工作有以下重要意义:

①防止在施工过程中,有害气体浓度超限造成灾害,以保证施工安全和施工的正常进行。

②根据监测到的隧道内有害气体的浓度大小,及时采取相应的技术措施。

③检验防排瓦斯技术措施效果,正确指导隧道施工,为科学组织施工提供依据。

瓦斯检查管理是为了杜绝瓦斯事故的发生,确保天坪隧道安全生产。根据《公路瓦斯隧道设计与施工技术规范》(JTG/T 3374—2020)、《煤矿安全规程》和《煤矿安全监控系统及检测仪器使用管理规范》等要求需制订相应瓦斯监测系统管理制度。

①瓦斯隧道必须建立安全监控管理机构,安全监控管理机构负责安全监控设备的安装、调试和维护工作。安全监控管理机构应配备一定数量的安全监控员和瓦检员、通风安全监督人员,瓦检员必须经过专业培训,经有关部门考试合格后持证上岗。

②瓦斯隧道安全监控系统除具有甲烷断电仪和甲烷风电闭锁装置的全部功能及故障闭锁功能外,当主机或系统电缆发生故障时,系统必须保证甲烷断电仪和甲烷风电闭锁装置的全部功能;当电网停电后,系统必须保证正常工作不少于 2 h;系统必须具有防雷电保护;系统必须具有断电状态和馈电状态监测、报警、显示、存储和打印报表功能。

③瓦斯隧道必须根据现行《煤矿安全规程》有关条款规定进行系统设置。主要通风机、局部通风机应设置设备开停传感器;被控设备开关的符合侧应设置馈电状态传感器;各作业点参照"瓦斯安全监控系统专项方案"的规定设置甲烷传感器。

④编制隧道作业规程或安全技术措施时,必须对安全监控设备的种类、数量和位置、动力开关的安设地点、信号电缆和电源电缆的敷设、控制区域等明确规定,并绘制布置图。

⑤为防止甲烷超限断电,切断安全监控设备的供电电源,安全监控设备的

供电电源必须取自被控制开关的电源侧,严禁接在被控开关的负荷侧。

⑥与安全监控设备关联的电气设备、电源线及控制线在拆除或改线时,必须与安质部共同处理。检修与安全监控设备关联的电气设备,需要安全监控设备停止运行时,须经工区副经理同意,并制订安全措施后方可进行。

⑦在使用安全监控设备前,必须按产品使用说明书的要求调试合格后方可使用。

⑧模拟量传感器应设置在能正确反映被监测物理量的位置。开关量的传感器应设置在能正确反映被监测状态的位置。声光报警器应设置在经常有人工作便于观察的地点。地面与洞内主站或分站,应设置在便于人员观察、调试、检验及支护良好、无滴水、无杂物的位置;安设时应垫支架,使其距隧道底板不小于300 mm,或吊挂在隧道中。

⑨隔爆兼本质安全型等复合型本质安全型防爆电源,应设置在已经施作二次衬砌地段,严禁设置在断电范围内。隔爆兼本质安全型防爆电源,严禁设置在回风巷内。

⑩安全监控仪器设备必须定期调试校正。设备验收安装前,必须调试校正;安装后,传感器须每7天进行一次校正,主机等每半年校正一次,每半年请第三方进行一次标定。

每隔10 d必须对甲烷超限断电闭锁和甲烷风电闭锁功能进行测试(包括零点、灵敏度、报警点、断电点、复电点、指示值、控制逻辑等)。

⑪安全监控设备发生故障时,必须及时处理,在故障期间必须采用人工监测等安全措施,并填写故障记录表。

⑫监控员必须24 h值班,每班检查安全监控设备及电缆,使用便携式光学甲烷检测仪或便携式甲烷检测报警仪与甲烷传感器进行对照,并将记录和检测结果报监测值班员。当两者读数误差大于允许误差时,先以读数较大者为依据,采取安全措施,并必须在8 h内对两种设备进行调试完毕。

⑬对需要经常移动的传感器、声光报警器、断电器及电缆等安全监控设备,必须由掘进班组长负责按规定移动,严禁擅自停用。

分站、传感器、声光报警器及电缆等安全监控设备,由所在工区施工队队长负责保管和使用,如有损坏及时向安质部汇报。

⑭凡经大修的传感器,必须经计量检定合格方可在洞内使用。

⑮瓦斯隧道安全监控系统监控室必须实时监控全部工作面瓦斯的浓度变化及被控设备的通、断电状态。

⑯瓦斯隧道安全监控系统监控室值班员必须认真监视监控器所显示的各

种信息,详细记录系统各部分的运行状态,负责打印监测日报表,报工区副经理和技术主管审阅。

⑰安全监控系统管理机构必须对当日获得的信息进行分析整理并送有关部门审阅。

⑱凡发生队组解脱或破坏安全监控系统的情况,必须执行先停工后追查的制度。

11）瓦斯检测交接班制度

①瓦斯检查员必须执行隧道内现场交接班制度。隧道内应设立瓦斯检查员交接班洞室,洞室内备有照明灯、记录用桌凳。

②高瓦斯区和瓦斯异常区必须设专职瓦斯检查员,要在作业地点交接班,并在规程措施中做出明确规定。

③严格执行填写交接班记录制度。交接班要做到上不清下不接。接班人对交接内容了解清楚后,交接班人员都必须在《瓦检员瓦斯检查手册》上签字,记录备查。记录填写内容包括:检查员检查地点,瓦斯浓度检查情况,瓦检仪器的完好状态,当班瓦斯及沿途通防设施、设备的检查情况,交接班人员签字等。交接班记录在隧道内保存一个月,带到地面保存一个季度以上。

12）瓦斯监控检测资料管理制度

①瓦斯监控检测资料员应根据资料内容进行资料盒的脊背、封面标识,做到整齐、美观,便于查阅。资料盒内应包括总目录、卷内目录、资料封面、分目录和资料内容5部分,各级目录及资料内容必须对应一致,层次清晰。

②资料应随工程进度及时收集、整理,项目齐全、字迹清楚、图面整洁、签章齐全,必须使用档案规定用笔。资料编制表格式样应符合国家、行业或地方有关规定。

③资料管理人员应根据工程进度及时填写瓦检资料,并按规定及时归档。资料填写人员应对资料内容的真实性、准确性负责。

④资料员随时掌握瓦斯检测及监测情况,保证资料指导施工,发现滞后情况时,应依据资料管理制度进行报告、催交工作。

⑤资料员负责对瓦斯检测及监测资料的编制情况进行初检。根据相关规范要求对资料中的内容填写、签名盖章、进行检查并督促相关人员整改,保证其正确性。对检查合格的资料,做好编目、外观整理、组卷等工作。

⑥项目经理部总工程师应定期组织工程技术人员对工程资料进行自检,留下检查记录,按项目部规定对相关责任人进行奖罚并限期整改,并组织工程技

术人员对资料检查中存在的问题进行认真分析、总结和再培训学习。

13）安防设施要求

低瓦斯工区宜建立自动监测系统,高瓦斯工区和岩(煤)与瓦斯突出工区应建立自动监测系统。实施瓦斯电、风电闭锁,对地面通风机实施风电闭锁。瓦斯隧道宜建立人员定位管理系统。在隧洞内重点区域出、入口等地点设置分站、人员定位识别器,所有人员进隧道均需佩戴识别卡,以便监测定位携卡人员位置。瓦斯隧道应建立门禁管理系统。通过在隧道洞口区域设人员、车辆门禁通道系统,设置值班室并配备值班人员,以便有效管理人员、车辆进出,禁止非工作人员、人员携带违禁用品进入施工区域。瓦斯隧道应设应急广播系统,洞内主要作业点、人员集中地设置矿用本安型广播音箱,主要用于播放音乐、通知、应急广播。瓦斯隧道宜建立通信联络系统。洞内作业人员应配备防爆型对讲机,主要作业点设置固定电话,在洞内作业区、洞外调度室、值班室内等地方建立通信联络系统,以满足工作、应急救灾状态下的通信联络。掌子面附近应设置应急逃生通道。在隧道开挖掌子面至二衬之间,设置逃生救援通道,随着开挖进尺不断前进,逃生管道设置起点为最新施作好的二衬以内且距二衬端头不少于 5 m 处,从衬砌工作面布置至距离开挖面 5 m 以内的适当位置,管道沿着初期支护的一侧向掌子面铺设,管内预留工作绳,方便逃生、抢险、联络和传输各种物品,以防止隧道施工中发生坍塌封堵。瓦斯隧道应建立压风自救系统。采用"压风自救装置+自救器+避灾线路"紧急避险方案,为灾变期间所有洞内作业人员逃生提供压风供气。在洞口地面场地设置空气压缩站,通过压风管路将压缩空气输送至洞内掌子面及各作业地点,压风管路每 100 m 安设出风口及减压装置,与防尘管路出水口错开,形成每 50 m 有一个出水或出风口,并在掌子面及各作业地点附近的压风管路上安设压风自救装置,供洞内发生瓦斯、火灾等紧急情况时人员的自救。瓦斯隧道应建立供水施救系统。在设有供水管道的隧道内每隔 100 m 设置一个支管阀门,直至敷设至掌子面等作业地点。进入岩(煤)与瓦斯突出工区的作业人员必须随身携带隔绝式自救器。高瓦斯、岩(煤)与瓦斯突出工区应与专业矿山救护队建立联系。瓦斯段必须在洞外设置消防水池和消防用砂,水池中应经常保持不小于 200 m^3 储水量,保持一定的水压。瓦斯段内必须设置消防管路系统,并每隔 100 m 设置一个阀门(消火栓)。采用加压泵加压供水时,应确保洞内各供水点的出水压力不低于 0.3 MPa。作业区内应设置灭火器及消防设施,并经常保持良好状态。编制瓦斯隧道事故应急救援预案,配置安全防护用品、应急救援物资,定期对预案进行演练。当瓦斯隧道发生瓦斯灾害事故时,禁止非矿山救护队员进入隧道施救。应及时向矿山救护队联系,请求救护支援,并同时上报各级主管部门,报告瓦斯灾害事件,不准隐瞒不报。

5.6　毒性气体防控及应急措施

5.6.1　毒性气体防控

1)一氧化碳

有一氧化碳暴露问题的隧道应有计划地改善劳动条件,建立有关的规章制度,如预防一氧化碳中毒的操作规程、设备定期检查保养制度、作业环境定期监测制度等;对职工进行预防一氧化碳中毒的宣传教育,使职工了解一氧化碳中毒的危害性,从而主动遵守各项安全规程,加强个人防护。

隧道施工单位及管理单位应定期进行作业环境检测,通过检测可以了解生产场所污染的程度、污染的范围及动态变化,是评价劳动条件,采取防护措施的依据。《中华人民共和国职业病防治法》明确规定了可能产生职业病危害的建设项目,其职业病危害防护设施必须与主体工程同时设计、同时施工、同时投入生产和使用。隧道作业要严格执行职业卫生"三同时"制度。

此外,工作场所应加强通风,企业应根据不同需求安装一氧化碳报警器,为员工配备一氧化碳过滤式自救器等个人防护用品。企业应编制应急救援预案,一旦发生事故,马上采取应急措施。

2)硫化氢防治

硫化氢气体的体积分数检测与瓦斯监测同时进行,在安装瓦斯安全监测监控系统时必须配置配套硫化氢气体传感器,安装在隧道掌子面,实施 24 h 不间断监测;同时,专职瓦斯检测员配备便携式硫化氢气体检测仪(如 GC210 型,测量范围为 $0 \sim 0.01\%$)。天然气瓦斯隧道硫化氢气体体积分数检测是安全预防必不可少的一项重要手段。硫化氢气体有剧毒,对隧道施工安全危害极大,根据硫化氢气体特性采取以下防治措施:在施工过程中检测发现硫化氢气体,应制订专项安全施工方案和应急预案,并通过专家评审后,严格组织实施,并指派专人负责硫化氢检测。作业过程中,当现场人员听到硫化氢报警器发出报警时,应立即打手势和喊叫"停止作业",并及时组织人员撤离。如果检测体积分数≥0.000 65%时,不得进入施工现场。根据探孔情况确定是否增设硫化氢气体排放孔,以防硫化氢气体突然涌出而导致人员伤亡。施工现场若闻到"臭鸡蛋"气味,或出现眼睛刺痛、畏光、流泪、结膜充血、咽部灼热感、咳嗽等,再或有头痛、头晕、乏力等症状,应立即向现场施工负责人报告,加强硫化氢气体检测,查明原因。硫化氢气体比空气重,具有极易溶于水和与石灰发生反应等特点,隧道施工现场掌子面和隧道已经施作仰拱回填段应每天洒水保持湿润。此外,现场应准备用于稀释硫化氢气体体积分数的石灰等应急物资。当超前探孔检测到硫化氢气体溢出量大,应先施作全断面超前预注浆,封堵硫化氢气体泄漏口,减小涌出量;下一循环掘进掌子面时如还有硫化氢气体溢出,则按上述施工工序再进行全断面注浆。对含有硫化氢气体的段落采取开挖后注浆(含仰拱)的方案进行封堵治理,达到封堵硫化氢气体的排出标准,以保证安全生产。隧道已施作二次衬砌地段,间隔100 m环向设置高压水喷淋管,在每次隧道掘进爆破后,开启喷淋管把水雾化成微细水滴喷射到空气中,达到防尘防有害气体的目的。在风钻打钻水中加入氢氧化钠,让其与溢出的硫化氢进行反应,生成硫化钠排出,反应式为:

$$2NaOH+H_2S \Longrightarrow Na_2S+2H_2O \qquad (5.1)$$

从式中可以看出硫化氢与氢氧化钠反应可生成硫化钠,分子式为 Na_2S,晶体外观与性状为无色或米黄色颗粒结晶,易溶于水。针对硫化氢气体的特性和危害,加强安全教育工作,提高防范意识和应急处置能力。

5.6.2　应急措施与治疗方法

当空气中的硫化氢气体超标,人体皮肤明显感觉不适时,脱去被污染的衣物,用流动清水冲洗,严重者立即就医;眼睛明显感觉不适时,立即提起眼睑,用大量流动清水或生理盐水彻底冲洗至少15 min;严重者立即就医;人体吸入硫化氢气体时,应迅速离开涌出点至空气流通且新鲜的地方,如呼吸困难,则利用高压氧舱给予输氧,如呼吸停止,即进行人工呼吸并送医。

从硫化氢中毒机理可知"缺氧"是导致CNS及全身多器官损伤的重要致病环节。因此,对硫化氢等窒息性气体中毒必须及早供氧供能同时积极采取对症和支持疗法。

①氧疗:可根据中毒程度及当时当地的救治条件选用不同的供氧方式。一般情况下可及时应用鼻导管或面罩法给氧。条件许可时适当施用高压氧治疗能提高氧分压增加血氧含量促进硫化细胞色素氧化酶的解离提高组织利用氧

的能力迅速纠正机体缺氧状态可有效地防治因缺氧而导致的脑水肿、肺水肿以及心肌损害。也可采用 H_2O_2 内给氧法即将未启封的外用 3% H_2O_2 配制成 0.3% H_2O_2 后,取 50～100 mL 静脉推注或 150～200 mL 静脉滴注也可达到提高血氧分压的效果。只要浓度准确(不得超过 0.3%),在无供氧设备时 H_2O_2 内给氧法可视为一种较安全有效的急救措施。此外,还可应用自血光量子疗法,又称"紫外线(UR)照射及充氧后的自血回输疗法"。其机理主要有氧化解毒作用、内给氧作用和改善微循环作用。血液经 UR 照射同时加入 O_2, O_2 受UR 量子作用可生成 O_3,血液在光量子、O_2、O_3 的共同作用下发生一系列生化反应,产生大量游离基及各种过氧化物,回输体内后可催化和激活其余未被 UR 照射的血浆质,使其处于激化状态。O_2、O_3 游离基及各种过氧化物可促使血中硫化氢(结合的,游离的)氧化成水和无毒的硫酸盐而起解毒作用;也可使细胞色素氧化酶和谷胱甘肽解离出来,并进一步被激活参与组织生物氧化过程;UR 照射血液,RBC 膜密度降低气体通透性增强,Hb 氧合速度增快,3～5 min 即可使Hb 达到饱和水平,使血氧分压增高。总之,自血光量子疗法兼有解毒供氧和改善微循环的功效。国内已有多起重症急性硫化氢中毒应用此法获满意疗效。

②对症与支持疗法:目前仍无特效解毒剂。虽然硫化氢中毒机理与氰化物相似,但多数学者反对按氰化物中毒解毒机理救治硫化氢中毒。理由是:硫化氢进入组织细胞与细胞色素氧化酶和其他活性物质的亲和力不是很强,可较快解离,且被氧化解毒;在有氧条件下进入体内的硫化氢可很快被氧化;高铁血红蛋白形成剂在理论上虽有解毒意义,但临床疗效可疑且有使原本缺 O_2 的器官双重缺氧加重病情。因此国内多采用对症及支持疗法。一般认为,大剂量谷胱甘肽、半胱氨酸或胱氨酸、大剂量维生素 C 等非特效解毒剂可增强细胞氧化能力,加速解毒排毒。急性中毒性脑水肿的发生与细胞浆内 Ca^{2+} 积聚有关。应用 Ca^{2+} 拮抗剂阻断 Ca^{2+} 进入脑细胞并阻止内质网中 Ca^{2+} 的释放可减轻和防止脑细胞损伤。尼莫地平即为选择性作用于脑血管平滑肌的钙拮抗剂,对硫化氢等窒息性气体中毒具有保护作用。近年发现应激状态(包括脑缺血,缺 O_2)时除 ACTH 肾上腺系统参与应激反应外还有内啡肽参与。内啡肽与阿片受体结合可出现心血管功能抑制,使缺 O_2 脑组织血流进一步减少,加重脑损害。纳洛酮是目前较为理想的内啡肽拮抗剂。临床用于防治硫化氢等窒息性气体中毒性脑水肿取得较好疗效。有报告认为柠檬酸钠盐可有效消除急性硫化氢中毒所致的心律失常。

针对一氧化碳中毒,目前高压氧舱是治疗一氧化碳中毒最有效的方法,其治疗效果好坏与高压氧治疗是否及时有很大的关系。

5.6.3　爆破有害气体预防

在隧道爆破施工过程中,应根据工作面的实际情况,选用炸药品种。如工作面积水时,应选用抗水型炸药,否则因炸药受潮而影响爆轰稳定传播而产生大量有毒气体。对于低温冻结井施工,应选用防冻型炸药,否则炸药也会因不完全爆炸或爆轰中断,产生大量有毒气体。爆破产生的有毒气体量与炸药用量成正比,严格控制起爆药量,可以有效降低爆破时有毒气体生成量。

为了防潮,粉状炸药通常采用涂蜡纸壳包卷,由于纸和蜡均为可燃物质,夺取炸药中的氧,易使炸药在爆炸时成为负氧平衡反应。在氧量不充裕的情况下,将会产生较多一氧化碳气体,因此,限定每 100 g 炸药的纸壳质量和涂蜡量分别不超过 2 g 和 2.5 g。

保证炮孔堵塞长度和堵塞质量,能够使炸药在发生爆炸时,介质碎裂之前,装药孔洞内保持高温、高压状态,有利于炸药充分反应,减少有毒气体生成量。而且足够的堵塞长度和良好的堵塞质量,还会减少未反应或反应不充分的炸药颗粒从装药表面抛出反应区,也会降低空气中的有毒气体含量。

炸药爆炸时会形成高温高压环境,水封爆破时产生的水雾,在高温高压下与一氧化碳发生反应生成二氧化碳和氢气,可以有效地降低炮烟中的一氧化碳浓度。由于爆破产生的某些有毒气体易溶于水,因此在放炮时,采用自动喷雾设施进行喷雾,既能起到降尘作用,又能有效地减少有毒气体含量,使炮烟毒性降低。

采用反向起爆方式时,炮泥开始运动的时间比正向起爆推迟,间接地起到了增加炮孔堵塞长度的效果,使炸药反应完全程度提高,从而降低有毒气体生成量。

第6章 瓦斯隧道施工期通风系统

隧道施工通风是十分重要的一步,首先要进行施工前的现场调查,确定施工方法及可能存在的有害气体。而隧道施工通风设备的选择程序一般是:确定通风方式→计算风量→选择风管→计算通风阻力→选择风机。

6.1 通风方式

与煤矿井巷多沿煤层施工,断面小,独头短,煤层瓦斯地质资料比较详细不同的是瓦斯隧道中瓦斯段相对集中,隧道断面大,独头长,开挖、装运、衬砌设备多,多工序平行作业,且煤层瓦斯地质资料比较粗略。因此瓦斯隧道施工通风具有与煤矿通风不同的特点。另外,由于瓦斯具有易燃易爆的性质,这不仅决定了瓦斯隧道施工通风不同于一般的隧道通风,并要求我们更加重视瓦斯隧道施工通风。根据主要通风机工作方法的不同,通风方式可以分为压入式、抽出式和压抽混合式;根据风道类型和通风机安装位置的不同,可以分为风管式、巷道式和风墙式3种。其中隧道施工通风方式常用的是风管式、巷道式。另外,为降低隧道内局部区域瓦斯浓度,局部通风措施也至关重要。

6.1.1 风管式通风

1)风管压入式通风

风管压入式通风一般是由风机把新鲜空气通过风管压入掌子面,以稀释并排出开挖工作面的有毒、有害气体和粉尘,而污浊空气流经整个隧道由隧道口排出,风流示意图如图6-1所示。新鲜风流从风管口流出以后由于空气扩散的径向运动,在风流面上与瓦斯、炮烟等污浊气体相互掺混,使风速逐渐降低,而射流断面逐渐扩大到一定程度后反向流离掌子面。从风管口到风流反向点的距离称为有效射程,有效射程以外的瓦斯、炮烟及废气等,呈涡流状,不能迅速排出,故风管口距离开挖掌子面的长度必须小于有效射程。

应用风管压入式通风的注意事项如下：

①通风机安装位置应与隧道口保持一定距离，一般应大于 30 m。

②风管应具有抗静电、阻燃性能，其直径不宜小于 1.2 m。风管送风口距开挖面不宜大于 10 m，风管安装应平顺，接头严密，百米漏风率不得大于 2%。

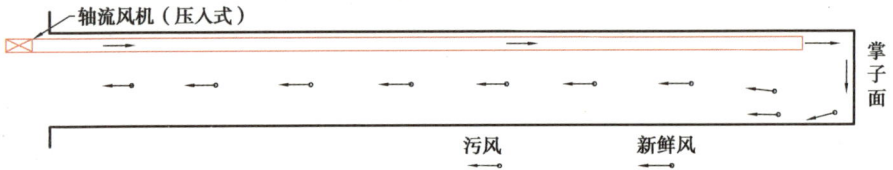

图 6-1　风管压入式通风风流示意图

2）风管抽出式通风

风管抽出式通风方式是由通风机通过风管将工作面的污浊空气抽出，新鲜风流在负压推动下沿隧道流入。这种通风方式就其通风管理材料的不同，可以分为两种，一种采用硬质风管，另一种采用柔性风管。风流示意图如图 6-2 所示。

由于抽出式通风，随着距离风管口距离的增加风速急剧下降，故吸风的有效作用距离很小，风流沿隧道流至工作面，再反向进入风管。风流的有效作用范围称为有效吸程，有效吸程以外的瓦斯、炮烟及废气等呈涡流状态，排出困难，故在风机外置式布置中，风管口距离开挖工作面的长度必须小于有效吸程。由于通风机的摆放影响掘进工作面其他设备，风机内置方式通常很少采用。

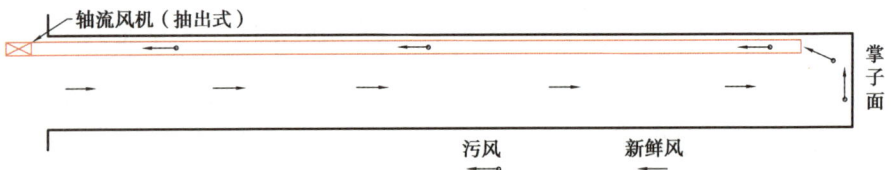

图 6-2　风管抽出式通风风流示意图

3）混合式通风

混合式通风系统中抽出式（在柔性风管中作压出式布置）风机的效率较大，是主风机；压入式风机是辅助风机，它的作用是利用有效射程长的特点，将炮烟搅混均匀并排离工作面，然后由抽出式（压入式）风机吸走。在大型隧道施工中可采用单机混合式通风，爆破后风机先压入式工作，把炮烟搅匀并排至风筒口附近，然后反转风机，将炮烟沿风筒抽出，待装渣时，风机又作压入式运行。为了避免循环风，混合式通风方式中压入式进风口距抽出式出风口不得小于 10 m，两风筒重合段内隧道平均风速不得小于该隧道的最低允许风速,吸风口距工作面的距离应大于炮烟抛掷长度,一般为 30 m 以上。风流示意如图 6-3 所示。

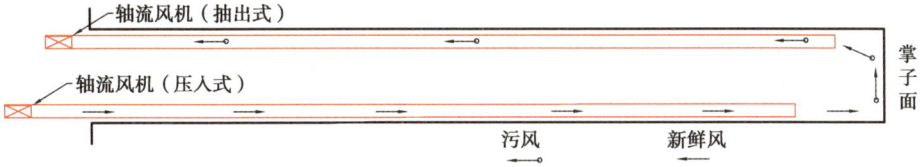

图 6-3 混合式通风风流示意图

这 3 种通风方式的优缺点见表 6-1。

表 6-1 3 种通风方式的优缺点

类型	优 点	缺 点
压入式	有效射程大,能充分稀释、排出炮烟及有毒有害气体,工作面回风不通过风机和通风管,可有效提高回风系统的安全性;工作间污浊空气沿隧道流出,沿途带走隧道内的瓦斯、粉尘及施工机械尾气,有效改善工作面环境,降低瓦斯等有害气体浓度	当掘进工作面距离隧道口较长时,所需风量大,通风时间长,通风线路过长,导致风流阻力增大,并且通风排烟时间增加,不仅影响掘进效率,并且回风流污染整条隧道
抽出式	排出瓦斯和污染气体的效率高,所需风量小,并且回风流不会污染整个隧道,适用于采用有轨运输的隧道施工	有效吸程短,洞内工作面设备布置难;风机电源及工作方式增加了瓦斯爆炸的风险
混合式	这种方式综合了前两种方式的优点,适合于大断面长距离高隧道通风,在机械化作业时更为有利,尤其在采用锚喷作业的隧道,喷浆地点的粉尘浓度很高,采用混合式通风,降尘效果十分明显	系统复杂,可靠性差;施工组织与管理困难,且运行成本高

6.1.2　巷道式通风

　　1986 年,铁道部第一工程局提出了巷道式通风。巷道式通风将隧道左、右洞连为一体,利用射流风机的升压作用,使得新鲜风流从其中一个洞进入隧道通过横通道后从另外一个洞流出,并在其中设置两台轴流风机分别将新鲜空气送至左、右洞的掌子面,风流示意图如图 6-4 所示。该种通风方式利用隧道整个断面作为通风通道,可以有效降低通风阻力,降低通风系统能耗,同时提高通风效率。针对巷道式通风,现有重庆大学、西南交通大学等科研团队对其进行研究,已经在渝广高速公路华蓥山隧道、南大梁高速公路华蓥山隧道、大相岭泥巴山隧道等隧道成功应用。

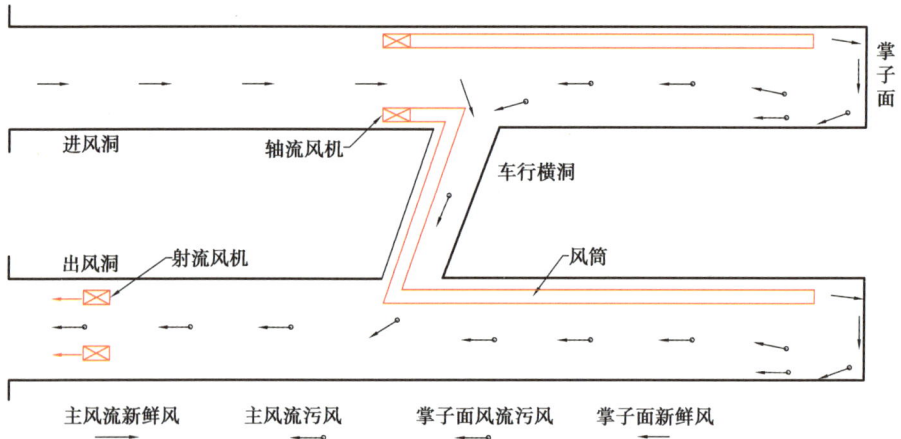

图 6-4　巷道式通风

6.1.3　其他通风方式

1) 风仓通风

　　风仓通风方式可有效解决辅助施工洞(斜井、横洞等)多工作面的风流分配问题。辅助施工洞进入主洞后,会有 2 个或者 4 个同时工作的掌子面出现,压入式通风很难均匀地将新鲜风流有效地送至各个掌子面,因此在斜井和主洞的交叉处设置风仓,通过风仓对风流进行分流以达到合理分配风流的目的。重庆大学姜德义科研团队在优化建个元高速公路五老峰隧道 1 号斜井时提出了"Y"形风仓通风方式,优化了风仓内风流结构,有效避免了现有风仓对风筒内高速风流进行强制性转弯所造成了巨大消耗,降低了风仓产生的通风阻力,提高了通风效率(图 6-5)。

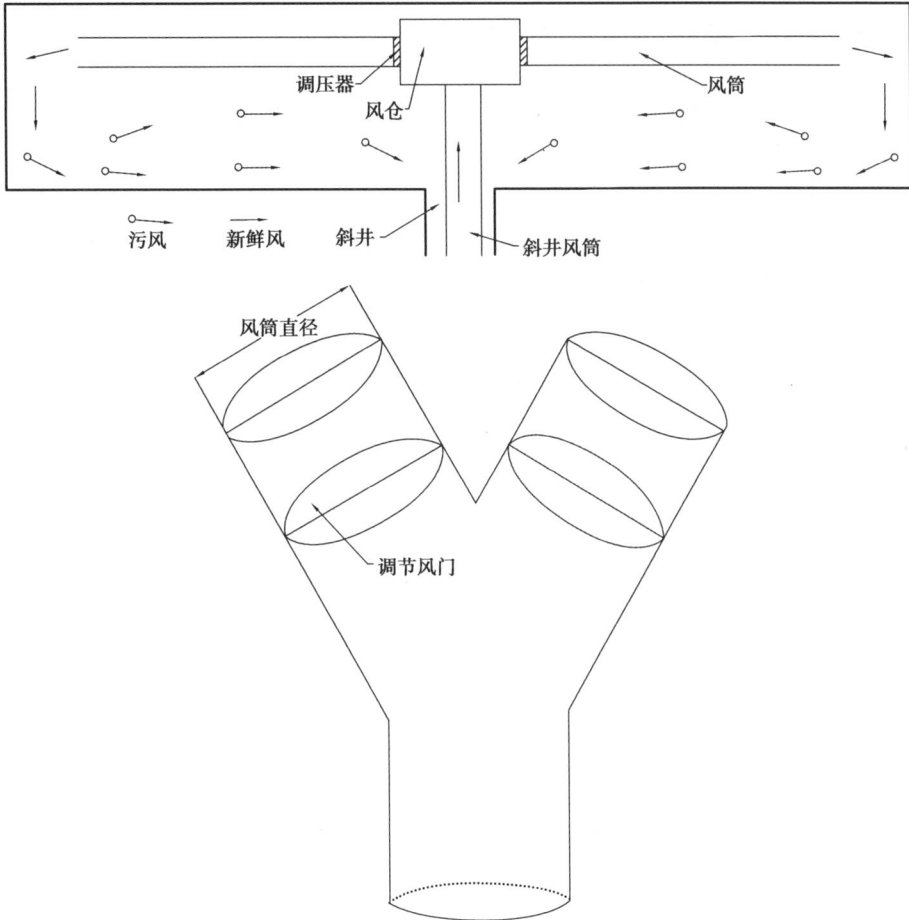

图 6-5　原有的风仓通风及优化后的风仓通风

2）局部通风

在瓦斯隧道施工过程中,由于施工环境的复杂性和瓦斯的物理特性,当风速较低时,瓦斯易积聚在拱顶部位,并形成瓦斯积聚层,也易反流形成甲烷带,因此消除瓦斯积聚的风速应不低于 1.0 m/s。局部瓦斯浓度较高容易导致灾害的发生。瓦斯积聚常出现在开挖面、衬砌台车附近区域、洞室内、横通道内以及其他通风阻挡区。局部通风就是为了更好地稀释和排出积聚区的瓦斯。可以采用风管分支送风,高压送风,安装局部风扇等方式驱除瓦斯以降低安全隐患。

6.1.4   通风方式的选择

瓦斯隧道施工通风的基本原则是尽量把通风设备和后部作业工序放到新风流中,各开挖工作面必须采用独立通风系统,瓦斯隧道进洞后应进行机械通风。瓦斯隧道施工通风方式的确定应综合考虑瓦斯工区类别、隧道断面和通风长度等因素,按瓦斯工区划分通风方式有非瓦斯工区、低瓦斯工区以及高瓦斯工区和瓦斯突出工区。

1)非瓦斯工区

非瓦斯工区施工与普通隧道的施工相同,没有特殊的瓦斯要求,一般的施工通风方式都可以采用。但非瓦斯工区与瓦斯工区贯通后,若有瓦斯涌入非瓦斯工区,那么通风方式就要按瓦斯工区考虑。

2)低瓦斯工区

低瓦斯工区的整个工区瓦斯涌出量小于 $0.5 \ m/min$,采用普通的通风设备可以把瓦斯浓度降到 0.3% 以下,要把施工通风设备置于洞外新风中,施工通风方式需采用送风式,通风机设置在洞口。送风式通风的有效射程大,排出瓦斯效果好,利于开挖面瓦斯的稀释。一般低瓦斯工区可采用压入式通风,如隧道有平行双洞条件,可以采用巷道式。

3)高瓦斯工区和瓦斯突出工区

高瓦斯工区和瓦斯突出工区一般采用巷道式,以增大隧道施工的安全性。巷道式通风有主扇巷道式和射流巷道式两种方式,可优先选用射流巷道式通风如西南山区等地。

对于通风长度大于 $1\ 500\ m$ 的公路隧道一般也采用巷道式通风。

6.2   风量和风压计算

6.2.1   风量计算

隧道施工中,掌子面(工作面)所需的风量与施工方法、施工作业的机械配套条件关系很大,且在一个作业循环中,不同作业工序对风量的要求也有较大差别。进行风量计算的目的是为正确选择通风设备和设计通风系统提供依据,通风系统的供风能力应能满足工作面对风量的最大需求。

1）按瓦斯涌出量计算

若隧道掘进掌子面有瓦斯涌出，必须供给工作面充足的风量，冲淡瓦斯，保证空气中瓦斯浓度在 1% 以下，即：

$$Q = \frac{Q_1}{B_1 - B_2} \cdot k \tag{6.1}$$

式中　Q——掌子面风量，m^3/min；

　　　Q_1——掌子面瓦斯涌出量，m^3/min；

　　　B_1——允许瓦斯浓度，取 1%；

　　　B_2——进风中瓦斯浓度；

　　　k——瓦斯涌出不均衡系数，取 $1.5 \sim 2$。

2）按排出炮烟所需风量计算

$$Q = \frac{2.25}{t} \sqrt[3]{\frac{G(AL)^2 \varphi b}{p^2}} \tag{6.2}$$

式中　Q——掌子面风量，m^3/min；

　　　t——通风时间，min；

　　　G——同时爆破的炸药量，kg；

　　　A——掘进隧道的断面积，m^2；

　　　L——隧道全长或临界长度，m；

　　　φ——淋水系数，按照表 6-2 取值；

　　　b——炸药爆炸时的有害气体生成量，煤层中爆破取 100，岩层中爆破取 40；

　　　p——风筒漏风系数。

表 6-2　淋水系数的确定

隧道潮湿情况	φ
沿干燥岩层掘进隧道	0.8
潮湿的隧道	0.6
岩层含水或使用水幕	0.3

长距离隧道掘进时，炮烟在沿隧道流动过程中与隧道内的空气混合，在未到达隧道出口时已被稀释到允许浓度，从工作至炮烟已稀释到允许浓度处的距离称为临界长度，其中临界长度用式（6.3）确定：

$$L = 12.5\frac{GbK}{Ap^2} \tag{6.3}$$

式中　L——临界长度,m;

　　　K——流扩散系数,由表6-3查取。

　　　G,b,A,p 意义与式(6.2)相同。

表6-3　紊流扩散系数

$L/2D$	K
6.35	0.40
7.72	0.46
9.60	0.53
12.10	0.60
15.8	0.67
21.85	0.74

注:L——风筒口距工作面距离,m;

　　D——风筒直径,m。

3)按排出粉尘所需风量计算

(1)按照排尘风速计算

$$Q = V \cdot A \tag{6.4}$$

式中　V——排尘风速,m/min;

　　　A——隧道开挖断面积,m²。

(2)按照排尘风量定额计算

排尘风量定额是根据设备及作业过程的产尘强度(mg/s),在稳定的通风过程中保持工作面粉尘浓度不超过许可范围时的统计平均风量值。

$$Q = \frac{I}{c - c_0} \tag{6.5}$$

式中　Q——掌子面风量;

　　　I——掘进面产尘强度,mg/s;

　　　c,c_0——允许和进风的粉尘浓度,mg/m³。

(3)按工作面同时工作的最多人数计算

根据《煤矿安全规程》和《公路瓦斯隧道设计与施工技术规范》(JTG/T 3374—2020)相关规定,每人应供应新鲜空气 4 m³/min,则:

$$Q = 4N \qquad (6.6)$$

式中　N——隧道内最多工作人数。

（4）**按最低允许风速计算**

《公路瓦斯隧道设计与施工技术规范》(JTG/T 3374—2020)规定:微瓦斯工区隧道洞内通风风速不应小于0.15 m/s,低瓦斯工区隧道洞内通风风速不应小于0.25 m/s,高瓦斯工区和煤(岩)与瓦斯突出工区隧道洞内通风风速不应小于0.5 m/s。《煤矿安全规程》规定:掘进中的煤巷和半煤岩巷允许最低风速为0.25 m/s,掘进中的岩巷的最低允许风速为0.15 m/s。根据上述要求,隧道掌子面风量按照式(6.7)计算:

$$Q = v \cdot A \qquad (6.7)$$

式中　v——允许最低风速,m/s。

（5）**按稀释和排出内燃机废气所需风量计算**

使用内燃机动力设备时,隧道的通风量应足够将设备所排出的废气全面稀释和排出,使隧道内各主要作业地点空气中有毒、有害气体的浓度降至允许浓度以下,可用式(6.8)计算:

$$Q \geqslant 4.5P \qquad (6.8)$$

式中　P——内燃机功率,kW。

把以上几种计算方法中的最大值作为设计风量,同时考虑漏风影响系数和通风阻力,计算出通风量。

（6）**对计算所得的风量进行最高允许风速校核**

隧道施工通风应能提供洞内各项作业所需要的最小风量。每人应供应新鲜空气3 m³/min,采用内燃机械作业时,供风量不宜小于4.5 m³/(min·kW)。全断面开挖时风速不应小于0.15 m/s,导洞内不应小于0.25 m/s,但最高风速均不应大于6 m/s。

（7）**风机供风量计算**

$$Q_{风机} = \frac{Q_{max}}{K_1} \qquad (6.9)$$

$$K_1 = 1 - \eta_{100} \frac{L}{100} \qquad (6.10)$$

式中　Q_{max}——最大需风量;

　　　K_1——有效风量率;

　　　$\eta = 4N$——百米漏风率,取1%,此时软风管接头宜采用拉链式;

　　　L——压入通风的长度,m。

6.2.2　风压计算

理论上讲,系统所需风压最小能克服通风阻力,所以计算出通风阻力就可知系统风压,系统通风阻力包括沿程阻力和局部阻力。沿程阻力在风流的全流程内存在,局部阻力发生在流道断面发生变化处,如拐弯、分支及风流受到其他阻碍的地方。

(1)**沿程阻力计算**

$$H_{沿} = \frac{6.5aQ^2}{d^5} \tag{6.11}$$

式中　$H_{沿}$——沿程阻力,Pa/m;

　　　a——风筒摩擦阻力系数;

　　　Q——风机风量,m^3/min;

　　　d——风筒直径,m,取 1.8 m。

(2)**接头局部阻力计算**

$$H_{局部} = \frac{n\xi_2\rho Q^2}{2S^2} \tag{6.12}$$

式中　n——风筒接头数目;

　　　ξ_2——风筒接头局部阻力系数,取 0.05 ~ 0.15;

　　　ρ——空气密度,kg/m^3,取 1.273 kg/m^3;

　　　S——风筒截面积,m^2;

　　　Q——风机风量,m^3/s。

(3)**转弯处局部阻力计算**

$$H_{转} = \frac{\sum \xi_3\rho Q^2}{2S^2} \tag{6.13}$$

式中　$\sum$——风筒转弯数目;

　　　ξ_3——风筒接头局部阻力系数,取 0 ~ 1.0;

　　　ρ——空气密度,kg/m^3,取 1.273 kg/m^3;

　　　S——风筒截面积 m^2;

　　　Q——风机风量,m^3/s。

6.3　瓦斯隧道通风设备要求

通风方式是与施工方案一起进行确定的,在确定了施工方案以后,才能确定独头掘进的长度和通风长度,然后计算工作面风量。选择风管直径主要是根据送风量与通风距离,送风量大,通风距离长,风管直径就应增加,除此之外,还要考虑隧道断面大小及安装难度。除考虑技术上可行外,还要考虑在经济上合理,风管直径大,成本高,但单机送风距离长,耗电量少。除此之外,瓦斯隧道的风筒应满足抗静电和阻燃性能,风管百米漏风率不应大于2%。

通风机型号的选择按以下 3 个条件选定:通风机产生的风量不能小于理论计算风量;通风机直径不能与选取通风管直径相差过大;风机全风压值应略大于理论计算的总通风阻力。根据风机构造,可分为 3 类:离心式通风机、轴流式通风机和射流风机。其中,离心式风机由于体积大、功率小、送风量和风压小等缺陷,在隧道施工中极少应用。

6.3.1 瓦斯隧道通风设备与设施要求

瓦斯工区通风设备的布置(图 6-6)及安装应满足下列规定:

①洞外通风机应设在洞外新鲜风流中,洞内送风风机应布设在进风通道的新鲜风流中,且供给新鲜风量应大于洞内通风机的吸入风量,风机距回风排污口的距离不小于 30 m。

图 6-6 洞外通风机布设图

②应有一套同等性能的备用通风机,并保持良好的使用状态,备用通风机应能在 10 min 内启动。

③通风机应设两路电源,并装设风电闭锁装置,当一路电源停止供电时,另一路应在 10 min 内接通。

④低瓦斯工区、高瓦斯工区及岩(煤)与瓦斯突出工区内使用的局部通风机、射流风机均应采用防爆型,高瓦斯工区及岩(煤)与瓦斯突出工区应采用专用变压器、专用开关、专用线路、风电闭锁和甲烷电闭锁。

⑤风管应具有抗静电、阻燃性能,其直径不宜小于 1.2 m。风管送风口距开挖面不宜大于 10 m,风管安装应平顺,接头严密,百米漏风率不得大于 2%。

建议:低瓦斯隧道、高瓦斯隧道的通风风筒从二衬台车至开挖掌子面段使用抗静电、阻燃风筒,从二衬台车至洞口段使用普通风筒,这样既可以确保通风安全,又可以降低投资。

⑥地面、洞内通风机均应设钢梁(横)支架,以保持风筒悬挂平直;支架应稳固、结实,避免运行中摆动。

⑦通风机前、后 10 m 范围内不得堆放杂物,通风机进口应设置铁网,以防异物被吸入。

⑧风筒紧靠隧道侧壁挂设,吊挂高度 2~2.5 m,应做到平、稳、直,无扭曲和褶皱。

⑨横通道转弯、下穿台车等处时应使用弯筒转弯,做到缓慢转弯、避免转死弯,弯管平面轴线的弯曲半径不得小于风筒直径的 3 倍。

⑩当外径不同的通风机与风筒连接安装时,或外径不同的风筒连接时,应采用渐变段过渡、先大后小,渐变段长度以 3~5m 为宜,以降低局部阻力。

⑪为保证地面主要通风机连续运转,至少每月检查 1 次通风机。

⑫对塌腔、衬砌模板台车等瓦斯易积聚处采用局部通风处理时,应配备同等性能的备用通风机。

⑬采用巷道式通风时,除用作通风联络道的横通道外,其他横通道应封闭;运输用的横通道应设两道双向闭锁风门,防止风流短路。

风门设施的技术要求如下:

①风门前后 5 m 范围内支护完好,门墙厚度不小于 0.45 m。

②风门结构严密,门框与门扇之间有胶皮等柔质衬垫,以减少漏风;安设门框的墙体两帮、顶底需掏槽,掏槽深度不小 0.3 m,可用砖、料石或混凝土砌筑,墙体外抹砂浆,防止墙体漏风。

③风门应迎风流开启,向关门方向倾斜 80°~85°,以具有自动关闭功能。

④风门要求设置两道以上,间距不小于 5 m。

密闭设施的技术要求如下:

①密闭前后 5 m 范围内支护完好,密闭墙厚度不小于 0.8 m,两帮、顶、底需掏槽,掏槽深度不小 0.3 m。

②密闭墙需用不燃性材料(砖、料石或混凝土)构筑,墙体外抹砂浆,无裂隙,防止墙体漏风。

③密闭前无有毒、有害气体积聚。

④密闭前设置栅栏、警示和说明牌板。

测风站设施的技术要求如下:

①测风站前后 10 m 范围内断面无变化,无障碍物。

②测风站周壁应为光滑平面。

③测风站长度不小于 4 m。

④测风站有明显标志,并悬挂测风记录板,标明检测人员、风速和时间等内容。

⑤测风站距隧道洞口、横通道、洞室距离不应小于 30 m。

6.3.2　轴流式风机

轴流式风机一般由进风口(包括集风器和整流罩)、叶轮(由圆柱形轮毂与等距离的机翼型叶片构成)、导叶、风筒和环形扩散器组成。

集风器和整流罩的作用是使空气均匀地沿轴向流入风筒内,导叶的作用是改变气流从叶轮流出之后的速度方向,以保证气流从风机流出的绝对速度的方向与转轴平行,减少气流的能量损失。扩散器和扩压锥装在风机的出口端,其作用是将叶轮流出气流的部分动压转变为静压,以提高风机的静压效率。

叶轮由轮毂和在轮毂上径向布置的叶片构成。叶片的剖面一般采用机翼型。为了在各种不同流量下都能达到较高的效率,其叶片安装的角度可以调节变动。

轴流式通风机的工作原理是让气流通过叶轮时,靠叶轮旋转时斜向装置的叶片推动气流前进,气流在叶轮内做轴向流动,获得能量。轴流式风机的叶轮旋转时,叶片的正面(工作面)形成正压,叶片的背面(非工作面)形成负压;由于叶片剖面的形状为机翼型,有效增大了叶片工作面与非工作面之间的压差。根据机翼理论,当气流平顺绕流过机翼型的叶片时,气流正好在机翼的前端点分开,在尖尾的角点汇合,沿机翼弓背面流动的气体速度必然比沿机翼平底面

(或凹底面)流动的气体速度大。机翼前方具有相同能量的气流质点,沿弓背面流动的速度较大即动能增大而压力能减小即压强较低;反之,沿平底面流动的气流质点速度较小,压强就较高。

现以机翼的平底面作为轴流式通风机叶片的工作面,向着通风机的出口;以弓背面作为非工作面,背着风机的出口。当叶轮旋转时气体绕流过叶片,在叶片正面和背面形成的压力差是气流对叶片的作用力,其反作用力则是叶片对气流的作用力。通过该力在叶轮旋转过程中所做的功,使气流获得能量。

轴流风机选型应结合使用条件、隧道需风量、全风压及全性能曲线进行选择。对于瓦斯隧道施工通风,如果风机布置在隧道以外,可采用普通风机;如果风机布置在隧道内,必须采用防爆型。

轴流风机的轴功率按式(6.14)计算:

$$S_{kw} = \frac{Q_a P_{tot}}{1000\eta} \cdot \left(\frac{273 + t_0}{273 + t_1} \right) \cdot \frac{P_1}{P_0} \qquad (6.14)$$

式中　S_{kw}——轴流风机轴功率;

　　　Q_a——轴流风机的风量;

　　　P_{tot}——轴流风机的全风压;

　　　η——风机效率;

　　　t_0——标准温度;

　　　t_1——风机环境温度;

　　　P_0——标准大气压;

　　　P_1——风机环境大气压。

轴流风机所需配用的电机功率按式(6.15)计算:

$$M_1 = \frac{S_{kw}}{\eta_m} \cdot k \qquad (6.15)$$

式中　M_1——电机功率;

　　　η_m——电机效率,可取 90% ~ 95%;

　　　k——电机容量安全系数,可取 1.15。

6.3.3　射流风机

射流风机是由轴流风机加消音器组成。虽然射流风机由轴流风机组成,但两者工作原理有很大区别。轴流风机的出口与风管相连,风机通过叶片产生压力,推动风管内的空气流动。射流风机则安放在一个空间中,高速气流由射流风机的出口射出,此高速气流将带动周围的空气向前流动,在隧道中形成通风。

风机产生的射流速度越高,带动隧道内空气流动的能力越大。因此,射流风机被设计成能产生很高的出口风速,通常超过 30 m/s。风机出口风速越高,风机产生的噪声越大,为了降低噪声,射流风机两端必须加装消音器。

隧道中的风机射流是一种有限空间的紊动射流,与通常的自由射流有极大的不同,具有以通风气流为伴随流动等特点,是一种特殊而复杂的射流形式。射流以初始速度 V_j 进入通风速度为 V_i 的隧道空间,在风机出口处,射流与隧道气流之间形成切向间断而产生漩涡,使射活团产生横向脉动而与隧道气流进行动量交换、质量交换。这种"卷吸"作用,使射流范围扩大流量增加、速度减小,形成射流发展过程。与此同时,伴随流动范围逐渐减小,整个隧道气流的纵向呈现渐变的、非均匀的逆压流动,直至射流发展完成,伴随流消失,断面开始形成均匀流液度分布。当流动速度衰减到一定程度时,下一组风机开始工作。在隧道中将多组风机按一定间距串接,利用射流的诱导效应和增压效应,在隧道中形成空气的纵向流动,可满足隧道施工通风的需要。

射流通风具有显著的经济效益和良好的环境效益,同时还具有系统投资少、调控灵活、管理简便、运行费用较低等突出优点,使得射流通风逐渐成为一种重要的隧道施工通风方式。普通射流风机的通风效率很低,一般仅为 15% 左右,且相对能耗较大;而大功率射流风机效率大得多,通常为 40% ~70%。通过采用大功率射流风机,提高射流速度,可显著提高风机效率并降低能耗。

当隧道顶部空间允许时,应选择所能安装的最大尺寸的射流风机,这主要在于:

①大尺寸射流风机所能提供的推力比小尺寸射流风机大,在总推力相同的条件下,选用大尺寸射流风机时,风机的数量将比选小尺寸风机少,因而降低射流风机的总投资。

②通常每组射流风机都设有就地控制箱,风机数量减少后,就地控制箱的数量也相应减少。

③射流风机所用耐火电缆十分昂贵,风机数量的减少可以大大降低耐火电缆的费用。

④由于风机数量的减少,还将节省设备的安装、运行管理、维护等费用。

瓦斯隧道通风设施设备汇总见表 6-4。

表 6-4　瓦斯隧道通风设施设备汇总表

设施设备名称	使用环境	防爆等要求	功率范围
轴流风机	新鲜风流处	需防爆	75~350 kW(根据需求)

续表

设施设备名称	使用环境	防爆等要求	功率范围
射流风机	隧道中	需防爆	15 ~ 30 kW（根据需求）
局部风机	隧道中	需防爆	3 ~ 5 kW（根据需求）
风机控制器 （软启动器或变频器等）	—	需防爆	根据风机确定
供电设施	—	需防爆	—
风管	隧道中	抗静电、阻燃	—

6.4 瓦斯隧道通风管理专项措施

在瓦斯隧道的施工组织设计中,应编制全隧道和各工区的施工通风设计,并考虑各工区贯通后的风流调整和防爆要求。瓦斯隧道施工通风应成立专门组织,负责通风管理、维修、效果检测。并且保持隧道连续通风。因工序衔接、施工组织等临时停工的施工地点不得停风,不得在停风或瓦斯超限的区域进行机械施工作业。

1)通风设备

新安装的主风机和局扇,在投产前,必须进行通风性能检测及试运转。压入式通风机必须装设在洞外或洞内新鲜风流中,避免污风循环。备用设备:设计计算选配通风机械设备要考虑设备故障因素,配备足够的备用设备,防止设备故障造成洞内瓦斯积聚与超限。

加强通风设备检查、维修工作,确保主风机和局扇正常运转,备用主风机必须能在 10 min 内启动供风,备用发电机必须在 10 min 内发电供电;加强对风道、风管和风门的管理,确保通风畅通,防止漏风和短路通风;建立测风制度,做好通风工作。

2)通风两路电源

瓦斯工区的通风机应设两路电源,并应装设风电闭锁装置。当一路电源停止供电时,另一路应在 15 min 内接通,保证风机正常运转。

3)风电联锁

瓦斯突出隧道掘进工作面附近的局部通风机,均应实行专用变压器、专用开关、专用线路供电,实行风电闭锁、瓦斯电闭锁装置。

　　停电启动:因停电、通风机械设备故障等因素造成通风系统停止运行后,在恢复正常通风后必须对隧道上部、坍塌洞穴、避车洞等通风不良、瓦斯易积聚的地点进行瓦斯检测。当检查瓦斯浓度超过 2% 时,应撤出人员、切断电流、停止电动机运转或关闭电器开关、停止施工,待进行局部充分通风处理后,由瓦斯检测员再次进行检测,证实瓦斯浓度低于规定允许浓度,确认安全后方可恢复施工。

　　工作面若采用局扇通风,由于局扇或供电故障造成局扇停风时,在恢复局扇通风前必须检查瓦斯浓度,证实爆破工作面附近 20 m 范围内的 CH_4 浓度不超过 1% ,且局扇及其开关附近 10 m 风流中 CH_4 浓度不超过 0.5% 时,方可启动局扇通风。否则,必须先采取相应排除瓦斯的安全措施。

6.5　瓦斯隧道通风系统管理要求

　　为了规范隧道施工通风作业,保证施工通风效果,给施工提供良好的作业环境,使隧道施工得以安全、快速、高效地进行,可结合隧道实际情况制订相关通风管理制度。

　　成立通风系统管理机构明确组长、副组长及具体成员的职责全程参与方案制订、实施、局部调整,过渡方案的设计,通风系统测试与评价、通风检测系统的维护以及洞内作业环境评价等。通风管理各个阶段施工前,必须进行技术交底,结合项目的特点、技术要求、施工工艺、工程难点、施工操作要点以及工程质量标准进行安全技术交底。

6.5.1　通风管理

(1)风机的安装

　　根据选定的通风设备安装位置,平整场地,设置安装通风设备的基础和支架,并有技术人员提供风机支架图纸和材料型号,一般按承重通风机总质量的 2 ~ 4 倍焊制通风机机架。为防止洞内排出的污风被二次吸入,通风机架设在距洞口 20 m 外。将通风设备平放在预制好的支架上,调平、调整方向后用螺栓固定。通风设备的安装应符合设计要求及使用说明要求。电器控制柜安设在干燥、无尘、通风良好且便于风机司机操作的地方,接通电源,分别启动两台电机,检查电机旋转方向是否与箭头指向一致。

（2）风机的运行管理

通风工应加强与风机司机的联系,风机司机必须在接到通风工通知后方能送风。送风时,先启动一台电机,5 min后再启动另一台电机。变级多速风机必须由低速到高速逐台稳定启动,即低速启动稳定后才能启动中速,中速稳定后才能启动高速。风机司机要遵守操作规程,防止发生机械事故,做好防火、防触电工作;风机不运转时,务必切断电源,并对风机运行状况做好记录,以备查询,特殊情况及时汇报。

（3）通风实施过程中风机位置的调整

随着作业面的向前推进,有时需要安装和移动风机。该工作由技术人员指导通风工人和风机维修工完成。首先,由技术人员根据设计选定风机的位置,通风工人在安装风机的地方加固处理;其次,由风机维修工对所安风机进行检测,确定正常后,用吊装设备移动到指定位置;再次,由通风工人对风机进行加固;最后,由技术人员和风机维修工负责连接线路,调试运行。

（4）风机的维护与保养

风机的维护与保养,必须遵循一定的工作制度,必须有专人保养维修,不能携带故障运行,定期清理风机内的灰尘,为了保证风机的叶轮不会被锈蚀失衡,对于叶轮上的灰尘、污垢要特别地清除。维修时一定要先断电,再检查。每隔一个月对风机加注一次黄油,保证运行的畅通。

6.5.2　通风系统维护的辅助措施

①通风工对责任区内的通风系统须每班巡回检查一次,发现破损、爆裂、泄漏、拖挂、弯曲、褶皱、拉链脱开等要及时处理。

②定期测风压、风量、风速,并做好记录。

③经常检查和维修通风机具,检查通风设备的供风能力和动力消耗,检查风管有无损伤,损伤要修补。

④风管破损严重的应急处理措施为:先用扎丝将风管缝补好,等不需要通风时把风管换掉再用塑焊枪进行修补。

⑤管理好进洞的运输道路和运输设备,防止划破风管,对于可能损坏风管的外露锚杆,要及时进行处理;对于车辆经常碰到的通风管路,要及时抬高。洞内尽量不要停放闲置的汽车、梭矿和堆积杂物,以免影响风流。

⑥管理好进洞的污染源,必要时对内燃机械设备加空气净化装置。

⑦必要时在开挖工作面装设水雾除尘设备,使之与空气中的粉尘碰撞,则尘粒附于小水滴上被溶湿的尘粒凝聚成大颗粒,从而加快了其降落程度,达到降尘的效果。

⑧必要时采用空气引射器吹散局部积聚的瓦斯和有害气体。

6.5.3　通风安全施工措施

①通风作业人员要熟悉隧道施工环境、作业工序、通风仪器设备性能,岗前经专职培训合格后才允许进行通风作业。

②通风设备安装必须牢固,周围 5 m 内不得堆放杂物。通风设备应配有保险装置,发生故障时,能自动停机。

③风机司机要遵守操作规程,防止发生机械事故,做好防火、防触电工作;风机不运转时,务必切断电源。

④风机司机发现通风系统有异常、振动、火花等故障时,应立即通知人员做出处理。

⑤不允许把重物加在通风管上,更不允许通风工站在通风管上作业。风管周围不得放尖锐物件,在安装风管时,风管线路下方的锚杆、钢筋应及时割掉。

⑥动力线、照明线不得安装在风管同侧。

⑦隧道接近或通过瓦斯的岩层,必须按煤炭工业部现行的《煤矿安全规程》有关规定办理。

⑧施工过程中必须对人员加强安全技术交底。

⑨长梯作业时做好防滑或踏空准备,系好安全带。同时应有其他通风工扶梯子。

⑩严禁穿着化纤衣物进入瓦斯隧道。严禁将火柴、打火机及其他易燃物品带入隧道内。

⑪高空作业必须佩戴安全帽,同时必须系好安全带。

⑫在使用紧线器时,一定要把握住力度,防止钢丝拉蹦,以免伤人。

⑬当在模板台车、台架上作业时,一定要抓牢站稳,防止坠落。

⑭隧道内任何时间禁止瞌睡和睡觉。

⑮响炮前必须退到安全距离以外避炮。

⑯随时注意洞内过往车辆,及时避让,保证人身安全。

6.5.4 瓦斯工区通风管理

1)一般规定

①通风方案(包括供风能力、风机配置、风道布设等)必须满足稀释洞内瓦斯浓度达到设计允许范围以内并及时排出洞外的要求,并应经批准后实施。

②在瓦斯易于积聚的空间,衬砌模板台车附近区域设置局部扇风机(即局扇)实施局部通风,消除瓦斯积聚。巷道式通风安设在洞内的通风机应装设三专(即专用变压器、专用开关、专用线缆)和两闭锁(即风电闭锁)。

③必须采用抗静电、阻燃的双抗风管。

④成立通风班组,对经过批准的通风方案进行通风设施的安装、使用、维修和维护;班(组)成员必须经专业技术、安全培训考核合格后持证、挂牌上岗。

⑤风管布设必须顺直、稳定、严密,尽量减小风损;每班必须进行检查,保证通风设施正常运转供风。

⑥风机的启动、变速、停止由通风人员负责指挥,由专职的风机司机操作,不得随意合闸或断电,其他人员不得随意干涉,风机司机轮班作业,保证24 h在岗,保证风机连续供风。

⑦通风班(组)应配备通风测试仪器和仪表,对通风效果进行定期测试并做好记录,保证安全供风;并与瓦斯检测中心应有快捷、准确、可靠的信息联络。

⑧建立通风台账制度、交接班制度,各种数据应由当班及时、真实记录、交接并签名。

⑨建立和执行项目经理、总工、安全员负责人的巡视制度,一旦发现洞内瓦斯异常浓度超标的情况时,经理、总工、安全员负责人必须有1人在现场严盯死守,直至洞内瓦斯浓度达到允许浓度以内。

⑩隧道在施工期间,应实施连续通风,因检修、停电等原因停风时,必须撤出人员切断电源,恢复通风前必须检查瓦斯浓度。确认瓦斯浓度在允许范围以内方可人工启动风机。

⑪风机的两路电源均为外部电源,当一路电源停电时,另一路电源应在15 min内接通供电。

2)管理要求

①设立隧道通风班组,在隧道工区主任领导下开展工作,业务上接受经理部安全科的指导,具体负责按照经批准的通风方案进行通风系统的安装、使用、维修、维护工作。

②风机操作人员必须经过培训、考核合格后方能上岗作业,必须严格遵守风机的操作规程,熟悉通风系统性能。

③隧道通风系统必须经过验收合格后方可投入正常运行,运行期间应加强巡视及维护工作,保证通风系统各项性能、技术指标达到设计要求。

④保证隧道 24 h 连续不间断通风,风量、风压必须满足设计要求,不得随意停风。

⑤通风系统的定期检查。

项目经理部组织每周对通风系统进行检查,工区主任每天对通风系统必须作例行检查,通风工必须做好日常巡查。

通风系统运行正常后,每 10 d 进行一次全面测风,对掌子面和其他用风地点根据需要随时测风,做好记录。

每 5 d 在风管进出口测量一次风速,并计算漏风率,风管 100 m 漏风率不应大于 2%,对风筒或风管的漏风情况必须及时进行修补。

⑥建立通风系统运行管理档案。档案包括各种检查记录、调试记录、测量记录、维护记录、运行记录等。

值班人员每天按班组对通风系统运行情况进行记录,工区主任每天、生产副经理每周分别对运行记录予以审核、签认,管理档案由物机部负责建档保存。

每周用风速测定仪对风速进行人工检测,检测结果与自动监控系统相应时间、位置、风速值进行核对,确保风速满足施工要求且回风巷风速不得低于0.25 m/s。

3)停风、复风报批制度

①风机的停运、开关、由专职通风工负责,并且做好相关的记录并签字后备查,其他任何人不准擅自停机。因通风系统检修及其他原因需要停风时需提前提出申请,逐级上报,根据停风时间长短由相关负责人审批后方可实施。

②有计划停风时,停风在 30 min 以内的,由当班人员报班长审核后,由项目总工批准实施。

③停风时间超过 30 min 的,由当班人员报项目总工审核后,由项目经理批准实施。

④主要通风机停风前确保洞内所有人员已经撤离至地面,再切断洞内所有电源。

⑤因故障等原因导致主要通风机突然停运时,迅速将洞内所有人员撤离至地面。

⑥在瓦斯隧道在施工期间,实施连续通风。因检修、停电等原因停风时,撤出人员,切断电源,在左、右洞洞口设置警戒,并安排专人值班警戒,禁止人员进入洞内。

⑦停风前必须确保洞内所有人员已经撤离,再切断电源。恢复通风前,必须检测有毒、有害气体浓度;开机时,应控制风量,使风流中的有毒、有害气体浓度不超过相关规定。

建议:瓦斯隧道的风管在掌子面至二衬台车段采用"双抗"风管,二衬台车至洞口段可使用普通风管。

6.5.5　通风应急处理措施

①风机故障应急处理:当发生风机烧坏时,首先通知作业面工人,并根据洞内环境监测结果决定是否停工同时尽快查明原因,启动备用风机,并对烧坏的风机进行维修。

②通风管路爆裂或划破应急处理:在通风状态下,发生风管爆裂或被划破现象时,应首先通知作业面工人,并根据洞内环境监测结果决定是否停工,同时通知风机司机把风机变为低速运转或停止运转,用细铁丝对爆裂风管进行快速缝合,尽快恢复正常通风;待允许停风时,再将爆裂或被划破的风管更换为新风管。在停风状态下,发生风管被划破现象时,可直接将被划破的风管更换为新风管。

③通风管路拉链断开应急处理:在通风状态下,发生风管拉链断开现象时,应首先通知作业面工人,并根据洞内环境监测结果决定是否停工,同时通知风机司机关掉风机,用细铁丝对断开的两节风管进行快速缝合连接,连接好后,尽快恢复正常通风;待允许停风时,再将拉链损坏的风管更换为新风管。在停风状态下,发生风管拉链断开现象时,可直接将拉链损坏的风管更换为新风管。

④通风管路掉落时应急处理:当发生管路掉落现象时,应首先通知作业面工人,并根据洞内环境监测结果决定是否停工,同时通知风机司机把风机变为低速运转或停止运转,车辆暂停通行,并尽快将掉落管路牵线吊起,固定牢靠。完成后,恢复正常。

第7章 隧道工程瓦斯灾害事故应急救援

　　隧道工程瓦斯灾害应急救援指当发生危害隧道工作人员人身、事故灾害时,能够迅速开展先期处置,组织和帮助遇险或受灾人员开展自救和互救的活动。高效的应急救援,会将事故尽快予以控制,避免事故恶化。在避免、减少人员伤亡的同时,也能有效避免财产损失。如成功处置了瓦斯爆炸灾害、瓦斯突出灾害或其他由于施工造成的灾害,不仅能避免人员的伤亡,同样也会使设备、设施免受损害,避免造成重大的财产损失。

　　事故应急救援预案在应急系统中起着关键作用,它明确了在突发事故发生之前,发生过程中以及刚刚结束之后,谁负责做什么,何时做,以及相应的策略和资源准备等。它是针对可能发生的重大事故及其影响和后果的严重程度,为应急准备和应急响应的各个方面所预先作出的详细安排,是开展及时、有序和有效事故应急救援工作的行动指南。

7.1 瓦斯隧道灾害分析

　　在瓦斯隧道施工生产中,要预防消灭各种灾害的发生,必须首先掌握、了解灾害发生的原因、条件、特征及预兆等,只有这样才能提前及时采取措施有效预防灾害发生并及时有效控制。瓦斯隧道施工中易发生火灾和爆炸事故。

7.1.1 火灾

　　经分析、研究,可能引起瓦斯隧道火灾的主要原因为:

　　①违章在隧道内吸烟,在隧道内拆卸矿灯、放明炮、电焊、气焊;隧道内电气设备使用不当或维修不及时导致短路,产生电弧火花等。

　　②行车引起的撞击火花,机械、皮带等使用不当产生摩擦火花等。

　　③静电火花,地面雷电或其他突发的电流通过线路输入隧道引起电弧火花。

火灾处理应符合下列规定：

①瓦斯工区发生火灾时，应立即组织人员撤离，启动事故应急救援预案。

②电气设备着火时，应首先切断电源，不能直接灭火时，可设置防火墙封闭火区。

③启封火区时应逐段恢复通风，加强有害气体检测，发现复燃征兆，应立即停止送风重新封闭火区。

7.1.2 爆炸

瓦斯爆炸必须具备 3 个条件：

①瓦斯浓度为 5% ~ 16%。

②点燃瓦斯的火源(瓦斯最低点火温度为 650 ~ 750℃)。

③空气中的氧浓度大于 12%。

空气中氧气含量只有低于 12% 时瓦斯才能失去爆炸性，而在正常生产中，隧道内作业工人还需呼吸，氧气浓度绝不能低于 12%，看来这一条件无法控制。故在生产中要预防瓦斯事故的发生，必须严格控制瓦斯爆炸的前两个条件，既要严格控制隧道中瓦斯浓度达到爆炸浓度，也要避免施工期间出现高温环境。

7.2 应急预案编制

（1）编制目的

为了全面贯彻落实"安全第一，预防为主，综合治理"的方针，加强瓦斯隧道施工尽量减少事故的危害，保障项目及周边单位人身和财产安全，尽早恢复正常施工秩序。

（2）编制依据

依据《中华人民共和国安全生产法》《中华人民共和国消防法》《生产经营单位安全生产事故应急预案编制导则》《建设工程安全生产管理条例》《安全生产事故报告及调查处理条例》以及和企业相关安全生产管理办法及地方政府相关法规、业主相关文件。

（3）适用范围

适用于瓦斯隧道的各类安全紧急应急情况，从较小的紧急事件到可能对附近居民和公众健康和安全有影响的重大事故。

（4）应急工作原则

①以人为本，安全第一。以努力保护人身安全为第一目的，兼顾财产安全

和环境防护,尽量减少事故、灾害造成的损失。

②统一领导,分级负责。在项目指挥长的领导下,各有关部门按照各自职责和权限,负责有关安全生产事故的应急管理和应急处置工作。

③快速反应,协调应对。预警、预防和应急处置工作需要快速反应、运转高效。与当地有关部门密切协作,建立联合协调机制,充分发挥地方、业主及兄弟单位在应急处置中的支持作用,尽可能采用先进的救援装备和技术,增强应急救援能力,确保应急预案的科学性和可操作性。

④预防为主,居安思危。坚持事故应急与预防工作相结合,做好预防、预测、预警和预报工作,做好常态下的风险评估、物资储备、队伍建设、完善装备、预案演练等工作。

7.3　应急救援组织机构及职责分工

（1）**组织机构**

成立以项目经理为指挥长的应急救援领导小组,设调度室,下设 7 个处置组:专业救护组、机电设备组、通风组、施工技术组、安全质量组、后勤保障组、善后处置组。

总指挥:项目经理。

副指挥长:项目副经理、项目总工程师、安全总监。

副组长:各职能部门负责人及项目其他成员。

①组长职责:全面负责应急救援组织活动,发布救援命令,向上级汇报救援工作进展情况,制订救援方案和应急措施。

②副组长职责:组长处理事故的第一助手,在组长领导下配合专业救护队组织制订营救人员和处理事故的计划;总指挥部不在时,由副总指挥依次行使指挥权。

③成员职责:根据营救人员和处理事故的方案,以专业救护队人员为主体组织为处理事故所必需的工人待命,及时调集救灾所必需的设备材料。

（2）**职责分工**

①专业救护组:对煤(岩)与瓦斯突出事故的救援行动具体负责,根据营救和处理事故计划规定的任务,完成对事故遇难人员的救援和事故处理。

②机电设备组:检查所有进入瓦斯隧道的机电设备必须符合防爆要求;督导机械班、电工班对应急机电设备进行检测和日常维修保养;对防爆设安装、维修、使用人员加强防爆知识业务学习,做到判断事故准确、处理及时。

③通风组:按照组长命令负责改变隧道通风系统,为实现自然通风恢复主通风机运转做好技术指导工作,重视主通风机的工作状况和组织完成必要的通风工程,组织瓦斯排放并执行与通风有关的其他措施。

④施工技术组:按照组长命令负责协调各方面的工作,协助专业救护队进行抢救、撤人和灾害处理。

⑤安全质量组:监督各种安全检查质量事故隐患的整改和各项安全质量措施的落实;负责瓦斯隧道施工人员的安全培训工作,做好瓦斯隧道安全知识的宣传和普及;建立健全瓦斯隧道施工的各种岗位安全制度;组织安全检查,负责揭煤前及揭煤过程中的安全工作,监督瓦斯隧道各工种施工人员,认真落实岗位安全质量保证措施。

⑥后勤保障组:做好后勤保障,保证瓦斯隧道施工、材料、机备供应和人员资金到位;加强瓦斯隧道施工人员的职业道德,安全意识教育,牢固树立"安全第一"的思想。

⑦善后处置组:负责现场的清理工作;负责对外理赔工作;负责伤亡事故的赔偿处理工作;参与事故调查、分析和总结教训。

7.4 应急处置

(1)响应程序

一旦发生煤(岩)与瓦斯突出事故,由组长启动应急救援预案,根据事故性质进行上报。应急救援预案启动后,调度室值班人员按照应急救援人员通知明细表,迅速通知有关领导和人员立即赶到事故现场,按照各自职责全面开展应急救援工作。

(2)应急救援

应急预案启动后,应急救援小组根据现场实际情况采取下列措施:

①尽快安全撤出洞内施工人员,积极组织营救遇险遇难人员,及时救治受伤和中毒人员;保护好事故现场,因抢救事故需要移动现场部分物品时,必须做出标志或绘制事故现场图,并详细记录。

②迅速找到并控制或消除事故的危害和危险源,防止事故扩大。

③根据事故性质迅速恢复被损坏的洞外供电、通风、排水、通信等系统,确保抢险救灾工作的顺利进行。

④根据专业救护队侦察情况迅速制订救灾方案和救灾计划。

⑤现场应急处置应遵循的原则。

a. 救人优先的原则:现场工作人员本着"以人为本,救人第一"的原则,首先进行自救,然后进行救助他人。

b. 防止事故扩大,缩小影响范围的原则。

c. 保护救灾人员生命安全的原则。

d. 利于恢复生产的原则。

⑥事故发生后的应急处置措施。

a. 发生突出事故后,在专业救护队未达到之前,在带班干部和班组长带领下迅速组织现场人员开展自救和互救,施工人员迅速佩戴好隔离式自救器按最短的避灾路线撤到洞外,在撤离时要设法切断洞内电源。

b. 专业救护队必须按照应急救援小组指令在 30 min 内到达事故地点进行抢险救灾。到达事故现场后,首先设置警戒;组织人员进行侦查工作,准确探明事故性质、原因、范围、被困人员可能所在的位置,以及隧道通风、瓦斯等情况,积极搜索被困人员,并随时与调度室保持联系,汇报抢险进展情况。

c. 专业救护队员在隧道内抢救时必须遵循以下原则:

• 采取一切有效措施,及时救助遇险人员,尽量减少人员伤亡。

• 发现火源要立即扑灭。

• 确认无二次突发可能时,要及时恢复破坏的隧道通风设施,恢复正常通风。

• 对充满瓦斯的主要隧道加强通风,迅速按规定将高浓度瓦斯直接引入副井排出隧道。

d. 要慎重处置隧道内电源,断电作业应在远距离进行,防止产生电火花引起爆炸。

e. 洞内不准随意启闭电器开关,不要扭动防爆灯和灯盖,防止引爆瓦斯。

f. 制订相应安全措施,排除隧道内的高浓度瓦斯等有害气体,整修恢复通风系统,按措施清理突出煤渣,防止事故再生和扩大。

g. 注意事项:

• 应急抢险人员应按规定佩戴符合标准的个人防护用品。

• 应采购国家指定的专业厂家生产的抢险救援器材,要严格采购、入库、存放过程及使用前的检查验收关,并按规定使用。

• 制订的应急救援对策或措施要有针对性、可操作性,最好执行事前演练过的救援对策或措施。

• 现场自救互救应遵循保护人员安全优先的原则,防止事故蔓延,降低事故损失。

• 应急救援结束后，领导小组应组织人员对本次救援工作进行总结，找出存在的问题，修订完善应急预案。

7.5　自救

发生事故后，在场人员应尽量了解和判断灾害的性质、地点和发展程度，迅速报告(用附近电话)给洞口值班人员，并由在场的负责人或有经验的老工人带领，根据当时、当地的情况，首先组织现场救灾，防止灾害进一步扩大。在防止无效时，应立即选择安全路线，有组织地撤离。撤离时严禁惊慌失措、大喊大叫、四处乱跑。

安全撤退的路线，一般应根据灾害的类型、灾害发生时人员所处的位置而定。

(1)洞内发生爆炸事故时的避灾自救方法

洞内发生爆炸时，受灾人员需要沉着，不可惊慌，也不要乱喊乱跑；不论灾后的风流方向如何，位于事故地点上风侧人员，应迎着风流撤退；位于事故地点下风侧人员，可佩戴自救器或用湿毛巾捂住鼻口，尽快由捷径绕到新鲜风流中；如果在撤退过程中遇有爆炸冲击波与火焰袭来时，应背向冲击波俯卧在水沟内，头要尽量低些；爆炸瞬间最好能屏住气，以免体内受高温灼伤，待爆炸冲击波过去后，迅速带好自救器，沿避灾路线尽快进入新鲜风流，离开灾区。

撤离过程中要由班组长或有经验的老工人带领同行，若洞内塌方，就要设法找一处比较安全的地方暂时躲避，安静耐心等待营救。躲避的地方要选择没有有害气体、有水或离水较近的地方，并要时时注意附近情况的变化，发现有危险时应立即转移。避灾中，每个人都要遵守纪律，听从指挥，严格控制矿灯使用，主动照顾好受伤人员，并时时敲打铁管等发出呼救信号。

(2)洞内发生火灾事故时的避灾方法

洞内发生火灾时，如果火灾范围大、火势猛、现场人员无力抢救并接到指示撤退时，要迅速采取自救、组织避灾。

受灾人员应迅速戴好自救器，在在场领导或有经验的老工人组织下撤离。如位于事故地点上风侧应迎着风流撤退，位于下风侧时，尽快由捷径绕过火区到新鲜风流中，进入安全地带。

撤退中如果隧道已充满烟雾，不可惊慌乱跑，要迅速地辨认出发生火灾的地区和风流方向，然后沉着地俯身摸着铁管等有秩序外撤。

（3）**自救装置与设备使用注意事项**

①洞内避难所：在自救中，当自救器在其有效作用时间内不能到达安全地点，撤退路线无法通过，缺乏自救器或有害气体浓度过高自救器不起作用等情况下，受灾人员应躲进用作材料库的避车洞。进入前，一定要在外面留有衣物、矿灯等明显标志，以便救护队寻找。待避时应保持安静，避免不必要的体力与氧气消耗，以延长待避时间。避难洞室内除留一盏灯照明外，应将其余矿灯关闭。在避难室待救期间可间断敲打铁器、岩石等发出呼救信号。

②自救器：进洞人员必须携带自救器。在工作时，当发现火灾或瓦斯爆炸征兆撤离现场时，必须立即佩戴自救器，不可看到烟雾再佩戴。佩戴自救器后，必须一直佩戴，到达安全地带时，方可取下。佩戴自救器脱险时，要求匀速行走，保持均匀呼吸，禁止奔跑。

（4）**组织灾区人员自救和安全撤退**

①采用最快速度用电话通知或敲打风管、水管等引导灾区人员和受威胁区域的人员按避灾路线迅速安全撤出。

②救灾指挥部洞口值班人员把好隧道入口，严格控制进洞人数，进洞人员必须经过许可方可进入。洞口值班室必须明确统计留在洞内的人数报救援指挥部。

（5）**发生事故时在场人员的行动原则**

①在保证安全的条件下，采取一切可靠方法及时消除灾害。

②尽快向调度室汇报，并通知附近人员。

③现场处理不可能时，由在场的负责人或有经验的老工人带领，根据当地实际情况，选择安全路线迅速撤出危险区域。

第8章 隧道瓦斯灾害典型案例分析

8.1 董家山隧道事故分析

2005 年 12 月 22 日 14 时 40 分,四川省都江堰至汶川高速公路董家山右线隧道发生特别重大瓦斯爆炸事故,造成 44 人死亡,11 人受伤,直接经济损失 2 035 万元。董家山隧道左线全长 4 090 m,右线全长 4 060 m,事故发生时右线隧道完成开挖 1 487 m、衬砌 1 419 m。

8.1.1 基本情况

都汶公路都江堰至映秀段高速公路工程项目位于都江堰市玉堂镇和紫坪铺镇境内,其主要工程是董家山隧道。该隧道为平行双洞隧道,左线全长 4 090 m,右线 4 060 m,隧道进口端左线 2 550 m,右线 2 515 m。左洞于 2004 年 3 月 1 日开工,右洞于 2004 年 4 月 1 日开工。合同总造价 2.15 亿元,其中隧道部分造价 1.5 亿元。

8.1.2 事故经过、应急救援及处理

2005 年 12 月 22 日白班共有 43 人陆续进入右洞作业。其中,喷射混凝土施工 5 人,施做锚杆前的准备工作 8 人,浇筑二次衬砌混凝土 11 人,2 号横洞出渣 1 人(救护队到达之前企业施救出洞),瓦检员 2 人,洞内运输 6 人,技术员 1 人,以上人员(34 人)均已死亡。另风筒工 10 至 11 时停风接好风筒,11 时恢复供风,至事故发生时仍处于供风状态(现场勘察风筒被撕成碎片,即是事故发生时正处于供风状态的表征);架设拱架工 4 人 14 时 20 分下班出洞;右洞工区主任、施工队长、监理、技术员也到现场检查,检查后先后出洞。14 时 40 分右洞发生瓦斯爆炸事故。

8.1.3　事故原因及事故性质

1）事故原因

事故的直接原因是掌子面处塌方,瓦斯异常涌出,致使模板台车附近瓦斯浓度达到爆炸界限,模板台车的配电箱附近悬挂的三芯插头短路产生火花引起瓦斯爆炸。

（1）瓦斯来源分析

根据事故发生地段的地质构造条件分析,该处地层中有瓦斯大量集聚的条件。地质勘查报告曾明确指出,此段隧道穿越一组背斜,在其褶曲轴部地带中的炭质泥岩及薄煤层中赋存有瓦斯等有害气体,有瓦斯聚积涌出的可能,施工中应按瓦斯安全规程进行重点设防,加强通风及瓦斯的监测工作。设计单位、施工单位分别委托四川省康泰安全评价咨询有限责任公司对隧道瓦斯情况进行了评估,评估报告指出:根据施工单位日常瓦斯记录分析,隧道局部区域绝对涌出量大于 0.5 m³/min。根据《铁路瓦斯隧道技术规范》(TB 10120—2019)属高瓦斯工区;根据《煤矿安全规程》第一百三十四条的规定,属低瓦斯隧道中的高瓦斯区域。

另据施工地质描述,庄 F_{11} 和 F_{11-1} 两断层间尚有发育多条次一级小断层,这些小断层又将此地段地层切割为互不连通的小段岩体。各小段岩体中瓦斯赋存、富集条件也会各有差异。因此,在此遭断层分割的复式褶曲地段,瓦斯的分布既具不均衡性的特点,又具有相对富集的特点,在瓦斯相对富集的部位,一经揭露就有异常涌出的可能。救援结束后,24 日 14 时救护队检测掌子面高顶处瓦斯浓度为 0.4%,27 日救护队检测掌子面高顶处及模板台车二平台处瓦斯浓度均为 9.0%,说明该地段的瓦斯仍然持续涌出。

（2）间接原因

①右线隧道风机(对旋)型号:SBDY-CANO12.5A,功率 2×115 kW,风压 1 500 Pa,利用直径 1.5 m 的风筒供风,风筒出风口距掌子面 30 m 左右,通风距离超过 1 400 m。据调查,风机两台电机夏天都在高挡运行,冬季一般是一中一低运行,事故前一班只有一台电机在中挡运行,喷射混凝土时只有一台电机在低挡运行,无法完全稀释掌子面有害气体,易造成瓦斯聚积。经调查取证,右线隧道在打右矮边墙、移动模板台车及修补、延长风筒时,均要停风。除此之外,施工队带班人员为节约电费也擅自停风机,11 月以来已停风 3 次。

②瓦斯检查员全部使用便携式瓦斯报警仪检查瓦斯,检查高处时一般将便

携瓦检仪绑在一根长 2~3 m 的竹竿上举起进行检查,未达到规定检查高度,且存在检查次数不符规定等情况。

③右线隧道仅有一台甲烷传感器,事故当天安装于距垮塌处 5 m 隧道左侧、离隧道底板 2 m 高的地方,安装位置不符合要求,不能有效监控瓦斯,安装以来从未报过警。

④2005 年 10 月 19 日—12 月 5 日,右洞隧道掌子面拱顶瓦斯浓度经常超过 0.5%,最大达 2.47%(11 月 5 日 K14+872 处)。

⑤经查阅资料,四川省康泰煤矿劳动安全评价咨询有限责任公司指出了该隧道的高瓦斯区段,但该隧道未明确按高瓦斯区段设防。

2)事故性质

经过现场勘察、查阅相关资料、询问有关当事人,并对事故原因进行技术分析和论证,事故调查技术组认定:四川都江堰至汶川高速公路董家山隧道工程右线隧道特大瓦斯爆炸事故为一起责任事故。

8.1.4　事故责任人员的处理

6 名事故直接责任人移交司法机关处理,给予其他 17 名责任人相应的党纪、政纪处分。

8.2　五洛路 1 号隧道事故分析

2015 年 2 月 24 日 13 时 36 分,成都市龙泉驿区洛带镇五洛路 1 号隧道,发生一起瓦斯爆炸事故,造成 7 人死亡、19 人受伤,直接经济损失 1 620 余万元。

2015 年 2 月 24 日,依据《中华人民共和国安全生产法》《四川省生产安全事故报告和调查处理规定》(四川省人民政府令第 225 号)以及《成都市人民政府办公厅关于生产安全事故调查处理有关问题的通知》(成办函〔2011〕112 号)相关规定,经成都市政府批准,成立了以成都市政府副秘书长为组长,成都市安监局、成都市监察局、成都市交委、成都市总工会和龙泉驿区政府相关负责人参加的龙泉驿区洛带镇五洛路 1 号隧道“2015·2·24”瓦斯爆炸事故调查组(以下简称“事故调查组”),开展事故调查工作。事故调查组邀请成都市检察院派员参加,并聘请瓦斯、通风、岩土、安全技术方面的专家组成技术组,全程参与事故调查工作。

事故调查组按照“科学严谨、依法依规、实事求是、注重实效”的原则和“四不放过"要求,通过周密细致的现场勘察、调查取证、专家论证、查阅资料并询问有关当事人,查明了事故发生的经过、原因、应急处置、人员伤亡和直接经济损失情况,认定了事故性质和责任,提出了对有关责任人及责任单位的处理建议和事故防范及整改措施建议。调查情况报告如下。

8.2.1　基本情况

(1)项目建设基本情况

成洛大道东延线是一条经龙泉驿区、金堂县,连接成都市区和德阳市中江县的旅游快速通道,全长 11.056 km。2014 年 2 月 19 日,该项目经四川省发改委立项(川发改基础〔2014〕100 号)。2014 年 3 月 20 日,在龙泉驿区交通局、发改委和经信局完成备案。成都经济技术开发区建设发展有限公司为项目业主,项目采用 BT+EPC 模式建设,工程概算总投资约 15.6 亿元,建设工期 3 年。经龙泉驿区公共资源交易中心公开招标。五洛路 1 号隧道(又名洛带古镇隧道)是该工程的重要组成部分,隧道穿越龙泉山脉的浅层天然气富集区,为高瓦斯隧道,隧道长 2 915 m,设计坡度 2.5%,最大埋深 152 m。采取左右洞同时掘进方式施工,隧道内间隔 300 m 设有联络通道。截至 2015 年 2 月 13 日春节放假停工前,左右洞分别掘进 900 m 和 895 m。

成都成洛东延线建设项目管理有限公司(以下简称"成洛东延线项管公司"),负责实施成洛大道东延线项目投融资、勘察设计、施工总承包、移交及回购款回收等建设管理工作,承担建设期间的业主职责。

(2)事故相关单位情况

成都成洛东延线建设工程施工单位为法人独资有限责任公司,注册资本金为伍亿零伍佰伍拾万元。公司具有水利水电工程施工总承包特级资质,公路工程施工总承包一级资质,隧道工程专业承包一级资质。

五洛路 1 号隧道进口施工单位成立于 2010 年 8 月,公司类型为自然人投资或控股有限责任公司,注册资本金为壹仟万元。公司具有隧道工程专业承包二级资质。

道路监理单位成立于 2009 年 10 月,公司类型为集体所有制公司,注册资本金为肆佰万元,公司具有公路工程甲级监理资质。

(3)行业管理部门情况

成洛大道东延线工程项目行业主管部门为龙泉驿区交通局。

(4)春节停工前后相关情况

春节放假前,成都成洛东延线建设工程施工单位成洛大道项目部召开会议对节日放假有关事项进行了安排,制订下发了《关于成洛大道东延线工程项目部春节放假有关事项的通知》,规定放假时间为 2015 年 2 月 13—24 日。要求各工区将大件物资设备存放到隧道内,对洞口及掌子面进行封闭,安排值班人员 24 小时值守,放假期间严禁无关人员(值班、抽水人员除外)进入洞内。项目部由技术员牛某(实习生)、驾驶员曹某 2 人负责留守值班,由于曹某临时家中有事,调整为张某留守。

2 月 11—12 日,五洛路 1 号隧道进口施工单位五洛路 1 号隧道工区施工队负责人何某仁、车队队长何某成按照项目部安排,将 16 辆于 2014 年 8 月经防爆改装的工程车辆及其附属设备停放于隧道内,并组织工人在隧道口焊接了高约 1.5 m 的隔离栅栏,切断了隧道内电源,停止了隧道送风作业,但未在隧道外设置针对高瓦斯隧道的有效警示标志。春节放假期间,何某仁安排 8 名工人分两班(白班 3 人,夜班 5 人)对事故工区进行防盗值守,但未对值守人员进行禁止人员进入洞内作业的安全教育和交底。

停工后,监理单位、建设业主、龙泉驿交通局相关人员均对现场进行了检查,但未提出整改建议和意见。

8.2.2 事故经过、应急救援及善后处理情况

(1)事故发生前状况

春节放假期间,何某成对工地炊事员高某祥(系何某成姐夫)交待,让其提前返回工地,等施工队驾驶员返回后及时安排他们进洞检查车辆,并告知高某祥车钥匙放置位置。2 月 23 日,高某祥提前返回了工地。

2 月 24 日 9 时左右,施工队驾驶员孙某亮、常某良、吴某秀及老乡任某创、魏某玲(任某创妻子)从河南南阳老家返回工地,其中任某创是孙某亮介绍到工地开车的新工人。孙某亮等 5 人回到工地时,遇见工地炊事员高某祥,高某祥向孙某亮等人转述了何某成让他们到隧道内检查车况的要求。由于任某创、魏某玲初来工地,需到工地外租房住宿,于是孙某亮等人便到工地附近的长龙砖厂联系租房事宜。随后,孙某亮、常某良、吴某秀、任某创等 4 人在长龙砖厂麻将室内玩起麻将,魏某玲在一旁观看。其间,高某祥来麻将室催促他们去检查车辆,孙某亮等人推脱未去。12 时左右,高某祥再次来麻将室让他们回工地吃饭,5 人便随其回到工地。在食堂就餐后,高某祥取来车钥匙分发给孙某亮、常某良、吴某秀、任某创,4 人于是结伴前往隧道检查车况,高某祥未随同前往,魏某玲在工地宿舍内玩手机游戏。

此时,施工单位福建籍管理人员薛某铨正在隧道左右洞之间的材料室内休息,从青白江区前来长龙砖厂探望其妹妹的邓某凤、林某高、吴某修等人正在工地外的盘山公路行走。

(2)事故发生经过

2月24日13时10分左右,孙某亮、常某良、吴某秀、任某创4人翻越洞口隔离栅栏进入隧道右洞,孙某亮等4人进入隧道约20 min,隧道内发生瓦斯爆炸。经事后对事故现场冲击波造成的痕迹和现场勘验情况分析,起爆点位于隧道右洞582~588 m处,常某良在检修车辆时产生火花引爆积聚的瓦斯,产生爆轰,爆轰火焰经隧道顶部聚积的瓦斯层迅速往右洞和左洞(经600 m处的联络通道)的掌子面蔓延,分别在右洞和左洞的初支和二衬之间引发瓦斯爆炸,造成行走到距洞口约670 m的孙某亮和位于距洞口约250 m附近车内的吴某秀、任某创死亡。爆炸产生的冲击波沿洞口30°夹角向外冲击,将半径200 m扇形范围内的房屋、设施设备等炸毁,造成正在材料室休息的薛某铨、隧道外公路上的行人林某高当场死亡,吴某修、邓某凤以及在工棚和长龙砖厂内休息娱乐的共20人受伤。事故发生后,魏某玲、高某祥等人从坍塌的板房下爬出,立即拨打"119"和"120"急救电话,市、区医疗机构及时对事故伤员进行了救治。2月25日21时35分左右,伤员吴某修经抢救无效死亡。

(3)事故应急救援情况

接到事故报告后,成都市委、市政府高度重视,相关领导立即作出重要批示,就事故处置工作和立即组织开展安全生产大检查作出系列安排,并亲自赶赴事故现场,指挥抢险救援工作,精心安排部署伤员救治、善后处理、事故调查等事宜。市政府立即启动应急预案,成立了以分管安全生产工作副市长为指挥长的事故应急抢险指挥部,全程指挥事故应急抢险工作。国家安全生产应急救援指挥中心、省安全监管局相关领导到场指导救援工作。龙泉驿区委区政府、市安监局、市交委相关负责同志及安全生产专家立即赶赴事故现场,迅速成立抢险救援处置现场指挥部,展开事故救援和应急处置工作。

四川省、成都市安监部门迅速调集成都市安全生产应急救援彭州中队、出江中队和眉山救护队、内江救护队等4支应急救援队55名救援队员赶赴事故现场,开展应急处置工作。抢险救援阶段,4支应急救援队伍共27次进入洞内开展现场侦查、瓦斯监测、人员搜救和部分现场清理工作,铺设通风风筒1 800余米,搜寻发现4名遇难人员遗体。截至2月27日,左右洞内空气恢复正常,事故得到有效控制,未发生次生事故,事故应急救援结束。

（4）事故造成的人员伤亡和善后处理情况

人员伤亡情况。事故造成 7 人死亡,19 人不同程度受伤。

8.2.3　事故现场勘查及技术分析情况

现场情况。隧道外半径 200 m,30°夹角范围内散落着大量机械残骸,工地右侧生活区板房和一栋两层楼民房被炸塌,隧道前方 500 m 外的长龙砖厂厂房受损。隧道内粉尘弥漫,大量机械残骸及防水卷材堆积,且有烧灼痕迹。两洞初支到二衬洞体损坏严重,有大量冒落物悬挂,开挖台车钢斜撑扭曲变形,二衬台车及洞壁电缆线支架变形。

爆炸技术分析情况。经事故技术组分析,结合市防震减灾局监测数据和市公安消防指挥中心接警时间,确认爆炸时间为 2 月 24 日 13 时 36 分;爆炸残留气体为瓦斯、一氧化碳以及少量氢气,未发现火工品和油料爆炸残留物,符合瓦斯爆炸特点;瓦斯爆炸起爆点为右洞 582 ~ 588 m 处。

8.2.4　事故原因和事故性质

1)事故发生的原因

(1)直接原因

五洛路 1 号隧道春节放假期间停工停风,隧道内瓦斯大量积聚,并达到爆炸极限;2 月 24 日,施工单位 4 名运渣车驾驶员违反安全操作规程,翻越栅栏进入未通风的隧道内检修车辆,产生火花引爆了隧道内瓦斯,导致事故发生。

(2)间接原因

成都成洛东延线建设工程施工单位路桥公司安全生产主体责任不落实。一是项目安全管理人员安全意识淡薄。项目部负责人对瓦斯危害程度认识不足,落实《公路隧道施工技术规范》(TB 10120—2019)有关规定不到位,春节放假期间停工停风,导致隧道内瓦斯大量积聚;二是安全管理不到位。春节停工前工作安排不合理,领导带班制度不落实;三是教育培训不到位,未对值守人员进行安全教育和书面的技术交底;四是违规将五洛路 1 号隧道施工交由五洛路 1 号隧道进口施工单位实施。

五洛路 1 号隧道进口施工单位安全生产主体责任不落实。在工程施工中任用无安全生产考核合格证人员担任施工现场负责人;春节停工期间,未制订并落实严禁人员进入停工停风高瓦斯隧道作业的有效措施,未在隧道洞口外设置针对高瓦斯隧道的有效警示标志;对作业人员教育培训不到位,未对值守人员进行安全教育和书面的技术交底。

道路监理单位监理责任落实不到位。施工现场监管不力,对施工单位未在隧道洞口外设置针对高瓦斯隧道的有效警示标志、未制订并落实严禁人员进入停工停风高瓦斯隧道作业的有效措施、教育培训不到位和施工现场负责人无安全生产考核合格证等问题失察。

成洛东延线项目管理公司安全管理责任落实不到位。督促施工单位加强现场安全管理,及时排查整治各类安全事故隐患,制订并落实高瓦斯隧道安全作业有效措施不力,对五洛路 1 号隧道进口施工单位任用无安全生产考核合格证人员担任施工现场负责人的问题失察。

龙泉驿区交通局安全监管责任落实不到位。对五洛路项目安全监管不到位,春节前对五洛路项目现场安全检查不仔细、不深入,未督促施工单位在隧道洞口外设置针对高瓦斯隧道的有效警示标志,未制订并落实严禁人员进入停工停风高瓦斯隧道作业的有效措施。

2)事故性质

经调查认定,龙泉驿区洛带镇五洛路 1 号隧道在建工程"2015·2·24"瓦斯爆炸较大事故是一起生产安全责任事故。

8.2.5　对事故有关责任人员及责任单位的处理建议

(1)建议追究刑事责任人员

五洛路 1 号隧道施工现场负责人。涉嫌重大责任事故罪,建议移交司法机关追究刑事责任。

五洛路 1 号隧道施工队车队队长。涉嫌重大责任事故罪,建议移交司法机关追究刑事责任。

五洛路 1 号隧道进口施工单位五洛路 1 号隧道项目委托代理人。涉嫌重大责任事故罪,建议移交司法机关追究刑事责任。

(2)建议给予政纪处分和行政处罚人员

项目部安全总监履职不到位,未及时排查整治施工现场安全隐患,未组织在隧道洞口外设置针对高瓦斯隧道的有效警示标志,未组织制订并落实严禁人员进入停工停风高瓦斯隧道作业的有效措施;对施工作业人员教育培训不到位,未对值守人员进行安全教育和书面的技术交底;未严格执行领导带班制度。其行为违反了《中华人民共和国安全生产法》第二十二条第二、三、五、六项,第二十三条第一款和《四川省安全生产条例》第四条的规定,对这起事故的发生负有重要管理责任,依据《中华人民共和国安全生产法》第九十三条、《四川省生产安全事故报告和调查处理规定》第三十八条第一款第二项之规定,建议暂停其安全生产任职资格 6 个月,并处罚款人民币 8 万元;责成成都成洛东延线建设工程施工单位对其给予记大过处分,处分结果报成都市安监局备案。

成都成洛东延线建设工程施工单位路桥公司总经理助理兼项目常务副经理。安全管理不到位,春节停工前工作安排不合理,领导带班制度不落实,组织从业人员教育培训不到位;安全意识淡薄,落实《公路隧道施工技术规范》(TB 10120—2019)有关规定不到位;未及时督促在隧道口外设置针对高瓦斯隧道的有效警示标志、制订并落实严禁人员进入停工停风高瓦斯隧道作业的有效措施;未发现和纠正五洛路 1 号隧道进口施工单位任用无安全生产考核合格证人员担任施工现场负责人的问题。其行为违反了《中华人民共和国安全生产法》第二十二条第二、三、五、六、七项,第二十三条第一款和《四川省安全生产条例》第四条的规定,对这起事故的发生负有主要管理责任,依据《安全生产法》第九十三条、《四川省生产安全事故报告和调查处理规定》第三十八条第一款第二项之规定,建议暂停其安全生产任职资格 6 个月,并处以罚款人民币 8 万元;责成成都成洛东延线建设工程施工单位对其给予记大过处分,处分结果报成都市安监局备案。

成都成洛东延线建设工程施工单位路桥公司副总经理兼项目经理。安全管理不到位,春节停工前工作安排不合理,领导带班制度不落实,组织从业人员教育培训不到位;安全意识淡薄,落实《公路隧道施工技术规范》(TB 10120—2019)有关规定不到位;未督促及时排查整治施工现场安全隐患;未发现和纠正五洛路 1 号隧道进口施工单位任用无安全生产考核合格证人员担任施工现场负责人的问题。其行为违反了《中华人民共和国安全生产法》第二十二条第二、三、五、六、七项,《建设工程安全生产管理条例》第二十一条第二款和《四川省安全生产条例》第四条的规定,对这起事故的发生负有主要管理责任,依据《中华人民共和国安全生产法》第九十三条、《四川省生产安全事故报告和调查处理规定》第三十八条第一款第二项之规定,建议暂停其安全生产任职资格 1 年,并处罚款人民币 8.5 万元;责成成都成洛东延线建设工程施工单位对其给予撤职处分,处分结果报成都市安监局备案。

成都成洛东延线建设工程施工单位路桥公司总经理。安全管理不力,督促、检查本单位安全生产工作不到位,对施工现场安全隐患的排查整治督促检查不力,组织实施本单位安全生产教育和培训不到位;违规将成洛大道东延线五洛路 1 号隧道施工交由五洛路 1 号隧道进口施工单位实施。其行为违反了

《中华人民共和国安全生产法》第十八条第三、五项和《建设工程安全生产管理条例》第二十一条第一款的规定,对这起事故的发生负有主要领导责任,依据《中华人民共和国安全生产法》第九十二条第二项之规定,建议对其处以上一年年收入 40% 的罚款,并责成成都洛东延线建设工程施工单位对其给予记大过处分,处分结果报成都市安监局备案。

五洛路 1 号隧道进口施工单位实际控制人。安全生产法治意识淡薄,在工程施工中任用无安全生产考核合格证人员担任施工现场负责人;督促检查本单位的安全生产工作不到位,督促整治消除生产安全事故隐患不力;组织实施本单位安全生产教育培训不到位。其行为违反了《中华人民共和国安全生产法》第十八条第三、五项和《建设工程安全生产管理条例》第二十一条第一款的规定,对这起事故的发生负有重要领导责任,依据《中华人民共和国安全生产法》第九十二条第二项之规定,建议对其处以上一年年收入 40% 的罚款。

道路监理单位项目总监。施工现场监管不力,对施工单位未在隧道洞口外设置针对高瓦斯隧道的有效警示标志、未制订并落实严禁人员进入停工停风高瓦斯隧道作业的有效措施、教育培训不到位和施工现场负责人无安全生产考核合格证等问题失察。其行为违反了《建设工程安全生产管理条例》第十四条第三款、《四川省安全生产条例》第十九条第二款的规定,对这起事故的发生负有一般管理责任,依据《四川省生产安全事故报告和调查处理规定》第三十九条和《四川省安全生产条例》第七十八条第一款第三项之规定,建议对其处以罚款人民币 6.5 万元,并暂停其在成都市范围内执业资格 6 个月。

道路监理单位总工程师,分管公司安全生产工作。安全管理不力,对现场监理人员履职情况督促检查不到位,对施工现场负责人无安全生产考核合格证等问题失察。其行为违反了《建设工程安全生产管理条例》第十四条第三款、《四川省安全生产条例》第十九条第二款的规定,对这起事故的发生负有一般领导责任,依据《四川省生产安全事故报告和调查处理规定》第三十九条和《四川省安全生产条例》第七十八条第一款第三项之规定,建议对其处以罚款人民币 4 万元。

成洛东延线项管公司总经理。安全管理不到位,对五洛路项目安全生产工作督促检查不力,督促开展施工现场安全事故隐患排查整治不到位,督促实施安全生产教育培训不到位,对五洛路 1 号隧道进口施工单位任用无安全生产考核合格证人员担任施工现场负责人的问题失察。其行为违反了《中华人民共和国安全生产法》第十八条第三、五项和《四川省安全生产条例》第四条第一款的规定,对这起事故的发生负有重要领导责任,依据《中华人民共和国安全生产法》第九十二条第二项之规定,建议对其处以上一年年收入40%的罚款,并责成中电建路桥公司对其给予记大过处分,处分结果报成都市安监局备案。

龙泉驿区委常委、副区长,分管区交通建设工作。对五洛路高瓦斯隧道施工安全的监督管理工作重视程度不够,未有效督促其分管部门及人员认真履行五洛路高瓦斯隧道施工安全的监督管理职责,重点做好对高瓦斯隧道的安全检查不够,对这起事故的发生负有重要领导责任,根据《关于对党员领导干部进行诚勉谈话和函询的暂行办法》第三条第三款的有关规定,建议对其诚勉谈话,并责成其向龙泉驿区人民政府作出深刻的书面检查。

龙泉驿区交通局局长、党组书记,负责区交通局全面工作。对交通工程安全生产工作,特别是对五洛路高瓦斯隧道施工安全的监督管理工作重视不够,未及时督促分管领导落实对五洛路项目安全生产挂牌监管的要求;未有效督促分管领导认真履行对五洛路隧道施工安全的监督管理,督促节前对高瓦斯隧道的安全检查不够,对这起事故的发生负有主要领导责任,依据《安全生产领域违法违纪行为政纪处分暂行规定》(监察部、国家安全生产监督管理总局令第11号)第八条第五款之规定,建议对其给予行政警告处分。

龙泉驿区交通局副局长、党组成员,区交通局牵头负责五洛路项目建设的分管领导。对五洛路项目安全监管责任落实不到位,未及时督促区交通局建管三科落实对五洛路项目安全生产挂牌监管的要求,对市交委质监站综合检查发现的问题督促整改落实不到位;督促区交通局建管三科节前对高瓦斯隧道的安全检查不力,对这起事故的发生负有主要领导责任,依据《安全生产领域违法违纪行为政纪处分暂行规定》(监察部、国家安全生产监督管理总局令第11号)第八条第五款之规定,建议对其给予行政记过处分。

龙泉驿区交通局建管三科科长,区交通局牵头负责五洛路项目建设的科室负责人。对五洛路项目安全监管责任落实不到位,未及时组织落实市交委质监站提出的对五洛路项目安全生产挂牌监管的要求,对市交委质监站综合检查发现的问题督促整改落实不到位;春节前对五洛路项目安全检查不仔细、不深入,未督促施工单位在隧道洞口外设置针对高瓦斯隧道的有效警示标志,制订并落实严禁人员进入停工停风高瓦斯隧道作业的有效措施,对这起事故的发生负有管理责任,依据《安全生产领域违法违纪行为政纪处分暂行规定》(监察部、国家安全生产监督管理总局令第11号)第八条第五款之规定,建议对其给予行政记大过处分。

龙泉驿区交通局建管三科副科长,区交通局牵头负责五洛路项目建设的具体责任人。对五洛路项目安全监管责任落实不到位,对市交委质监站综合检查发现的问题督促整改落实不到位,未落实市交委质监站提出的对五洛路项目安全生产挂牌监管的要求;春节前对五洛路项目安全检查不仔细、不深入,未督促施工单位在隧道洞口外设置针对高瓦斯隧道的有效警示标志,制订并落实严禁人员进入停工停风高瓦斯隧道作业的有效措施,对这起事故的发生负有管理责任,依据《安全生产领域违法违纪行为政纪处分暂行规定》(监察部、国家安全生产监督管理总局令第 11 号)第八条第五款之规定,建议对其给予行政记大过处分。

(3)相关责任单位的处理建议

成都成洛东延线建设工程施工单位路桥公司。安全生产主体责任不落实,项目安全管理人员对瓦斯危害程度认识不足,执行《公路隧道施工技术规范》(TB 10120—2019)有关规定不到位;春节停工前工作安排不合理,领导带班制度不落实;教育培训不到位,未对值守人员进行安全教育和书面的技术交底;违规将五洛路 1 号隧道施工交由五洛路 1 号隧道进口施工单位实施。违反了《中华人民共和国安全生产法》第四条、第二十五条第一款、第三十七条、第三十八条第一款、第四十一条的规定,依据《中华人民共和国安全生产法》第一百零九条第二项之规定,建议处罚款人民币 90 万元。

五洛路 1 号隧道进口施工单位。在工程施工中任用无安全生产考核合格证人员担任施工现场负责人;春节停工期间,未制订并落实严禁人员进入停工停风高瓦斯隧道作业的有效措施,未在隧道洞口外设置针对高瓦斯隧道的有效警示标志;对作业人员教育培训不到位,未对值守人员进行安全教育和书面的技术交底。违反了《中华人民共和国安全生产法》第四条、第二十四条第二款、第二十五条第一款、第三十二条、第三十八条第一款、第四十一条的规定,依据《中华人民共和国安全生产法》第一百零九条第二项之规定,建议处罚款人民币 85 万元。

道路监理单位。安全监理责任落实不到位,对施工单位未在隧道洞口外设置针对高瓦斯隧道的有效警示标志、未制订并落实严禁人员进入停工停风高瓦斯隧道作业的有效措施、教育培训不到位和施工现场负责人无安全生产考核合格证等问题失察。违反了《中华人民共和国安全生产法》第四条、《建设工程安全生产管理条例》第十四条第二款、第三款和《四川省安全生产条例》第十九条第二款的规定,依据《中华人民共和国安全生产法》第一百零九条第二项之规定,建议处罚款人民币 55 万元。

成洛东延线项管公司。安全管理责任落实不到位,督促施工单位加强现场安全管理,及时排查整治各类安全事故隐患,制订并落实高瓦斯隧道安全作业有效措施不力,对五洛路1号隧道进口施工单位任用无安全生产考核合格证人员担任施工现场负责人的问题失察。违反了《中华人民共和国安全生产法》第四条和《建设工程安全生产管理条例》第四条的规定,依据《中华人民共和国安全生产法》第一百零九条第二项之规定,建议处罚款人民币50万元。

龙泉驿区交通局对五洛路高瓦斯隧道的安全监管重视不够,安全监管责任落实不到位,责成其向龙泉驿区人民政府作出深刻的书面检查,并在全区范围内对其进行通报批评。

龙泉驿区人民政府对五洛路高瓦斯隧道的安全监管重视不够,责成其向成都市人民政府作出深刻书面检查。

8.2.6 事故防范措施建议

各事故相关单位要认真汲取事故教训,举一反三,切实加强安全生产监管,防止类似事故再次发生。

①成都成洛东延线建设工程施工单位路桥公司要进一步加大对《中华人民共和国安全生产法》的学习宣贯力度,牢固树立安全生产"红线"意识和法治思维,严格落实安全生产相关法律法规规定,切实加强安全生产管理;要进一步细化企业安全生产主体责任落实措施,建立健全安全生产各项规章制度,强化企业内部管理,明确各级各类人员安全生产职责;要切实加强施工现场安全管理,完善安全防范措施,及时排查整治各类安全隐患,杜绝违章冒险作业和野蛮施工行为;要制订切实可行的施工作业方案,从严落实高瓦斯隧道施工作业安全技术标准和安全强制性措施,加强人员安全教育培训,认真组织安全教育和技术交底。

②道路监理单位要进一步落实监理责任,严格落实安全生产法律法规规定,加大监察处置力度;要进一步加强对施工现场的安全监管和巡查检查,及时督促。

施工单位整治安全隐患,从严落实重大危险点源作业安全技术标准和安全强制性措施,加大对重点场所和危险区域的安全管理。

③成洛东延线项管公司要严格履行项目建设业主的安全管理责任,牢固树立安全生产"红线"意识,进一步加强项目建设安全管理;要督促各参建单位深刻汲取事故教训,举一反三,全面排查整治各类安全隐患,确保各项安全措施到位,整改落实到位,杜绝类似事故发生。

④龙泉驿区交通局要全面落实行业监管责任,督促施工、监理和业主单位

从严落实安全生产主体责任;深入开展安全生产"打非治违"行动和安全隐患"大排查大整治"活动,加大高瓦斯隧道施工安全监管和安全隐患排查检查力度,及时整治消除各类安全隐患;要进一步加大一线监管人员安全教育培训,提高业务能力素质,提升安全监管水平。

8.3 米亚罗 3 号隧道事故分析

2018 年 9 月 15 日 15 时 24 分,汶马高速公路理县段 C18 标米亚罗 3 号隧道(以下简称"米亚罗 3 号隧道")发生一起较大事故,死亡 6 人、受伤 5 人,直接经济损失 638.50 万元。

接到事故报告后,相关领导分别作出批示指示。州长批示:"由常务副州长统筹指挥调度救援工作,刘某某同志立即带领相关部门赶赴现场指导救援;汶马高速公司迅速组织力量开展救援工作;理县全力施救,施救过程中不能发生人员伤亡,确保施救安全。"常务副州长批示:"请刘某某同志率安监、交通部门迅速赶赴现场,科学指导做好事故救援和原因调查等相关工作;请理县和施工企业全力做好失踪人员搜寻和救援工作;州安监局、州交通局、州住房和城乡建设局要立即督促汶马高速各施工企业开展风险隐患排查整治工作,坚决杜绝类似事故再次发生;理县政府要指导施工企业做好死亡人员善后等工作。"

依据《中华人民共和国安全生产法》和《生产安全事故报告和调查处理条例》(国务院令第 493 号)和《四川省生产安全事故报告和调查处理规定》(四川省政府令第 225 号)等有关法律法规规定,2018 年 9 月 25 日,经阿坝州人民政府批准成立了以州安委会副主任、州安全监管局局长为组长,州公安局、州交通运输局、州总工会、理县人民政府相关负责人为副组长,州县相关人员和聘请的技术专家为成员的汶马高速公路理县段 C18 标米亚罗 3 号隧道"9·15"较大事故调查组(以下简称"事故调查组")开展事故调查工作。事故调查组邀请州监察委派员参加。

本次事故作为省政府安委会挂牌督办案件,事故调查组经州政府批复成立后,按照"科学严谨、依法依规、实事求是、注重实效"和"四不放过"的原则,通过现场勘察、技术鉴定、调查取证、专家综合分析,查明了事故发生原因,认定了事故的性质,提出了对事故防范及整改措施的建议。调查情况报告如下。

8.3.1 项目建设及参建单位概况

(1)项目建设基本情况

汶马高速公路位于四川省汶川县、理县、马尔康等三县(市)境内,为 G4217 蓉昌高速的一段,起于汶川县城以南凤坪坝、接映汶高速公路止点,经理县至米亚罗,再经尽头寨,穿越鹧鸪山,沿梭磨河下行,止于马尔康卓克基。路线全长 172 km,桥隧比 86%。

米亚罗 3 号隧道位于理县米亚罗镇,为双向分离式傍山隧道,呈北西—南东走向。事故发生前隧道主洞左线(以下简称"左洞")已全部贯通,隧道主洞右线(以下简称"右洞")还有 229 m 未贯通。

(2)参建单位情况

道路监理单位,经营范围为交通行业公路、桥隧勘察设计;等级公路、大型桥梁、隧道及交通工程的施工监理资格;技术咨询、技术培训;公司持有国家发展和改革委员会颁发的公路工程甲级工程咨询资质证书和甲级工程项目管理资质证书、住房和城乡建设部颁发的公路工程甲级勘察资质证书与甲级设计资质证书和交通工程乙级资质证书、交通运输部颁发的公路工程甲级施工监理资质证书和特殊独立大桥、特殊独立隧道专项资质证书。

C18 标道路施工单位系国有大型建筑业施工企业。公司资质:公路工程施工总承包特级、铁路工程施工总承包一级、市政公用工程施工总承包一级、矿山工程施总承包一级、建筑工程施工总承包二级、水利水电工程施工总承包三级、隧道工程专业承包一级、桥梁工程专业承包一级、公路路基工程专业承包一级、公路路面工程专业承包一级、地基基础工程专业承包一级。

8.3.2 事故经过、应急救援及善后处理情况

1)事故发生前状况

事故发生点位于米亚罗 3 号隧道 2 号车行横通道(以下简称"2 号车行横通道")与右洞连接处,2 号车行横通道长 31.3 m,上导坑于 2018 年 7 月 28 日由左洞向右洞方向施工,施工过程无异常。

8 月 8 日 2 时,挑顶段掌子面拱顶右侧发生涌水、涌泥现象,伴随有异味,经检测,掌子面瓦斯浓度 1.24%,立即通知人员撤离,持续通风和检测瓦斯浓度,并对隧道所有入口警戒值守。17 时,涌水量增大,陆续涌出碴体 1 300 m³,施工方立即要求整条隧道停工,并及时向业主、监理、设计单位进行汇报。

8 月 9 日下午,施工单位项目部相关人员会同业主、设计、监理到 2 号车行横通道查看情况,然后,汶马公司在米亚罗代表处组织召开了米亚罗 3 号隧道施工处置专题会。会议听取了 C18 标项目部、JL7 监理部、设计院、米亚罗代表处关于 2 号车行横通道施工掌子面地下水、岩石与瓦斯涌出处置和加快推进米亚罗 3 号隧道施工情况说明。经各方分析研究讨论后决定:清理部分堆积体后固结封闭掌子面,拱顶打设大管棚注浆加固处理,探明坍腔及前方地质情况。

按照 8 月 9 日会议精神,施工方于 8 月 10—13 日对 2 号车行横通道涌出碴体进行清理,修整施工平台,喷射混凝土封闭碴面,并在碴面处打设 5 根超前钻孔,用于排水、排气。自 8 月 14 日起进行大管棚及辅助小导管注浆加固施工,8 月 28 日管棚施工结束。由于项目部的钻机无法满足打长钻孔要求,项目部经理联系相关部门准备打长钻孔探测前方地质情况,9 月 4 日专业钻机到场,9 月 9 日打完孔,9 月 11 日管棚注浆结束,持续观察。至此,业主、施工、设计、建立四方于 8 月 9 日制订的处置方案已全部实施完成。

2）事发时隧道内情况

施工单位项目部常务副经理安排项目部副经理调动两台挖掘机到米亚罗 3 号隧道施工横洞(以下简称"隧道横洞")与左洞交汇处,准备破隧道横洞与左洞交汇处的沉淀池,由于有货车进出,挖掘机开到 2 号车行横通道口加宽段等待。事故中,两台挖掘机被冲击,两名驾驶员死亡。

9 月 15 日 13 时许,鲁某政、鲁某琴、罗某、邓某兵从驻地经隧道横洞进入隧道前往 2 号施工支洞(非事发点"2 号车行横通道")作业。事故中,邓某兵死亡,鲁某政、鲁某琴、罗某三人受伤。

事故发生时,挖掘机驾驶员向某剑在"左洞"进口方向的 1 号施工支洞作业。事故中,向某剑自行跳出挖掘机时受伤。

项目部常务副经理带领施工队长兼技术主管、现场负责人兼安全员三人进入隧道进行安全巡查,事发时,正处于 2 号车行横通道口位置。事故中,三人死亡。

事故发生后,瓦检员陈某华进入隧道对瓦斯浓度进行检测。事故中,陈某华受伤。

本次事故所幸的是,米亚罗 3 号隧道因左洞全部贯通,自然风流风速达到 1.2 m/s,为事故发生后人员逃生提供了可能。

3）搜救经过

事故发生后,阿坝藏族羌族自治州、理县县领导带领相关部门赶赴现场组织开展救援,四川省安监局、省交通运输厅等有关部门领导及专业人员现场指导抢险救援工作。州政府迅速成立了以徐芝文为指挥长的救援指挥部,统一指挥抢险救援;四川省安监局调派省安全生产应急救援中心组织救援,救援中心领导带领内江市安全生产应急救援支队、乐山市矿山救护支队共计 44 人赶赴现场参加救援。抢险救援阶段,2 支应急救援队伍多次进入洞内开展现场侦查、瓦斯监测、人员搜救和部分现场清理工作。通过救援指挥部和省救援中心的科学部署,截至 17 日 15 时 52 分,6 名失踪(死亡)人员先后全部搜寻出洞。指挥部召开现场会议,洞内救援人员全部撤出,未发生次生事故,事故应急救援工作结束。

4)死伤人员及善后处理情况

①死伤人员情况:本次事故共造成 6 人遇难、5 人受伤。

②法医鉴定情况:经法医对死者进行尸体表面检验,结合现场调查、走访,确认此次事故为非刑事案件。

③善后处理情况:事故发生后,理县县委、县政府积极指导督促施工单位迅速开展事故善后处置工作。截至 9 月 23 日,遇难者亲属均与施工单位达成协议,遇难者遗体已火化并按当地殡葬习俗进行安葬,受伤人员在较短时间内已恢复并全部出院。

5)事故现场勘查

2018 年 9 月 18 日,专家组对米亚罗 3 号隧道事故现场进行了查勘。查勘时,主洞碴体已进行了部分清理和挖掘(前期搜寻失踪人员需要),2 号车行横通道内及与主洞的交叉口附近堆碴高度约 4 m,碴体由千枚岩粉末及颗粒、破碎岩块等组成,碴体呈黑色、松软,车行横通道内碴体坡度较小,碴体表面有少量流水,碴体总量约 6 500 m³;交叉口附近有两台挖掘机,其中一台驾驶室玻璃已完全被碴体掩埋、损坏,驾驶室内充填有碴体;另一台挖机在事故发生时也被掩埋,驾驶室玻璃已经损坏;原放置于交叉口附近的作业台架已损坏,搜救挖掘时台架拆解。2 号车行横通道内进行了瓦斯监测,共有两个瓦斯探头,显示瓦斯浓度分别为 0.04%、0.02%。现场踏勘时,坍腔内仍能听见异常声响。主洞左线二衬边墙上有水淹的痕迹,台车处痕迹高度约 100 cm。

8.3.3 事故原因及事故性质

1)事故原因

在局部次级断层破碎带与承压水、局部高地应力以及瓦斯应力等复合成因作用下,隧道右线正洞坍塌体内形成过大挤压力,打破了围岩临界平衡,发生了动力现象,并向 2 号车行横通道淤积体传递,击溃横通道碴面喷射混凝土封堵墙后,酿成的复合成因类型的突发性较大突水突石及瓦斯异常涌出事故。具体分析如下。

(1)次级断层破碎带及地下水因素

从"9·15"事故突出物组成看,固态物多由千枚岩遇水软化后形成的泥土构成,板岩、砂岩岩块含量不多,且含水量丰富。由此分析认为,2 号车行横通道进入右线正洞施工后极有可能遭遇了次级富水断层破碎带。该富水断层破碎带与邻近的类似异常体水力连通性较好,加之千枚岩遇水后力学强度急剧降低,局部岩体大面失去完整性,在局部水压 P_1 水和泥浆自重压力 P_2 物的作用下,形成过大甚至难以消除的挤压力量值。

根据该区域水文地质资料表明,洞身顶部坡洪积层透水性强,受降雨影响较大,根据理县气象局提供的气象资料表明该区 8 月 6 日、7 日有阵雨,9 月 1—17 日出现了秋季连绵阴雨天气,降雨量 101.5 mm,存在补给水源。从钻探情况来看,局部存在承压水。

(2)局部存在地应力问题

2 号车行横通道及进入右线正洞施工区围岩岩性以千枚岩为主,岩质极其软弱,属极软岩;基岩裂隙水、空隙水发育;另外,隧道施工中发生了明显的软质岩大变形现象。从以上情况可以看出,2 号车行横通道突出事故点局部存在高地应力问题,是本次事故发生的主要动力源之一。

(3)瓦斯应力因素

由于米亚罗 3 号隧道工程区域位于米亚罗断裂走向顺褶皱构造线方向呈北西—南东向展布的压扭性逆断层,隧道所受的区域构造应力强烈,贯通裂隙发育。在应力差的作用下,瓦斯气体通过断裂、贯通裂隙等封闭性构造通道运移以吸附状态富集于岩层中,局部聚积大量吸附瓦斯,造成瓦斯分布不均匀,加之米亚罗逆断层,属封闭性构造,形成良好的贮存瓦斯条件,吸附的局部瓦斯产生集中应力,构成瓦斯应力。

(4)8 月 8 日涌出对本次事故的影响

8 月 8 日涌出后,涌出空间的千枚岩受涌水影响,岩石强度急剧降低,因承压板岩外部临空,在压力作用下片垮,使该处板岩的承压能力明显减弱。在高地应力、泥流体自重应力、瓦斯应力及剩余的 229 m 中间开口形成的集中应力共同作用下,该处成为各应力作用突破薄弱区域,地下水和瓦斯力量逐步集聚,在一定程度上恶化了事故段地质条件。

（5）综合分析

本次事故发生同时具有突水、冲击地压和瓦斯异常涌出的特征，它们相互作用，增大了本次事故的破坏强度，也增加了防范难度。就目前的隧道施工地质技术而言，要在开挖前准确预测，尚有很大难度。

按以往隧道的施工实践揭示，安全事故遇难者多为作业工人，而本次事故遇难者中技术及管理人员占比达50%，且管理人员最接近事故点，这从侧面揭示了其难以预测性。

2）事故性质

综合各方面原因分析，事故调查组认定：汶马高速公路理县段 C18 标米亚罗 3 号隧道"9·15"较大事故是一起突发性突水突石及瓦斯异常涌出引发的非生产安全责任事故。

8.3.4 调查发现的日常管理和监管等问题

调查组在延伸调查中，还检查出相关企业、相关部门及地方政府在日常管理和监督检查中存在以下问题：

①C18 标道路施工单位汶马高速公路 C18 标项目部，对高瓦斯隧道安全风险预判不足，安全管控措施针对性不强，未在隧道入口设置针对高瓦斯隧道的警示、警告标识，未严格管理进入隧道的人员、设备，8 月 9 日制订的处置方案未经专家评审。

②道路监理单位 JL7 监理部，对现场监理人员履职督促不到位，米亚罗 3 号隧道的监理人员的专业技能和监理能力不足，对施工单位未在隧道入口设置针对高瓦斯隧道的警示、警告标识和未严格管理进入隧道的人员、设备等问题失察，8 月 9 日制订的处置方案未经专家评审。

③理县交通运输局，对米亚罗 3 号隧道安全检查不仔细、不深入，未发现米亚罗 3 号隧道 8 月 8 日涌水涌泥相关情况，行业安全监管责任落实不到位。

④理县人民政府对辖区重点建设项目安全监管重视高度不够，未能有效督促行业主管部门履行安全监管职责。

8.3.5 处理建议

汶马高速公路理县段 C18 标米亚罗 3 号隧道"9·15"较大事故属于非生产安全责任事故，但为了加强安全生产工作，有效落实企业安全生产主体责任和行业监管责任，依据《中华人民共和国安全生产法》《中华人民共和国行政处罚法》《建设工程安全生产管理条例》《四川省安全生产条例》《公路水运工程安全生产监督管理办法》等相关法律法规,提出如下处理建议。

1)相关人员

①C18 标道路施工单位项目部常务副经理,作为项目部负责人,对高瓦斯隧道安全风险预判不足,未严格管理进入隧道的人员、设备等,8 月 9 日制订的处置方案未经专家评审,鉴于其已在事故中死亡,免予追究责任。

②C18 标道路施工单位项目部技术主管,对高瓦斯隧道安全风险预判不足,未制订有针对性的安全管控措施,鉴于其已在事故中死亡,免予追究责任。

③C18 标道路施工单位项目部四川欧莱德工程公司现场负责人,对高瓦斯隧道安全风险预判不足,未严格管理进入隧道的人员、设备等,鉴于其已在事故中死亡,免予追究责任。

④C18 标道路施工单位项目部安全总监,对高瓦斯隧道安全风险预判不足,未组织在隧道洞口设置针对高瓦斯隧道的有效警示、警告标识。依据相关法律法规,建议由应急管理部门给予行政处罚。

⑤C18 标道路施工单位项目部经理,对高瓦斯隧道施工安全风险预判不足,8 月 9 日制订的处置方案未经专家评审。依据相关法律法规,建议由应急管理部门给予行政处罚。

⑥道路监理单位 JL7 监理部安全监理工程师,负责汶马高速公路 C18 标项目部现场安全管控,对施工单位未在隧道洞口外设置针对高瓦斯隧道的有效警示标识、未严格管理进入隧道的人员、设备等问题失察,现场监理能力不足。依据相关法律法规,建议由应急管理部门给予行政处罚。

⑦道路监理单位 JL7 监理部总监理工程师,安全管理不力,对现场监理人员履职情况督促检查不到位,未注重监理人员的能力提升,8 月 9 日制订的处置方案未经专家评审。依据相关法律法规,建议由应急管理部门给予行政处罚。

2)相关单位

①汶马高速公路 C18 标项目部,对高瓦斯隧道安全风险预判不足,安全管控措施针对性不强,未在隧道洞口外设置针对高瓦斯隧道的有效警示、警告标识,未严格管理进入隧道的人员、设备,8 月 9 日制订的处置方案未经专家评审,建议责成 C18 标道路施工单位项目部向理县人民政府作出深刻的书面检查。依据相关法律法规,建议由应急管理部门给予行政处罚。

② JL7 监理部,对现场监理人员履职督促不到位,米亚罗 3 号隧道的监理人员的专业技能和监理能力不足,对施工单位未在隧道入口设置针对高瓦斯隧

道的警示、警告标识和未严格管理进入隧道的人员、设备等问题失察,8 月 9 日隧道处置方案未经专家评审,建议责成道路监理单位 JL7 监理部向理县人民政府作出深刻的书面检查。依据相关法律法规,建议由应急管理部门给予行政处罚。

③理县交通运输局,对米亚罗 3 号隧道安全检查不仔细、不深入,未发现米亚罗 3 号隧道 8 月 8 日涌水涌泥相关情况,行业安全监管责任落实不到位,建议责成理县交通运输局向理县人民政府作出深刻的书面检查,并在全县范围内进行通报批评。

④理县人民政府,对辖区重点建设项目安全监管重视高度不够,未能有效督促行业主管部门履行安全监管职责,建议责成理县人民政府向州人民政府作出深刻书面检查。

8.3.6 防范措施建议

事故发生后,施工、监理、业主、设计以及相关单位都深刻汲取事故教训,加强对隧道的安全管理,并组织专家对事发点地质结构进行重新评估,探明地质结构,制订专项方案,报相关部门和政府备案后,按照制订的方案进行作业。

（1）施工单位

①提高对复合成因类型突发性突水突石及瓦斯灾害的认知程度,特别是提高对隧道可能存在的次级富水断层破碎带、地应力、瓦斯及局部承压水条件下,复合成因类型的突发性突水突石及瓦斯异常涌出灾害的认知程度和勘探力度。采用现代手段、多种手段勘测、勘探,查明不良地质体的范围、发育位置、流体压力等特征及参数。

②制订公路隧道施工专项方案。在方案中,应明确隧道施工超前预测预报的方法和要求,重点加强对隧道掌子面前方上、下与两侧的探测以及在地质复杂地段隧道周边增大探测范围,以消除探测盲区。

③加强米亚罗 3 号隧道尚未贯通隧道的施工地质工作,对剩余施工段落再进行一次补勘,尤其是对事故段坍腔进行探测,彻底查明地质条件。

④将米亚罗 3 号隧道剩余未贯通段调整为极高风险段,纳入专项方案管理,方案应经专家论证、审查,并完成审核、审批程序后方可复工。

（2）监理单位

JL7 监理部要制订专门的整改方案,有效提升监理人员的隧道专业技能和监理能力,并将整改方案和整改结果分别报理县人民政府和阿坝藏族羌族自治州人民政府。

（3）瓦斯检测单位

四川省煤炭设计研究院要结合岩层与瓦斯突出现象，认识到仍然可能存在的突出风险，结合实际制订具体施工段的具体防突方案；同时，加强对隧道瓦斯检测和施工过程中隧道通风等方面安全管理。

（4）建设单位

四川汶马高速公路有限责任公司根据隧道施工风险特征，督促相关参建单位充实具有类似隧道施工专业性强的技术人员，进一步提升现场应变能力，切实落实动态安全施工理念和提升科学处置综合成因类突发状况的能力。

（5）监管单位

①理县党委、政府要强化党委政府的领导责任，进一步加强对安全生产工作的统筹安排，按照安全生产职责清单要求，督促相关行业主管部门履行行业监管责任。

②阿坝藏族羌族自治州交通运输局和理县交通运输局要全面落实行业监管责任，督促施工、监理和业主单位从严落实安全生产主体责任，及时督促企业整治消除各类安全隐患。

（6）建议意见

请阿坝藏族羌族自治州交通运输局牵头，会同相关部门形成《专题报告》报省交通运输厅，建议将本次突发性突水突石及瓦斯异常涌出事故作为重大课题进行研究，进一步完善相关技术规范和标准。

8.4　七扇岩隧道事故分析

2017 年 5 月 2 日 14 时 48 分许，成都至贵阳铁路乐山至贵阳段（以下简称"成贵铁路"）CGZQSG13 标段在建的七扇岩隧道进口平行导洞（以下简称"平导"，位于毕节市大方县六龙镇营盘村境内）发生瓦斯爆炸事故，造成正在隧道主洞内施工作业的 12 人死亡、12 人受伤，直接经济损失 1 475.103 万元。

按照《中华人民共和国安全生产法》、《生产安全事故报告和调查处理条例》（中华人民共和国国务院令第 493 号）的规定，贵州省人民政府成立事故调查组对事故进行了调查。国务院安委会办公室对该起事故查处进行了挂牌督办。

事故调查组经过现场勘验、查阅资料、调查取证、检测鉴定、模拟实验和分析论证,查明了事故发生的原因、经过、人员伤亡和直接经济损失等情况,认定了事故性质和责任,提出了对有关责任人员、责任单位的处理意见和事故防范措施建议,形成了《贵州省毕节市大方县成贵铁路七扇岩隧道进口平行导洞"5·2"瓦斯爆炸重大事故调查报告》。

8.4.1 项目建设基本情况

成贵铁路为国家重点建设项目,起于四川省乐山站(含)、终于贵阳东站(不含),正线全长515.02 km,其中四川省境内258.577 km、云南省境内79.299 km、贵州省境内177.144 km。桥梁474座共178.216 km,隧道183座共241.415 km。起点里程为 D3K375+774.7,终点里程为 D3K408+878.24(短链35.712 m),全长33.068 km。主要工程含8座隧道总长16 992 m、桥梁26座总长3 742.28 m。成贵铁路 CGZQSG13 标段七扇岩隧道位于贵州省大方县境内。起止里程为D3K406+027—D3K408+575,全长2 548 m。隧道最大埋深约300 m,大部分埋深在100~200 m。隧道纵坡设计为人字坡,坡度分界点桩号为D3K407+250,进口坡度为20‰上坡,出口段坡度为10.5‰下坡。隧道进口在 D3K406+042—D3K406+710 段穿越泥岩、泥质粉砂岩、页岩夹煤层地层,据钻探揭示隧道需通过煤层7层,单层煤厚度0.2~2.0 m不等(实际揭露7号煤层厚度为6~7 m),为高瓦斯地段。

8.4.2 事故经过、应急救援及善后处理情况

(1)事故经过

至2017年5月2日,七扇岩隧道进口正洞掌子面里程为 D3K406+853(距洞口826 m)、下台阶里程为D3K406+821(距洞口794 m)、仰拱里程为 D3K406+803.7(距洞口776.7 m)、二衬里程为 D3K406+744(距洞口717 m)。

2017年5月2日下午,成贵铁路 CGZQSG13 标段七扇岩隧道进口,9名工人在掌子面立拱架(另有1名带班),下台阶处有一台挖掘机、一辆车在出渣,另有两辆车在等待出渣,二衬端头(3号横通道连接处附近)4名工人在挂防水板,4名工人在进洞口约200 m处打电缆槽水沟。14时48分许,两名技术员及瓦检员和另外4人正向隧道里走时,平导内发生瓦斯爆炸,将平导口停放的挖掘机冲出约15 m远、洞口风机被推倒,冲击波冲破导洞3号横通道与主洞连接部位,冲击正在隧道内施工作业的工人和机械设备,同时产生大量一氧化碳,造成立拱架7人、挂防水板4人、正在出渣的驾驶员共12名工人死亡,另外12人受伤的重大事故。

（2）应急救援情况及善后处理情况

事故发生后,5 月 2 日 15 时 19 分企业向大方县政府报送了事故情况。接到事故报告后,省、市、县三级领导高度重视,立即启动省、市、县应急救援预案,组织有关单位开展抢险救援;省委常委,省政协副主席立即率省、市相关单位赶赴现场指导救援。先后投入矿山救护队 3 支共 51 人、消防救援人员 51 人、民兵预备役部队 55 人、中铁五局救援队 30 人参与抢险救援,事故单位组织了由瓦检员、安全员、通风管理员及各类机械操作人员共 100 人参与救援,投入救护车20 辆、专业抢险救援车 17 辆、消防车 17 辆。救援人员进入隧道约 500 米处发现 1 名遇难人员,约 700 米处发现 5 名遇难人员,在掌子面拱架上发现 6 名遇难人员。至 3 日 4 时 43 分,最后一具遗体运出隧道,现场救援工作结束。受伤人员得到及时有效救治,当地政府及施工单位组织力量全力做好死伤者家属接待和安抚工作,及时与全部遇难者家属签订了赔偿协议,当地社会秩序稳定。

8.4.3　事故原因及事故性质

1）事故原因

（1）直接原因

为查清事故直接原因,事故调查组组织爆破、瓦斯、建筑施工等方面的专家多次进行现场勘察,查阅相关工作资料,进行分析论证。

①爆炸点分析:经现场勘察,平导第四错车道处（距洞口 542 m、距洞底133 m）型钢拱架反向扭曲,底部无缝钢管（水管）扭曲为麻花状,有 3 段拧成纸片状。以该处为中心,导洞内壁附着物向两端偏移,风筒残留物亦分别朝洞口和洞内方向,因此可以判定爆炸点为平导第四错车道处（PDK406 + 582—PDK406+610）。

②爆炸物分析:通过现场勘察,导洞内未发现炸药爆炸特有的爆破漏斗等痕迹,排除了炸药爆炸可能。

平导穿过多层煤层,由于该平导内应力变化导致底板隆起,并引起两侧洞身和拱顶局部冒落,使得原来被封闭的煤层暴露,煤层中的瓦斯释放进入平导,经采取通风释降,瓦斯浓度始终处于平稳较低的范围,但事故发生前距爆炸点往洞口方向 290 m 处拱顶安装的甲烷传感器数据显示,在爆炸前短时间内,瓦斯浓度突然异常提高近两倍,可确定平导洞内短时间内发生了瓦斯大量异常涌出,瞬间达到爆炸极限。爆炸物为瓦斯。

③瓦斯防治情况分析:根据设计地质勘探结果,隧道在 D3K406+045—D3K406+710 段通过二叠系上统龙潭组泥岩、页岩夹煤层,隧道需通过煤层 7 层,单层煤厚度 0.2~2 m。深孔 WS-DZ-七扇岩-深-1 取样分析测试,N_2 含量 1.7 mL/g,CO_2 含量 0.48 mL/g,CH_4 含量 9.30 mL/g,H_2 含量 0.02 mL/g,瓦斯压力 1.37 MPa,煤层坚固系数(f)0.5、瓦斯放散初速度(ΔP)13.741,隧道通过含煤段落为高瓦斯。针对经专业技术服务单位探测有煤(岩)与瓦斯突出风险的 7 号煤层,施工单位组织编制了《七扇岩隧道进口平导 C7 煤层防突专项施工方案》《七扇岩隧道进口正洞 C7 煤层从平导顺层钻孔专项施工方案》,经评审后按照方案对 7 号煤层进行消突施工。消突完成后,现场组织专业技术服务单位对消突效果进行了验证,检测孔瓦斯解吸指标 K_1 值最大值为 0.36、Δh_2 值最大值为 120 Pa,低于《防止煤(岩)与瓦斯突出规定》中 K_1 值临界指标 0.5、Δh_2 值临界指标 200 Pa 的规定,验证了现场按照施工方案实施防突措施有效,保障了揭煤施工的安全。

④瓦斯来源分析:七扇岩隧道区域属云贵高原溶蚀、剥蚀低山地貌。D3K406+045—D3K406+710 段 665 m 通过煤层 7 层,其中 7 号煤层单层煤厚度最大为 7 m,为高瓦斯段落。由于平导没有钢筋砼二衬,底板调平层设计为20 cm 厚 C20 素混凝土,下面未设计钢架进行封闭成环,在围岩结构系统中属于弱结构体,在复杂的地质情况和应力变化的作用下更易形成底鼓、开裂现象。而 7 号煤层有煤(岩)与瓦斯突出危险性,开挖的二次扰动增大了应力,使围岩处于失稳破坏的临界应力状态,在外界扰动因素响应下造成瓦斯从平导底板导通裂隙内瞬时、大量涌出。

⑤3 号横通道封闭及通风方式分析:调查中发现,七扇岩隧道进口通风方式与设计存在不一致,由原设计的巷道式通风变更为压入式通风,且按照设计要求,平导 3 号横通道应在隧道竣工后进行封闭,实际上 3 号横通道已经封闭。现场采用的通风设备提供的风流和风量,能够满足独立压入式通风方式隧道在非突出状态下的正常排放安全要求。并已保留必要的安全系数,但是在瓦斯异常突出或涌出的情况下,局部瓦斯浓度急剧上升,短时间无法稀释,无法绝对避免引起瓦斯爆炸。

⑥火源分析:引起瓦斯爆炸的火源最有可能是在上述分析爆炸点处由于瓦斯大量异常涌出,产生高压气流致使喷溅的岩层矸石或混凝土块砸在金属件上产生的火花。

综合以上研究分析,事故的直接原因是平导内应力变化导致底板隆起开裂,爆炸前瓦斯冲破底板大量异常涌出,瞬间产生高压瓦斯气流,局部达到爆炸浓度,瓦斯气流致使喷溅的矸石或混 凝土块砸在金属件上产生火花引起瓦斯爆炸,是此次事故发生的直接原因。

（2）间接原因

①施工单位对瓦斯危害认识不足,瓦斯防控措施不到位。经调查,施工单位负责七扇岩隧道进口施工的相关人员均无高瓦斯隧道施工经历。施工单位成贵铁路项目部主要负责人和技术负责人接到报告后,没有意识到该段下伏的 7 号煤层为高瓦斯煤层,仍有瓦斯大量涌出的风险,只要求施工现场负责人对平导和主洞变形情况进行监测,没有采取其他措施,也没有向上级报告。

②上级单位对施工单位指导不到位。在施工单位公司负责七扇岩隧道进口施工的相关人员均无高瓦斯隧道施工经历、对瓦斯危害认识不足的情况下,施工单位成贵铁路项目部没有针对性地加强技术指导,提高施工单位对瓦斯风险的辨识能力,督促施工单位采取有效的措施应对。

③监理单位工作不到位。监理有限责任公司对七扇岩隧道进口平导底板隆起变形等问题,未及时发现并督促施工单位采取有效措施处理。

2）事故性质

平导内底板隆起开裂,施工单位未能意识到仍存在瓦斯大量涌出的风险并采取有效措施加以防范和处置,导致大量瓦斯冲破底板并引发爆炸。因此,这是一起重大生产安全责任事故。

8.4.4　调查发现的其他问题

（1）管理上的问题

①施工单位未按规定完善隧道通风方案变更手续。按照设计,该隧道通过平导采用巷道式通风。经过论证独立通风效果优于巷道式通风,成贵铁路有限责任公司在检查中知晓该问题且允许独立通风的做法,但施工单位一直未按规定完善变更手续。

②瓦斯自动监控系统管理维护不到位。平导内共设置了 3 个甲烷传感器,事故发生时只有 2 号错车道拱顶甲烷传感器能传输数据。

③不按规范开展劳务分包。施工单位聘用劳务队伍未认真审查资质身份,在无委托书和劳务公司资质证书原件的情况下,就与董某（自然人）签订了劳务分包合同。

④现场管理不到位。七扇岩隧道进口虽然有进出洞登记制度,但登记不认真,存在登记和实际情况不相符的情况;违反爆破规定,允许未取得爆破资质的

劳务人员进行爆破作业。

（2）其他问题

①在高瓦斯地质条件下,平导目前的设计标准存在一定风险。七扇岩隧道进口平导设计符合相关规范。但在高瓦斯地质条件下存在一定风险,存在瓦斯聚积并在特殊条件下引发爆炸危害的可能性,给高铁运行安全带来影响。

②铁路建设工程施工安全监管有待加强。成都铁路监督管理局负责四川、贵州、云南、重庆三省一市境内国家铁路建设工程及铁路运营质量安全监管,但建设工程质量安全监管人员仅8人,与需要监管的在建铁路工程项目数量严重不匹配,成贵铁路开工以来该局对发生事故的隧道未安排专门的安全检查。

8.4.5　处理建议

（1）对有关人员的处理建议

9人建议由施工单位所述集团有限公司给予相应的处理处罚,处理处罚结果报贵州省安全监管局备案。

（2）对有关单位的处理建议

①施工单位一:责成施工单位向其上级主管单位作出书面检查,认真总结和吸取事故教训,进一步加强和改进安全生产工作,并报贵州省安全监管局备案。依照《中华人民共和国安全生产法》第一百零九条的规定,由贵州省安全监管局给予100万元罚款的行政处罚。

②施工单位二:责成施工单位向其上级主管单位作出书面检查,认真总结和吸取事故教训,进一步加强和改进安全生产工作,并报贵州省安全监管局备案。

③监理单位:责成监理单位向其上级主管单位作出书面检查,认真总结和吸取事故教训,进一步加强和改进安全生产工作,并报贵州省安全监管局备案。

④建设单位:责成建设单位向中国铁路总公司作出书面检查,认真总结和吸取事故教训,进一步加强和改进安全监管工作,并报贵州省安全监管局备案。

⑤市级铁路监督管理局:责成市级市铁路监督管理局向国家铁路局作出书面检查,认真总结和吸取事故教训,进一步加强和改进安全监管工作,并报贵州省安全监管局备案。

参考文献

[1] 铁道部. TB 10120—2002 铁路瓦斯隧道技术规范[S]. 北京:中国铁道出版社,2002.

[2] 四川省交通运输厅公路规划勘察设计研究院. 公路瓦斯隧道技术规程. DB51/T 2243—2016[S]. 成都:西南交通大学出版社,2013.

[3] 张子敏. 瓦斯地质学[M]. 徐州:中国矿业大学出版社,2009.

[4] 焦作矿业学院瓦斯地质研究室. 瓦斯地质概论[M]. 北京:煤炭工业出版社,1990.

[5] 张子敏. 中国煤层瓦斯分布特征[M]. 北京:煤炭工业出版社,1998.

[6] 程功林,李垚. 瓦斯地质[M]. 北京:煤炭工业出版社,2009.

[7] 李固华,杨彦克. 炮台山隧道的瓦斯治理[J]. 铁道建筑,2001(11):2-4.

[8] 周世宁,林柏泉. 煤层瓦斯赋存与流动理论[M]. 北京:煤炭工业出版社,1999.

[9] 博利申斯基. 煤与瓦斯突出预测方法和防治措施[M]. 魏风清,张建国,译. 北京:煤炭工业出版社,2003.

[10] SAGHAFI,A. 煤层瓦斯流动的计算机模拟及其在预测瓦斯涌出和抽放瓦斯中的应用[M]// 第22届国际采矿安全会议论文集. 北京:煤炭工业出版社,1987.

[11] 张淑同. 煤与瓦斯突出模拟的材料及系统相似性研究[D]. 淮南:安徽理工大学,2015.

[12] 周世宁,林柏泉. 煤层瓦斯赋存及流动理论[M]. 徐州:中国矿业大学出版社,1999.

[13] 彭立世,袁崇孚. 瓦斯地质与瓦斯突出预测[M]. 北京:中国科学技术出版社,2009.

[14] KHODOT V V, KOGAN G L. Modeling gas bursts [J]. Journal of Mining Science, 1979, 15(5): 491-494.

［15］WOLD M B, CONNELL L D, Choi S K. The role of spatial variability in coal seam parameters on gas outburst behaviour during coal mining ［J］. International Journal of Coal Geology, 2008, 75: 1-14.

［16］NORBERT S. Laboratory study of the phenomenon of methane and coal outburst ［J］. International Journal of Rock Mechanics & Mining Sciences, 2012, 55:102-107.

［17］YEE D, SEIDLE J P, Hanson W B. Gas adsorption on coal and measurement of gas content ［J］. Studies in Geology, 1993, 38(5):203-218.

［18］ETTINGER I. L, LAMBA E. G. Gas medium in coal breaking process［J］. Fuel, 1957, 36: 298-302.

［19］TANKARD H. G. The effect of sorbed carbon dioxide upon the strength of coals［A］. M. Sci. Thesis, The University of Sydney, Australia, 1957.

［20］HANDIN J. Experimental Deformation of Sedimentary Rocks under Confining Pressure ［J］. Bull. Abt. Ass. Petrol. Ged, 1963, 47: 232-239.

［21］氏平增之. 瓦斯突出的机理与防治［R］. 日本北海道大学氏平增之来华讲学材料, 1986.

［22］ATES Y. BARRON K. The effect of gas sorption on the strength of coal ［J］. Mining Science and Technology, 1988, 6(3):291-300.

［23］WANG S, ELSWORTH D, LIU J. Mechanical Behabior of Methane Infiltrated coal: the roles of Gas Desorption, Stress Level and Loading Rate ［J］. Rock Mechanics and Rock Engineering, 2013, 46(5): 945-958.

［24］刘见中. 上隅角瓦斯分布变化规律及积聚处理方法优化的研究［D］. 北京: 煤炭科学研究总院, 2000.

［25］屈聪. 隧道施工过程中瓦斯扩散运移规律及预测预警研究［D］. 济南: 山东大学, 2020.

［26］聂百胜, 何学秋, 王恩元. 瓦斯气体在煤层中的扩散机理及模式［J］. 中国安全科学学报, 2000(6):27-31.

［27］俞启香. 矿井瓦斯防治［M］. 徐州: 中国矿业大学出版社, 1992.

［28］国家安全生产监督管理总局, 国家煤矿安全监察局编. 防治煤与瓦斯突出规定［S］. 北京: 煤炭工业出版社, 2009.

［29］国家安全生产监督管理总局, 国家煤矿安全监察局编. 煤矿安全规程［S］.

北京:煤炭工业出版社,2009.

[30] 司鹄,赵剑楠,胡千庭.大数据理论下的煤与瓦斯突出事故致因分析[J].
西安科技大学学报,2018,38(4):515-522,537.

[31] 苗法田,孙东玲,胡千庭.煤与瓦斯突出冲击波的形成机理[J].煤炭学报,
2013,38(3):367-372.

[32] 胡千庭,邹银辉,文光才,等.瓦斯含量法预测突出危险新技术[J].煤炭学
报,2007(3):276-280.

[33] 俞启香,程远平,蒋承林,等.高瓦斯特厚煤层煤与卸压瓦斯共采原理及实
践[J].中国矿业大学学报,2004(2):3-7.

[34] 张子戎,张子敏,王兆丰.瓦斯地质与瓦斯防治[M].北京:煤炭工业出版
社,2007.

[35] 孙东玲.防治煤与瓦斯突出细则解读[M].北京:煤炭工业出版社,2019.

[36] 王兆丰,刘军.我国煤矿瓦斯抽放存在的问题及对策探讨[J].煤矿安
全,2005,

[37] 李希建,林柏泉.煤与瓦斯突出机理研究现状及分析[J].煤田地质与勘
探,2010,38(1):7-13.

[38] 杨丹,刘洋.含瓦斯煤体的冲击力学特性研究[J].力学与实践,2020,42
(4):435-441.

[39] 纪云静.瓦斯隧道工程地质特征分析及涌出量预测[J].水科学与工程技
术,2020(4):80-83.

[40] 张子敏,张玉贵.瓦斯地质规律与瓦斯预测[M].北京:煤炭工业出版
社,2005.

[41] 吴强.矿井瓦斯防治与利用[M].北京:煤炭工业出版社,2016.

[42] 程五一,张序明,吴福昌.煤与瓦斯突出区域预测理论及技术[M].徐州:
煤炭工业出版社,2005.

[43] 杨玉中,吴立云."三软"煤层瓦斯灾害预警理论及应用[M].北京:科学
出版社,2016.

[44] 李晓红.瓦斯隧道揭煤施工技术[M].重庆:重庆大学出版社,2005.

[45] 齐庆新,潘一山,李海涛,等.煤矿深部开采煤岩动力灾害防控理论基础与
关键技术[J].煤炭学报,2020,45(5):1567-1584.

[46] 陈结,潘孝康,姜德义,等.三轴应力下软煤和硬煤对不同气体的吸附变形

特性[J]. 煤炭学报,2018,43(S1):149-157.

[47] 吕康成. 特殊隧道工程[M]. 北京:人民交通出版社,2013.

[48] 姚振武. 高瓦斯隧道施工指南[M]. 北京:人民交通出版社,2008.

[49] 蓝航,陈东科,毛德兵. 我国煤矿深部开采现状及灾害防治分析[J]. 煤炭科学技术,2016,44(1):39-46.

[50] 李元超. 我国煤矿瓦斯事故的发生规律分析[J]. 煤矿现代化,2019(3):184-186.

[51] 姜德义,含瓦斯煤岩体动力灾变前兆信息识别与预警[R]. 重庆大学,2018.

[52] 刘戎,杨春和,姜德义,等. 高瓦斯隧道作业机械防爆及自诊断功能的实现和应用[J]. 现代隧道技术,2017,54(4):219-224.

[53] 宁小亮. 煤与瓦斯突出预警技术研究现状及发展趋势[J]. 工矿自动化,2019,45(08):25-31,37.

[54] 王永祥,杜卫新. 煤与瓦斯突出机理研究进展[J]. 煤炭技术,2008,27(8):89-91.

[55] 王继仁,邓存宝,邓汉忠. 煤与瓦斯突出微观机理研究[J]. 煤炭学报,2008,33(2):131-135.

[56] 李晓红,一种煤层瓦斯抽放方法及装置[P]. 重庆大学,2009-05-01.

[57] 鲜学福,辜敏,李晓红,等. 煤与瓦斯突出的激发和发生条件[J]. 岩土力学,2009,30(3):577-581.

[58] 曹康. 发耳煤矿煤与瓦斯突出声电瓦斯特征信息提取及综合预警应用[D]. 北京:中国矿业大学,2020.

[59] 赵帅,季淮君,盛真可. 煤与瓦斯突出预测技术发展现状分析[J]. 山西焦煤科技,2009(10):24-27,29.

[60] 刘纯. 煤与瓦斯突出预警技术研究现状及发展趋势分析[J]. 无线互联科技,2020,17(9):133-134.

[61] 唐巨鹏,郝娜,潘一山,等. 基于声发射能量分析的煤与瓦斯突出前兆特征试验研究[J]. 岩石力学与工程学报,2021,40(1):31-42.

[62] 刘新荣,姜德义,鲜学福,等. 矿井煤层瓦斯涌出量及其与煤质关系[J]. 煤炭科学技术,2000(10):27-29,45.

[63] 刘明举,刘彦伟,何学秋,等. 用电磁辐射法预测煤与瓦斯突出的实验理

论基础[J]. 安全与环境学报, 2003(4): 7-10.

[64] 陈亮, 范志浩, 付江伟, 等. 基于电磁辐射峰谷比值法的煤与瓦斯突出预警[J]. 中国安全生产科学技术, 2019, 15(6): 94-98.

[65] 王恩元, 李忠辉, 李德行, 等. 电磁辐射监测技术装备在煤与瓦斯突出监测预警中的应用[J]. 煤矿安全, 2020, 51(10): 46-51.

[66] 张广洋, 胡耀华, 姜德义. 煤的瓦斯渗透性影响因素的探讨[J]. 重庆大学学报(自然科学版), 1995(3): 27-30.

[67] 刘辉, 陆菜平, 窦林名. 微震法在煤与瓦斯突出监测与预报中的应用[J]. 煤矿安全, 2012, 43(4): 82-85.

[68] 郝俊锁. 基于物联网的瓦斯隧道安全监控系统[J]. 隧道建设, 2018, 38(S2): 278-284.

[69] 匡亮, 赵万强, 喻渝. BP 神经网络法预测隧道瓦斯突出的模型与实例[J]. 铁道工程学报, 2018, 35(2): 56-61.

[70] 曹魏杨. 大断面瓦斯隧道施工通风优化及风险管理[D]. 重庆: 重庆大学, 2017.

[71] 熊建明. 公路瓦斯隧道施工期安全管理与预警技术研究[D]. 北京: 中国矿业大学, 2016.

[72] 刘敦文, 唐宇, 李波, 等. 瓦斯隧道施工通风风筒优化数值模拟及试验研究[J]. 中国公路学报, 2015, 28(11): 98-103, 142.

[73] 谭信荣. 瓦斯隧道施工安全风险信息化管理技术研究[D]. 成都: 西南交通大学, 2014.

[74] 李波. 公路瓦斯隧道施工通风模拟及优化研究[D]. 长沙: 中南大学, 2014.

[75] 杨德智. 高速公路隧道瓦斯赋存运移及气固耦合作用的分析研究[D]. 成都: 西南交通大学, 2014.

[76] 余红军, 王维高, 万德才. 高瓦斯隧道施工安全风险控制措施[J]. 现代隧道技术, 2013, 50(4): 56-62.

[77] 李广福. 公路高瓦斯隧道施工信息化监控系统研究[D]. 重庆: 重庆交通大学, 2013.

[78] 徐海洋. 公路高瓦斯隧道安全监控技术研究[D]. 重庆: 重庆交通大学, 2013.

［79］刘恒林. TSP 在瓦斯隧道超前地质预报中的应用研究［D］. 北京:中国地质大学,2013.

［80］周莹. 非煤系瓦斯隧道施工通风模拟及其瓦斯安全风险评价［D］. 成都:西南交通大学,2013.

［81］张民庆,黄鸿健,孙国庆. 铁路瓦斯隧道安全设计、施工与管理［J］. 现代隧道技术,2012,49(3):25-31.

［82］蒋敏. 瓦斯隧道施工过程瓦斯灾害危险性评价研究［D］. 湘潭:湖南科技大学,2012.

［83］陈沅江,程刚. 瓦斯隧道施工安全标准化管理实施方案研究［J］. 中国安全科学学报,2012,22(5):140-146.

［84］熊鲲. 瓦斯隧道施工安全风险管理及应用研究［D］. 成都:西南交通大学,2012.

［85］刘戎. 隧道施工通风智能控制系统研究［D］:重庆:重庆大学, 2016.

［86］GARY B H. Practical Tunnel Construction［J］. John Wiley & Sons, New Jersey. 2013,

［87］RONG L, LIANG W, SONG R, et al. Research on Ventilation Layout in Jet-Flow Gallery Ventilation System in a Twin-Tunnel Construction［C］. Proceedings of the, Singapore, Springer Singapore, 2019: 42-48.

［88］PROSSER B S, STINNETTE J D, PAREDES J. Ventilation optimization at the La Camorra mine. In: Proceedings of 9th US Mine Ventilation Symposium, Queens University, Kingston, Ontario, 2002: 150-154.

［89］STEFOPOULOS E K, DAMIGOS D G. Design of emergency ventilation system for an underground storage facility［J］. Tunnelling and Underground Space Technology, 2007, 22(3): 293-302.

［90］CURIEL-ESPARZA J, CANTO-PERELLO J. Indoor atmosphere hazard identification in person entry urban utility tunnels［J］. Tunnelling and Underground Space Technology, 2005, 20(5): 426-434.

［91］DIEGO I, TORNO S, TORANO J, et al. A practical use of CFD for ventilation of underground works［J］. Tunnelling and Underground Space Technology, 2011, 26(1): 189-200.

［92］SAMBOLEK M. Model testing of road tunnel ventilation in normal traffic conditions [J]. Engineering Structures, 2004, 26(12): 1705-1711.

[93] ZHOU Y, YANG Y, BU R W, et al. Effect of press-in ventilation technology on pollutant transport in a railway tunnel under construction [J]. Journal of Cleaner Production, 2020, 243: 118590.

[94] LI C W, ZHAO Y C, AI D H, et al. Multi-component LBM-LES model of the air and methane flow in tunnels and its validation [J]. Physica A: Statistical Mechanics and its Applications, 2020: 124279.

[95] PARRA M T, VILLAFRUELA J M, et al. Numerical and experimental analysis of different ventilation systems in deep mines [J]. Building and Environment, 2006, 41(2): 87-93.

[96] HARGREAVES D M, LOWNDES I S. The computational modeling of the ventilation flows within a rapid development drivage [J]. Tunnelling and Underground Space Technology, 2007, 22(2): 150-160.

[97] SASMITO A P, BIRGERSSON E, LY H C, et al. Some approaches to improve ventilation system in underground coal mines environment-A computational fluid dynamic study [J]. Tunnelling and Underground Space Technology, 2013, 34: 82-95.

[98] SHEN J, ZHU H Q, LUO M G, et al. Numerical simulation of CO distribution discharged by flame-proof vehicle in underground tunnel of coal mine [J]. Journal of Loss Prevention in the Process Industries, 2016, 40: 117-121.

[99] DENG Y W, CHEN C, LI Q, et al. Measurements of real-world vehicle CO and NO_x fleet average emissions in urban tunnels of two cities in China [J]. Atmospheric Environment, 2015, 122: 417-426.

[100] LI Q, CHEN C, DENG Y W, et al. Influence of traffic force on pollutant dispersion of CO, NO and particle matter (PM2.5) measured in an urban tunnel in Changsha, China [J]. Tunnelling and Underground Space Technology, 2015, 49: 400-407.

[101] 韩明. 隧道瓦斯灾害危险性评价研究[D]. 长沙:中南大学,2012.

[102] 文畅平. 隧道瓦斯突出危险性评价的属性识别模型与实例[J]. 煤炭学报,2011,36(8):1322-1328..

［103］康小兵.非煤系地层瓦斯隧道形成机制研究［J］.现代隧道技术,2011,48
　　　（3）:35-39,45.

［104］丁尧. 公路隧道瓦斯涌突机制与预测预警研究［D］.成都:成都理工大
　　　学,2011.

［105］苟彪.瓦斯隧道施工控制及防治措施探讨［J］.现代隧道技术,2011,48
　　　（2）:20-27,43.

［106］康小兵,许模,丁睿.隧道瓦斯灾害危险性评价初探［J］.铁道工程学报,
　　　2010,27（5）:39-42.

［107］邓加亮. 公路瓦斯隧道施工风险分析［D］.长沙:长沙理工大学,2010.

［108］杜敏铭. 隧道瓦斯的动态监测与适时跟踪预报研究［D］.成都:成都理工
　　　大学,2009.

［109］康小兵. 隧道工程瓦斯灾害危险性评价体系研究［D］.成都:成都理工大
　　　学,2009.

［110］贵州路桥集团有限公司. 公路瓦斯隧道施工及安全技术［M］. 北京:人
　　　民交通出版社,2013.

［111］陈寿根,谭信荣. 瓦斯隧道施工风险管理与控制技术研究与实践［M］.
　　　北京:人民交通出版社,2015.

［112］丁睿. 瓦斯隧道建设关键技术［M］. 北京:人民交通出版社,2010.

［113］《城市轨道交通瓦斯隧道施工技术与管理》编委会. 城市轨道交通瓦斯
　　　隧道施工技术与管理［M］. 北京:中国建筑工业出版社,2018.

［114］邓勇,肖清华,吴应明,等. 无轨运输高瓦斯隧道施工［M］. 北京:中国铁
　　　道出版社,2018.

［115］王明慧,张忠爱. 西南山区煤与瓦斯突出隧道施工技术［M］. 成都:西南
　　　交通大学出版社, 2017.

［116］周孟然. 煤矿瓦斯的激光光谱检测技术研究［M］. 合肥:合肥工业大学
　　　出版社,2012.

［117］杨涛.非煤系地层隧道瓦斯意外涌出处置及变更设计要点［J］.工程与建
　　　设,2021,35（1）:25-26,28.

［118］张海波. 非煤系地层瓦斯隧道设计［J］. 铁道标准设计, 1997（11）:5.

［119］李鹏,蒋雅君,杨龙伟,等.非煤系构造连通型瓦斯隧道超前地质预报技
　　　术［J］.铁道标准设计,2014,58（11）:103-107.

［120］闫光明. 应加强对非煤系地层中瓦斯的防治［J］. 铁道建筑技术, 1994, （5）:44.

［121］先正平. 铁路客运专线非煤系瓦斯隧道施工技术与施工管理方案研究［D］. 成都:西南交通大学,2016.

［122］兰北章,李佳,胡瑶纯,等. 非伴煤瓦斯隧道概念及其工程意义［J］. 四川建筑,2014,34（4）:129-132.

［123］陈其学,何成,权晓亮. 非煤系地层隧道施工期瓦斯涌（突）出灾害分析研究［J］. 现代隧道技术,2016,53（3）:146-150.

［124］高勤运. 隧道瓦斯涌出量预测方法在非煤地层中的应用研究［J］. 铁道标准设计,2014,58（4）:87-89.

［125］王超. 高速铁路高瓦斯大断面隧道施工关键技术研究［J］. 低碳世界, 2020,10（11）:154-155,158.

［126］牛公却尚. 基于 FTA 的煤矿瓦斯防控在高瓦斯隧道中的应用［J］. 铁道建筑技术,2020（6）:31-35.

［127］王魁军. 矿井瓦斯防治技术优选 瓦斯涌出量预测与抽放［M］. 徐州:中国矿业大学出版社,2008.

［128］GOSTEEV Y A, FEDOROV A V. Calculation of dust lifting by a transient shock wave ［J］. Combustion, Explosion and Shock Waves, 2002, 38（3）: 322-326.

［129］KISELEV S P, KISELEV V P. Lifting of dust particles behind a reflected shock wave sliding above a particle layer ［J］. Journal of Applied Mechanics and Technical Physics, 2001, 42（5）: 741-747.

［130］ZHAO Y, AMBROSE R P K. Modeling dust dispersion and suspension pattern under turbulence ［J］. Journal of Loss Prevention in the Process Industries, 2019, 62:103934.

［131］TORAÑO J, TORNO S, MENÉNDEZ M, et al. Auxiliary ventilation in mining roadways driven with roadheaders: Validated CFD modelling of dust behaviour ［J］. Tunnelling and Underground Space Technology, 2011, 26 （1）: 201-210.

［132］XIU Z H X, NIE W, YAN J Y, et al. Numerical simulation study on dust pollution characteristics and optimal dust control air flow rates during coal mine production [J]. Journal of Cleaner Production, 2020, 248:119197.

[133] ZHOU G, FENG B, YIN W J, et al. Numerical simulations on airflow-dust diffusion rules with the use of coal cutter dust removal fans and related engineering applications in a fully-mechanized coal mining face [J]. Powder Technology, 2018,(339): 354-367.

[134] ZHOU G,ZHANG Q ,BAI R , et al. The diffusion behavior law of respirable dust at fully mechanized caving face in coal mine: CFD numerical simulation and engineering application [J]. Process Safety and Environmental Protection, 2017, 106: 117-128.

[135] GENG F, LUO G, WANG Y. Dust dispersion in a coal roadway driven by a hybrid ventilation system: A numerical study [J]. Process Safety and Environmental Protection, 2018, 113: 388-400.

[136] LI Y V J, WANG P F,LIU R H, et al. Determination of the optimal axial-to-radial flow ratio of the wall-mounted swirling ventilation in fully mechanized excavation face [J]. Powder Technology, 2020(360):890-910.

[137] HU S Y ,LIAO Q, FENG G R, et al. Influences of ventilation velocity on dust dispersion in coal roadways [J]. Powder Technology, 2020 (360): 683-694.

[138] 刘文革.煤矿瓦斯防治管理和技术[M]. 北京:煤炭工业出版社,2017.

[139] 关宝树.隧道工程设计要点集[M]. 北京:人民交通出版社,2003.

[140] 重庆交通科研设计院主编.公路隧道设计规范:JTG/D70—2004[M]. 北京:人民交通出版社,2004.

[141] 重庆市交通委员会.公路隧道交通工程与附属设施施工技术规范[M]. 北京:人民交通出版社,2011.

[142] 张立坤,马福民,高峰.隧道施工高瓦斯防治指南[M]. 北京:人民交通出版社,2011.

[143] 何成.隧道特殊不良地质钻探法超前地质预报[J].现代隧道技术,2010, 47(5):20-25.

[144] 何成.超前钻探预测预报技术在瓦斯隧道中的应用[J].路基工程,2010 (3):219-222.

[145] 宋忱.高瓦斯长大隧道施工中瓦斯防治及安全管理分析[J].建筑技术开

发,2018,45(22):108-110.

[146] 雷升祥. 瓦斯隧道施工技术与管理. 中国铁道出版社.2015.

[147] 谭信荣. 岩溶地区瓦斯隧道施工关键技术研究[D]. 成都:西南交通大学,2010.

[148] 赵志飞. 公路隧道施工过程瓦斯安全控制技术研究[D]. 长沙:中南大学,2012.